함께 책 읽고 문장을 느꼈지.
토론하고 글을 썼어.
글 고치느라 끙끙대기도 했지.
너희가 없었다면 이 책은 없어.

독서반 친구들아,
이건 너희 책이야!
난 기록으로 남겼을 뿐…….

책벌레
선생님의 행복한
독서토론

권일한 지음

행복한
아침독서

아이들이 쓴 글이 참으로 귀하다. 평소에 내뱉는 한마디 한마디가 어찌나 놀라운지 감탄을 자아낸다. 그 한마디를 잊지 않으려고 기록했다. 글과 그림, 사진을 모아 다달이 문집을 만들었다. 학급을 맡지 않았을 때 아이들 글이 그리워 독서반을 시작했다. 승자를 가려내는 독서 행사, 공장에서 찍어낸 것 같은 독후감에서 벗어나게 하려고 몸부림쳤다.

아이들은 늘 기대를 뛰어넘는 보석 같은 생각을 펼쳐냈다. 아이들에게 자신만의 생각을 펼쳐내고, 더 고민할 기회를 주려고 함께 책을 읽었다. 이야기를 나누고 글을 쓰는 게 좋아서 다시 학급을 맡은 뒤에도 독서반을 계속했다. 독서반 아이들이 중학생이 되면서 중학생 독서반까지 열었다.

독서반에서는 책 한 권을 90분씩 4주 동안 함께 나눈다. 집에서 각자 책을 읽어와 함께 내용을 파악하고(1주), 이야기를 나누며 토론하고(2~3주), 글을 쓰고(3~4주), 내용을 정리하며 글을 고친다(4주). 가끔 찬반 토론을 하지만 대부분은 이야기 토론을 한다. 내가 주말에 따로 시간을 내면서까지 독서반을 하는 이유가 있다.

첫째, 나는 책을 좋아한다. 책을 읽으면서 등장인물의 성격, 인물과 사건의 장단점, 사건의 배경과 과정, 인물과 사건이 서로 끼치는 영향에 빠져든다. 등장인물이 고민하는 까닭, 특정 사건이 일어난 배경, 작가가 책을 쓴 까닭을 생각하면 즐겁다. 작가가 살았던 시대 배경과 작가의 경험이 책에 스며든 모습을 찾으면 행복하다. 아이들에게 이것들을 이야기할 생각에 마음이 들뜬다.

둘째, 나는 아이들이 하는 이야기를 사랑한다. 아이들의 말과 글에 숨은 이야기까지 들으려 노력한다. 아이가 툭 던진 말을 지나치지 않고 붙들어 새로운 이야기를 만든다. 아이들의 생각에서 원석을 찾아내 보석이 되도록 깎고 다듬는다. 책을 밑거름 삼아 이야기가 싹트고 자라면 생각의 열매가 맺힌다. 이 열매를 보고 싶어서 이야기에 귀를 기울인다.

셋째, 결과에만 집착하는 문화를 바꾸고 싶다. 우리나라 사람들은 책을 읽어도 이야기를 나누지 않기 때문에 독서토론을 승패 위주로 생각하는 경향이 있다. 독서토론은 상대방의 허점을 찾아 넘어뜨리는 논리 싸움만이 아니다. 논쟁도 하지만 생각을 나누는 과정이 더 중요하다. 누가 이겼느냐, 누가 1등이냐 하는 결과 위주의 문화는 실패자를 양산한다. 함께 배우고 서로를 격려하는 문화를 만들기 위해 이야기 토론을 했다.

과정을 중요하게 여기면 잔소리하듯 토론을 이끌지 않는다. "안 돼! 그게 아니라니까!" 대신 "왜 그렇게 생각하지?", "그렇게 하면 어떤 결과가 나올까?", "다른 방법은 없을까?" 하며 자연스럽게 다가간다. 교사의 탁월한 설명이나 뛰어난 한두 아이의 의견을 내세우는 토론이 아니라 아이들 모두가 서로의 생각과 경험을 함께 나눈다. 그러면서 서로 배운다.

넷째, 나는 아이들이 책과 함께 자라기를 기대한다. 아이들은 시야가 좁은 데다가 쳇바퀴 돌 듯 학교와 학원을 오가기 때문에 깊고 넓게 해석하지 못한다. 질문에 정답만 찾으려 하거나 질문과 관련 없는 엉뚱한 이야기를 한다. 친구들이 무엇을 말하는지 잘 듣지 않고 토론이 어디로 흘러가는지 생각하지 않는다. 그래서 독서토론을 해야 한다. 독서토론은 아이들의 생각을 자라게 하고 태도를 바꾼다.

무엇보다도, 실패할 때 포기하지 않았다. 책과 아이를 좋아하고 토론 경험이 많다고 해도 그만두고 싶을 때가 생긴다. 토론을 잘 이끌어서 날아갈 듯이 좋은 날이 많지만 '내가 왜 사서 고생할까?' 한숨 쉰 날도 많다. 독서반에 즐겁게 참여한 아이가 많았지만 싫어서 떠난 아이도 있다. 책이 사람을 변화시킨다는 기대가 흔들리고 좌절하기도 했다. 제대로 준비하지 않고 갔을 때는 나 자신에게 실망했다.

그래도 포기하지 않았다. 계속 책을 읽고 질문을 만들고 아이들과 이야기를 나누었다. 아이들이 들려주는 이야기에 놀라고 감격해서 계속 귀를 기울였다. 우리가 나눈 이야기를 자기만의 색깔로 써낸 글을 보고 싶었다. 서로 다른 생각과 표현을 쏟아내는 아이들을 보면서 새 힘을 얻었다. 낙심할 때마다 나를 감탄시킬 말과 글을 기대하며 힘을 냈다. 그래서 이 책이 나왔다.

독서반을 하면서 책 읽고 토론하고 글 쓰고 고친 과정을 기록했다. 기쁜 날은 어떻게 토론해서 기쁜지, 힘든 날은 무엇 때문에 힘든지 적었다. 토론이 잘된 과정을 정리하며 배웠고, 실패한 기억을 기록하면서 또 배웠다. 짜증 나는 상황을 돌아보기 싫어 그만 쓸까 생각했다가 억지로 쓴 적도 많다. 그래도 적어놓았기 때문에 『초등아침독서』에 글을 실었고 책으로 나오게 되었다.

독자들이 차례를 보고 우리가 토론한 책들을 먼저 읽기를 권한다. 그러면 우리가 토론하면서 나눈 이야기를 더 깊이 이해할 수 있다.

책이 나오기까지 함께한 이들에게 인사를 드리고 싶다.

보석 같은 글을 써주어, 글을 사랑하고 간직하려는 마음을 심어준 1994년 첫제자들아 고맙다.

"너희가 쓴 기막힌 글 때문에 아이들 글을 사랑하게 되었다."

해마다 멋진 글로 문집을 빛내준 제자들 모두에게 고맙다는 인사를 전한다.

"나는 너희를 글로 기억한다. 너희가 준 선물이 문집에 가득하다."

함께 책을 읽고 이야기하며 글을 쓴 독서반 아이들아 고맙다.
"너희는 내게 배웠지만 나는 너희와 이야기하며 더 많이 배웠다."

책을 싫어한 아이들에게도 고맙다는 인사를 하고 싶다.
"너희 덕분에 어떤 책을 읽을까 고민했다. 그래서 좋은 책을 많이 만나게 되었다."

내용을 이해하지 못해 멍하게 바라보던 아이도 생각난다.
"책 내용을 재미있게 알아보는 퀴즈는 너희 덕분에 나왔다."

글을 억지로 쓴 아이에게도 고마움을 표한다.
"글 쓰는 시간에 지우개 가루를 뭉치는 아이가 있었기 때문에 강요하지 않고 차분하게 안내하는 마음을 갖게 되었다."

원고를 읽고 꼼꼼하게 생각을 말해준 김선, 김혜영, 홍은미 선생님께 감사드린다.
"내가 보지 못한 등잔 밑을 밝혀주었다."

부족한 원고를 책으로 내준 ㈔행복한아침독서 가족들에게 감사드린다.
"아침독서운동은 내가 책을 쓰도록 길을 내주었다."

책이 기가 막히게 재미있다고 알려주시고, 내 걸음을 인도하신 하나님께 머리 숙여 감사드린다.

책벌레 선생님 권일한

차 례

토론할 줄 모르는 자는 어리석은 자이고
토론하려 하지 않는 자는 편협한 자이며
토론할 용기가 없는 자는 노예이다.
－『세계 명문가의 독서교육』(최효찬)

어떤 마음으로 토론을 시작할까?

"토론은 '듣기'에서 시작한다.
듣는 사람이 모인 곳 어디서나 토론이 시작된다."

1 토론은 만남이다 :
승패에 매달리지 마라

형식을 갖춘 토론이
전부가 아니다

교육부에서 해마다 독서교육을 잘한 학교와 교육청을 선정해서 학교독서
교육대상을 준다. 심사위원으로 대구교육청과 충청북도교육청 소속 초·중·
고등학교와 지역 교육청을 실사했다. 독서토론에 대한 높은 관심을 반영하듯
모든 학교에서 독서토론 활동 결과물을 보여주었다. 지역 교육청에서는 토론
활성화를 위해 만든 연수 자료를 내놓았다. 하나같이 찬반 토론, 디베이트,
CEDA(Cross Examination Debate Association)형 토론, 교차쟁점 등 형
식에 따라 진행하는 토론이다. 학교에서 왜 형식을 갖춘 토론을 많이 할까?

첫째, 형식을 갖춘 토론에서는 돌발 상황이 일어나기 어렵다. 정해진 주제
를 다루므로 예상하지 못한 일이 생기면 어떻게 하나 염려하지 않아도 된다.

절차를 배우면 초보자도 할 수 있다. 진행자와 토론자의 역할, 다루는 내용(논제), 결과(승패)까지 명확하므로 부담이 적다. 그래서 독서토론이라 하면 자연스럽게 찬반 토론을 생각할 정도로 형식을 갖춘 토론이 널리 퍼졌다.

둘째, 찬반 형식의 토론은 주제가 정해져 있어서 가르치기 쉽다. 교사가 한두 번 자료 조사 방법, 근거를 만드는 방법, 발표 방법을 알려주면 책과 주제를 바꾸어도 아이들이 준비할 수 있다. 반면, 형식을 갖추지 않은 토론에서는 참석자의 특성과 책 내용에 따라 토론 내용이 달라진다. 독서토론을 하기 위한 질문을 만들기 어렵고 시간이 오래 걸리기 때문에 형식을 갖춘 토론을 많이 한다.

셋째, 형식을 갖춘 토론은 참가자가 활발하게 참여하므로 보기 좋고 깔끔하다. 두 팀이 논리를 세워 주장하고 상대방 논리의 모순을 파고들어 공격하는 모습이 멋지게 보인다. 자료를 제시하며 상대를 반박하면 수준이 높아 보인다. 안양의 한 초등학교 선생님은 "찬반 토론은 참여자의 준비와 참여가 많아서 진행하기 편하다. 판정단까지 있으면 마무리가 쫙 되는 것 같은 기분도 든다."라고 얘기했는데 맞는 말이다.

넷째, 단기간에 참가자의 능력을 높여준다. 토론 참가자는 정해진 주제에 대한 주장을 검토하고, 상대방을 반박할 논리를 세우며, 증거로 제시할 자료를 준비한다. 짧은 시간 동안 한 가지 주제를 깊이 알게 되며 자료 조사 방법, 논리에 맞게 근거를 세우는 방법, 발표하는 방법까지 배운다. 이처럼 단기간에 높은 성과를 내기 때문에 학교에서는 형식을 갖춘 토론을 선호한다.

찬반 토론은 토론 주제를 자세히 알게 하고 토론의 재미를 느끼게 한다.

그러나 상대를 꺾어야 이기기 때문에 다른 사람의 의견을 공격으로 받아들인다. 토론에서 이기려는 마음이 앞서면 상대가 아무리 좋은 의견을 내도 받아들이기 어렵다. 결국 토론이 상대를 이기기 위한 '혀의 전쟁'에 머무를 위험이 크다.

독서의 중요성이 점점 높아진다. 교육부에서 독서교육을 강조하고, 대학도 독서 능력을 중요하게 여긴다. 학부모가 토론·논술 학원을 찾아다니고, 학교와 도서관 주관 독서 행사가 많아진다. 토론 연수, 독서 자격증 과정도 많이 생겼다. 그러나 독서를 상대방을 이기기 위한 도구로만 생각하면 서로 배우지 못한다.

많은 독서 행사가 경쟁으로 이루어진다. 독서 골든벨, 독서 퀴즈대회, 찬반 토론 모두 승자를 가려내는 활동이다. 경쟁 위주의 독서 문화는 배움을 편협하게 하고 배움의 넓이를 좁힌다. 독서를 공부 잘하기 위한 수단으로 삼으면 안 된다. 그러면 초등학생일 때는 공부에 도움이 되니 책을 읽으라고 하지만, 중학생이 되면 책 그만 읽고 공부하라고 말하게 된다.

하브루타 토론에 대한 관심이 높다. 하브루타 토론은 이치에 맞게 근거를 들어 논쟁하는 토론이다. 유대인은 지혜를 구할 때 조용한 것은 죄라고 부를 정도로 격렬하게 토론하기를 즐긴다. 그러나 유대인의 논쟁은 우리가 생각하는 논쟁과 다르다. 유대인은 개인의 성공을 위해서가 아니라 공동체가 올바른 방향으로 나아가게 하려고 논쟁한다. 서로에게 배우려고 토론한다. 유대인의 문화를 모른 채 방법만 배우면 부작용이 생긴다.

백인들이 미국에 정착한 뒤 미국 정부는 원주민 문화를 없애려고 원주민 아이들을 강제로 백인 학교에 보냈다. 어느 날 백인 교사가 어려운 수학 문제를 냈다. 백인 아이들이 각자 문제를 풀기 시작할 때 원주민 아이들이 모두 교실 뒤로 나가 동그랗게 모여서 이야기를 나누기 시작했다. 백인 교사가 무슨 짓이냐고 화를 내자 아이들은 "우리는 어려운 문제를 만나면 머리를 맞대고 함께 해결하라고 배웠습니다."라고 대답했다.

사회가 점점 복잡해지고 변화 속도가 빨라진다. 예상하지 못한 일이 튀어나오고 개인이 감당하지 못하는 문제가 점점 많아진다. 20년 전만 해도 공부 열심히 하면 성공한다는 말이 통했지만 지금은 시대가 달라졌다. 다른 사람을 이기려고 발버둥 치는 경쟁에서 벗어나 서로 격려하며 함께 가야 한다. 자기의 한계와는 경쟁하되, 이웃과는 협력해야 한다. 원주민 아이들처럼 함께 머리를 맞대고 서로에게 배워야 한다.

중학생 독서반에서 『파우스트』를 원작으로 읽었다. 시로 쓰인 원작이 너무 어려워서 내용을 이해할 기반이 필요했다. 그래서 '메피스토의 유혹이 파우스트의 성장에 도움이 된다'는 주제로 찬반 토론을 했다. 찬반 토론이라는 형식을 빌려 어렵고 재미없는 내용을 극복해야겠다고 생각했다. 상대를 이기기 위해 자료를 준비하고 치열하게 논쟁했지만 책을 이해하려는 목표를 바라보았기 때문에 준비하면서 배우고, 다른 사람 말을 들으면서 배웠다. 형식을 갖춘 토론이 필요할 때도 있지만, 다양한 아이들이 서로 배우려면 형식을 벗어난 토론이 필요하다고 생각했다.

다양한 아이들이 함께 배우는
토론 만들기

찬반 토론은 '논쟁형' 아이를 돋보이게 한다. 논쟁형 아이는 타고난 싸움꾼이라서 찬반 토론을 즐긴다. 그럼 논쟁을 두려워하는 아이는 어떻게 배울까? 어떤 아이는 앞에 나서지 못하지만 친구의 의견을 들으며 배운다. 한 가지 주제를 파고들지 못하지만 관련된 여러 가지 이야기를 떠올리는 아이도 있다. 반대로 한 가지에 꽂혀 다른 쪽을 바라보지 못하는 아이도 있다. 토론에서 아이들의 특성이 어떻게 드러나는지 살펴보자.

논쟁형 아이는 할 말이 많다. 토론 분위기가 가라앉을 때 논쟁형 아이가 돌파구를 마련한다. 자신을 포함한 참가자 모두가 어떤 의견에 찬성할 때 "너는 반대해라. 그래서 찬성한 아이들과 모두 겨뤄봐라." 하면 의견을 바꾼다. 논쟁형 아이는 토론을 재미있게 만들지만 조심해야 한다. 논쟁형 아이가 약방의 감초가 되어야지 싸움꾼이 되면 안 된다. 이런 아이들은 대체로 말보다 글이 부족하다. 상대 의견에 신경 쓰느라 전체 흐름을 파악하지 못하고, 눈앞에 떨어진 말을 주워 담느라 숲을 보지 못한다. 따라서 전체 내용을 정리해야 글을 잘 쓴다고 말해줘야 한다.

'소심형' 아이와 '경청형' 아이는 찬반 토론에서 답답한 모습을 보이지만 이야기 토론에서 중요한 역할을 한다. 생각을 많이 하지만 말하기를 꺼리는 소심형 아이는 가끔 쉬운 질문을 해서 토론에 집중하도록 도와주어야 한다. 고견을 듣고 싶다는 태도로 슬며시 물어보면 토론이 깊어지게 할 대답을 한다. 경청형 아이는 깊이 생각하진 못하지만 들으며 배운다. 말하기 힘들어하므로 토론을 정리하는 역할을 맡겨 참여시킨다.

　토론을 처음 할 때는 아이의 특징을 잘 모르기 때문에 어떤 대답이라도 하도록 강요한다. 그러면 소심형, 경청형 아이들은 머뭇거리고 힘들어한다. 당황하고 불안해서 누가 무슨 말을 하는지 제대로 듣지 못하고 글도 못 쓴다. 이 아이들에게는 말하는 대신 잘 듣고 글에 생각을 명확하게 드러내라고 권한다. 그러면 소심하게 듣고만 있던 아이에게도 자기만의 또렷한 생각이 있다는 사실을 깨닫게 된다.

　한편 온갖 일에 관심을 보이는 '박학다식형' 아이는 토론에 새로운 이야깃거리를 제공한다. 이런 아이들은 다른 아이들이 똑같은 이야기를 되풀이할 때 예상하지 못한 경험이나 사회 현상을 말한다. 책 안에 갇힌 이야기를 책 밖의 이야기와 연결해서 울타리를 넘게 한다. 이 아이들은 글을 쓸 때도 온갖 이야기를 꺼내기 때문에 한 가지 흐름을 따라가며 글을 쓰라고 말해주어야 한다.

　한 가지에 마음을 빼앗겨 달려드는 '돈키호테형' 아이는 참가자를 열광하거나 지루하게 만든다. 돈키호테형 아이는 중요하지 않은 내용을 물고 늘어진다. 잠깐 머물다 떠나야 하는 곳에 기둥을 세우고 집을 지으려 든다. 참가자들이 관심을 두는 집이라면 돈키호테형 아이에게 배우겠지만 관심 없는 내용을 계속 물고 늘어지면 지루해진다. 이 아이들은 관심을 두는 분야에 대해서 지나치게 길게 글을 쓰고 관심 없는 분야에서는 유치하게 글을 쓴다. 돈키호테형 아이는 물고 늘어질 때와 그냥 넘어가야 할 때를 조절해줘야 한다.

무얼 해도 생각 없어 보이는 '무념무상형' 아이도 있다. 인터넷 매체의 발달 때문인지 무념무상형의 '지옥에서 온 학생*'이 점점 많아진다. 이 유형의 아이들은 규칙도 모르고 경기에 참여한 선수 같다. 공을 어디로 보내야 하는지, 심판이 왜 호루라기를 부는지 도무지 모른다. 무념무상형 아이는 "왜 그래야 할까?" 물으면 "그냥요. 그런 걸 왜 고민해요?"라고 대답한다. 독서토론 생각을 전혀 하지 않는다.

길든 어른 코끼리는 다리를 가느다란 줄로 묶어놓아도 도망가지 않는다. 코끼리는 제힘으로 충분히 줄을 끊을 수 있지만 그런 생각을 못 한다. 코끼리가 어렸을 때 계속 끊으려 했지만 끊어지지 않았기 때문이다. 그러면 충분히 줄을 끊을 정도로 자라도 어릴 때 기억에 매여서 그런 시도조차 하지 않는다.

너무 일찍 공부에 짓눌리면 지옥에서 온 아이가 되기 쉽다. 오래도록 감당하지 못하는 짐을 지면 결국 주저앉는다. 상대방 논리의 허점을 찾는 능력은 최소한 5학년은 되어야 생긴다. 그전에 논리를 만들도록 강요당하면 충분히 할 수 있을 때가 되어도 마음을 닫아버린다. 친구와 함께 책을 읽고 재잘대며 이야기를 나누면 조금씩 자라 줄을 끊어버릴 텐데 일찍부터 묶어버리면 옴짝달싹 못 하게 된다.

무념무상형 아이는 마음이 편안해질 때까지 가만두어야 한다. 토론 잘 가

---

* 파커 J. 파머가 지은 『가르칠 수 있는 용기』(이종인 옮김, 한문화) 76쪽에 나오는 표현으로 주로 '교실에서 입 다물고 뚱하니 앉아 있는' 학생을 가리킨다. 책에서 저자는 '지옥에서 온 학생'이 처음부터 뚱한 학생으로 태어난 게 아니라 자신이 통제할 수 없는 상황 때문에 그렇게 된 것이므로 선생은 곤경을 겪는 이 학생의 상황을 깊이 성찰해야 한다고 얘기한다.

르친다는 학원이나 전문가에게 데려간다고 해결되지 않는다. 마음에 여유가 생길 때까지, 자신감이 생길 때까지 충분히 쉬어야 한다. 그때까지 기다리지 못하고 계속 등을 떠밀면 지옥에 집을 짓고 곁에 있는 사람까지 지옥에 갇히게 한다.

이 책은 형식에 얽매이지 않고 자유롭게 이야기하는 토론을 소개한다. 이야기 토론은 정해진 순서와 절차 없이 책 내용 전체로 이야기를 나눈다. 다양한 아이들이 함께 이야기를 나누며 서로 배운다. 토론 도중에 즉석에서 편을 나눠 찬반 토론을 하기도 하고 일 대 다수로 공격과 방어를 하기도 하지만 전체 흐름은 자연스러운 형식을 유지한다.

이야기 독서토론은 시작하기 쉽다. 참가자가 모두 청산유수로 말하지 않아도 된다. 아이 중에서 삼분의 일 정도는 말하고 싶어 한다. 다른 삼분의 일은 잘 아는 내용이거나 사회자가 물어볼 때 대답하며 마지막 삼분의 일은 거의 말하지 않는다. 형식을 갖춘 토론에서는 반드시 말을 해야 하지만 이야기 토론에서는 듣고만 있어도 괜찮다. 독서토론은 삼분의 일만을 위한 잔치가 아니다. 잠깐씩 말하는 아이, 듣기만 하는 아이도 함께 배운다.

어떤 아이는 말을 잘해서 돋보인다. 동의를 잘하는 아이는 고개를 끄덕이고 맞장구쳐서 분위기를 좋게 만든다. 글을 잘 쓰는 아이도 있다. 말없이 가만히 있던 아이가 쓴 글을 보고 친구들이 소름 돋는다고 칭찬한다. 자유롭게 이야기하는 독서토론에서는 모두가 중요하다. 아이들이 저마다 다양한 색깔로 빛을 낸다.

이야기 독서토론에서
진행자의 역할

이야기 독서토론은 진행자의 역량에 따라 차이가 크게 난다. 수다 떨다 끝나기도 하고, 전율하며 다음 시간을 기대할 일도 생긴다. 정해진 주제와 절차가 없으므로 흐름을 놓치면 이야기가 산으로 가버린다. 그러면 의미 없는 얘기만 잔뜩 하다가 끝난다. 진행자가 경험이 적으면 아이들과 정답만 찾다가 끝내기 쉽다. 사실 별것 아닌 듯 보이는 대답에 보물이 감춰져 있다. 훌륭한 진행자는 아이가 한 '그 말'을 길잡이 삼아 보물을 찾아간다. 책 내용을 아이들 경험으로, 아이들 경험을 새로운 내용으로 연결한다. 진행자는 참가자들의 이야기에 반응하면서 동시에 새로운 방향을 보여주는 사람이다.

토론을 잘 이끌려면 진행자가 귀 기울여 들어야 한다. 토론의 가장 큰 방해물은 토론 진행 실력 부족이나 능력 부족이 아니다. 바로 '듣지 않고 가르치려는 태도'다. 귀 기울여 듣지 않는 사람에게 누가 자기 이야기를 하고 싶을까! 엉뚱한 곳으로 튀어나간 이야기를 핵심으로 돌이키려면 역시 잘 들어야 한다. 분석하고 정리하는 능력이 부족해도 괜찮다. 직접 토론을 이끌다 보면 감이 잡히고 능력이 생긴다. 그러나 잘 듣지 않으면 소용없다.

선생님은 평소에 꾸준히 아이들을 가르쳐야 한다. 그러나 독서토론 때는 가르치려는 태도를 버려야 한다. 마음껏 말하라고 해놓고 답답하다고 다그치면 안 된다. 그러면 아이들이 마음을 닫는다. 아이가 잘못 판단하면 질문과 토론을 통해 다시 생각하게 도와주어야 한다. 다양한 아이들을 일정한 틀에 넣어 똑같게 만들면서 스스로 잘한다고 착각하지 말자. 설교하지 말고 자세를 낮춰 듣자.

다른 성향과 배경을 가진 아이가 서로 배우려면 형식을 제한하지 않아야 한다. 물론 이렇게 하면 정해진 울타리가 없기 때문에 토론 내용이 사방으로 튀쳐나간다. 예상하지 못한 이야기를 어떻게 받아줘야 할까 걱정이 되겠지만 두려워하지 말자. 아이들이 자기 색깔을 내도록 도와주는 비법은 의외로 간단하다.

첫째, 일단 자리를 만들자. 책을 읽고 이야기하는 기회를 자주 가져야 한다. 수학은 원리를 이해해야 배운다. 행동은 모범을 보고 배운다. 과학은 실험으로, 음악은 노래와 연주로, 미술은 만들고 그리면서 배운다. 토론은 이야기를 듣고 공감하며 배운다. 토론을 설명으로 배우면 느끼지 못한다. 책을 잘 분석하지 못하고 질문을 제대로 하지 못해도 토론을 자주 하면 실력이 늘어난다. '토론'이라는 말에 주눅 들지 말고 일단 시작하자.

둘째, 참가자가 책을 어떻게 읽었는지 알아야 한다. 이야기 토론에서는 참가자들이 서로 생각을 나눈다. 아이들이 뿜어내는 색깔이 얼마나 다양한지 형식을 갖춘 토론이 주지 못하는 맛에 취한다. 예상치 못한 이야기를 하면 어쩌나 걱정하며 두려워하지 말자. 토론자의 말을 잘 듣고 무엇을 말하는지 정리만 해도 이끌어갈 수 있다. 그러기 위해서는 역시 잘 들어야 한다.

셋째, 책 내용에서 이야기할 내용을 질문으로 만들어야 한다. 아이들이 사방으로 뿜어내는 이야기가 일정한 흐름을 따라 흘러가도록 이끌어야 한다. 둑을 잘 쌓으면 물이 넘치지 않는다. 책 내용으로 미리 질문을 준비해서 둑을 쌓으면 이야기가 산으로 가거나 사방으로 흩어지는 실패가 줄어든다. 발문하는 방법은 〈3부 3장. 토론을 잘 이끌려면 : 질문을 미리 준비하자〉에 자세하게 안내했다.

세 가지를 기억하고 책과 아이를 만나는 기쁨을 누리길 바란다. 토론은 책과 사람을 만나게 한다. 책을 읽고 온갖 생각을 나누어보자. 문제 내고 정답 찾는 단순한 활동에서 벗어나 마음을 나누자. 책을 읽고 이야기하면 모두 토론이다. 부담을 떨치고 즐겁게 토론하자.

2 일상이 토론이다 :
토론을 두려워하지 마라

방법을 앞세우지 않고
이야기 나누기

전국 독서 감상문 대회(초등), 독서 논술·토론 대회(초등, 중등) 심사를 여러 번 했다. 대체로 자신의 이야기와 주장 대신 책 내용만 잔뜩 써놓았다. 책을 자기 것으로 받아들이지 않고 본받아야겠다, 감동했다, 착하게 살아야겠다고 성급하게 결론을 내렸다. 자기만의 이야기가 사라진, 비슷비슷한 내용이 너무 많았다. 독서 논술은 논제와 관련 없는 이야기를 마음대로 늘어놓았다. 식상한 논리를 대면서 자기 생각이 최선이라 주장했다.

대학 입시 논술과 면접 심사를 한 분들과 이야기를 나누었다. 지원자 대부분이 비슷한 경험, 똑같은 목표, 판에 박힌 결과를 말한다며 혀를 찼다. 허술하더라도 자기 생각을 말하는 지원자에게 점수를 많이 주었다고 한다. 신입

사원 선발 면접을 담당한 대기업 임원도 정해진 길만 따라간 지원자에게는 점수를 줄 수 없었다고 말했다. 각자 부딪친 경험을 바탕으로, 자기 생각을 소신껏 말하는 지원자가 적다며 안타까워했다.

무언가를 안다는 것은 이해하고 기억한 내용을 바탕으로 새로운 상황에서 해답을 찾을 수 있다는 말이다. 이를 위해서 실험하고 조사하고 관찰하고 토론하고 계산하고 글을 쓰고 연습을 반복한다. 이런 과정을 겪지 않고 외우기만 해도 마치 아는 것처럼 보인다. 외우다 보면 이해가 될 거라고 하지만 그러면 판에 박힌 내용만 알게 된다. 새로운 상황에서 응용하고 창의성을 발휘하지 못한다. 결과를 찾는 방법에만 매달리면 새로운 것을 만들지 못한다.

글쓰기와 토론은 창조의 결과물을 요구한다. 자기 생각을 펼쳐야 하므로 정해진 답을 찾는 것과는 거리가 멀다. 정해진 결론을 향해 가는 토론이라고 해도 과정에서는 자기만의 논리를 또렷하게 보여주어야 한다. 이미 알려진 지식을 전달받기만 해서는 잘하기 어렵다. 외워서 쓴다고 되지 않는다. 충분히 생각하고 이해해서 자기 것으로 만들어야 응용하고 창조한다. 책을 읽고 토론하며 고민해야 한다.

어떻게 해야 응용하고 창조하는 아이로 자라는지 모른다면 걱정되고 불안할 것이다. 학원에서 걱정하지 말라고, 잘 가르칠 거라고 하면 안심할 것이다. 때로는 형식과 방법을 배우기 위해 학원이 필요하기도 하다.

전문가에게 맡기더라도 부모는 자녀와 계속 대화해야 한다. 세상에서 벌어지는 온갖 일을 이야기해야 한다. 평소에 부모와 대화를 많이 한 아이가 토론을 잘한다. 여러 사람과 다양한 주제로 이야기를 나눈 경험은 밭에 뿌린 거름과 같다. 대화 자체가 토론은 아니므로 대화를 많이 한다고 해서 저절로 토론을 잘하지는 않는다. 그러나 토론을 배우고 글을 쓰기 시작하면 대화를 많이 한 아이는 쑥쑥 자란다. 얼마 지나지 않아 독서 감상문을 자기 이야기로 가득 채운다. 논리를 세워 토론한다. 독서토론 때 눈동자가 빛나고 논술할 때 태도가 달라진다.

그리스인 조르바는 돌이 경사를 만나면 생명을 얻는다[*]고 말했다. 별것 아닌 것 같지만 자녀와 꾸준히 나눈 이야기는 토론에서 돌이 잘 굴러갈 경사를 만든다. 책을 풍성하게 느끼고, 논리를 갖게 한다. 관련된 이야기가 생각나 흥미를 갖고 공부하도록 도와준다.

나는 두 자녀를 학원에 보내지 않는다. 억지로 공부하라고 강요하지 않는다. 학원에 보내고 전문가에게 맡기는 대신 이야기한다. 같이 책을 읽고 여행한다. 나도 불안하긴 하다. 대도시 아이들이 공부하는 모습을 보면 뭔가 해야 한다는 생각이 스멀스멀 올라온다. 그러다가 서울 강남에 사는 아이들이 공부하는 독서토론·논술 교재를 보고 두려움이 사라졌다.

학원에서 교재를 굉장히 잘 만들었다. 책을 분석하고 신문 사설, 뉴스, 다른 책에서 찾은 관련 내용을 더해서 자료를 제공했다. 내용을 이해하고 우리가 살아가는 시대와 연결해서 질문했다. 자료를 읽고 이해하며, 책 내용과 관련지어 논술하도록 안내했다. 좋은 책을 골라 시대에 맞는 주제를 선정해서 독서토론 교재를 만들었다. 이런 교재로 꾸준히 공부한다면 시골 아이들이

---

[*]『그리스인 조르바』 니코스 카잔차키스 지음, 이윤기 옮김, 열린책들.

절대로 따라가지 못하리라고 생각했다.

강남의 좋은 학군에서 뛰어난 성적을 내며 이름난 학원에 다니는 학생이 논술에 깔끔한 정답형 글을 써놓았다. 오랫동안 문제를 풀며 정답을 찾는 게 습관이 되었는지 토론과 논술에서도 정답 같은 글을 써놓았다. 무얼 말하는지 의도를 잘 찾고 논술 형식을 갖춰 썼지만 자기만의 주장과 생각이 없다. 토론과 논술에서 다루어야 할 책이 많아서 한 책을 제대로 이해한 후 토론하지 않고 휘리릭 정답 찾고는 다른 책으로 넘어갔다. 소화하지 못한 걸 계속 욱여넣는 꼴이다.

좋은 교재로 잘 가르쳐도 아이가 생각하지 않으면 소용없다. 평일과 주말 가리지 않고 공부하지만 전문가가 안겨준 지식을 자기 것으로 소화하기 전에 다른 전문가가 내민 지식에 떠밀린다. 공부해야 한다는 당위에 짓눌려 지친 아이는 생각하기 싫어한다. 서울 아이들이 쓴 글을 읽고 불안감이 사라졌다. 지식을 많이 아는 능력으로는 생각을 자유롭게 펼쳐내는 능력을 이기지 못한다.

방법을 배워야 한다. 규칙과 절차에 맞는 토론을 해야 한다. 그러나 여유를 갖고 이해하며 자기 것으로 만들어가면서 해야 한다. 끊임없이 지식을 밀어 넣기만 하지 말고 이야기를 나누어야 한다. 이야기 나누기는 누구와도, 어디서나 할 수 있다. 토론과 토의의 차이점을 몰라도, 토론 형식을 몰라도 할 수 있다. 유치원 아이와 할아버지가 함께 할 수도 있다. 독서토론을 어렵고 거창하게 생각하지 말자.

나는 10년 이상 독서반을 맡고 있다. 초등학교에서 만난 아이가 고등학생이 돼서도 독서반에 나왔다. 아이도 많이 자랐고 나도 많이 배웠다. 전학 간 아이가 글을 보내오고, 다른 지역 중학교에 간 아이가 독서반에서 읽는 책을 읽겠다고 한다. 대학생이 된 뒤에도 독서반 구경 오겠다고 한다. 아이들이 독서반에서 토론한 과정을 추억으로 간직하고 있다.

독서토론은 특별히 뽑힌 아이가 한 해에 한두 번 하는 행사가 아니다. 시간을 정해 전문가에게 맡겨야 하는 특별한 일이 아니다. 가정과 학교에서, 도서관에서 자연스럽게 이루어져야 한다. 아무 때나 책으로 이야기를 나누는 문화를 만들어야 한다. 편하게 의견을 주고받으며 생각의 폭을 넓히는 과정이 귀하다. 수다에서 보석을 캐낼 수 있다. 두려워하지 말고 편하게 시작하자. 책을 읽고 이야기를 나눈다고 생각하고 시작하자. 집에서 자녀와 함께 책을 읽고 이야기를 나누자. 그러면 아이가 경사를 만난 듯 날뛰는 모습을 보게 될 것이다.

날마다 나누는 이야기가
토론이 되려면

2015년 국가별 지능지수는 홍콩-한국(106)-일본-대만-싱가포르 순으로 높다. 10년 전인 2004년 스위스 취리히 대학 토마스 폴켄 박사가 180개국을 조사한 결과는 한국(106)-일본-대만-싱가포르 순서였다. 우리나라는 10년 동안 줄곧 세계에서 가장 지능지수가 높은 다섯 나라에 들었다. 이스라엘은 30위 안에 든 적이 없다. 이스라엘은 2005년 지능지수 94로 39위,

2010년 45위, 2015년 역시 94로 33위였다.

우리 국민의 지능지수가 이스라엘보다 13퍼센트 가량 높다. 우리는 유대인의 교육방법을 비롯한 최신 교육방법을 열심히 배운다. 학생들은 유대인보다 더 오랜 시간 공부한다. 그러나 세계 인구의 0.2퍼센트를 차지하는 유대인은 노벨상의 22퍼센트를 받은 반면 10년 연속 지능지수 세계 1~2위를 다투는 우리는 명함도 내밀지 못한다. 수박 겉핥기처럼 방법만 따라 하기 때문이다. 방법을 배우기 전에 삶에 밴 철학을 알아야 한다.

유대인은 자녀가 일상에서 배우게 한다. 가정과 마을, 학교와 도서관, 앉고 눕고 일어서는 모든 공간에서 자녀를 가르친다. 스위스 로이커바트(Leukerbad)를 여행할 때 우연히 전통 복장을 한 유대인을 만났다. 휴양도시에 유대인들이 모여 무얼 하는지 궁금해서 따라갔다. 책상이 잔뜩 놓인 공간에서 똑같은 전통 복장을 한 소년부터 할아버지까지 남자 50여 명이 책을 펴놓고 시끄럽게 떠들며 이야기를 나누고 있었다. 관광객이 오가는 골목 뒤에서 유대인이 책으로 아이를 키우는 모습이 놀라웠다.

유대인 자녀는 대학에 들어가기 전까지 책을 만 권가량 읽는다. 만 권을 목표로 삼아 억지로 읽히는 게 아니다. 평소에 부모가 머리맡에서 읽어주고, 스스로 읽고, 과제를 해결하기 위해 자료를 찾고, 친구들과 토론하면서 자연스럽게 만 권을 읽는다. 유대인이 날마다 삶에서 자녀를 가르치는 것과 달리 우리는 특정 장소에서, 지식 전문가에게 배우게 한다. 우리나라 아이들은 선생님에게 배우려고 학교와 학원에 간다. 여럿이 배우려고 공부방에 가고 혼자 공부하겠다며 독서실에 간다. 유대인은 안내하고 우리는 전달한다.

한석봉과 떡을 써는 어머니가 우리 모습을 잘 보여준다. 엄마가 자녀를 위해 최선을 다해 뒷바라지할 동안 자녀가 엄마의 간절한 마음을 가슴에 새기고 열심히 공부하길 원한다. 한석봉 엄마는 떡을 썰었고 대한민국 엄마는 교육 정보를 찾아다닌다. 한석봉은 절에 찾아갔고 대한민국 아이들은 학교와 학원에 간다. 이런 방식은 혼자 성공하고 혼자만 축하받는 개인을 만들 뿐이다. 공동체를 만들어갈 인물이 나오기 어렵다.

시몬 비젠탈은 히틀러가 만든 악명 높은 포로수용소에 갇혔다. 언제 죽을지 모르는 상황에서 강제노동에 시달리면서도 저녁만 되면 유대인 남자들은 토론했다. 왜 이런 일이 일어났는지, 나치 병사가 잘못했다고 고백하면 용서해주어야 하는지, 피해자가 죽어버린 상황에서 용서할 권리가 누구에게 있는지 이야기를 나누었다. 랍비가 토론을 이끌었고, 랍비가 없으면 다른 사람이 대신했다.

시몬 비젠탈은 포로수용소에서 구출된 뒤에 세계 각지의 저명인사에게 "당신이라면 어떻게 했을까?" 묻는 편지를 보냈다. 여러 신학자들, 정치 및 윤리 지도자들, 작가들에게 일일이 편지를 보내 포로수용소에서 토론한 주제를 어떻게 생각하는지 의견을 물었다. 포로수용소에서 겪은 일, 토론한 내용, 저명인사에게 받은 편지를 묶어 책 『해바라기』*를 냈다. 유대인들은 이를 계속 토론할 것이다.

＊『해바라기』 시몬 비젠탈 지음, 박중서 옮김, 뜨인돌. 시몬 비젠탈 협회는 2001년에 일본의 역사교과서 왜곡 문제와 관련, 일본의 주변국 침략 사실이 충분히 기록되지 않은 것을 유감스럽게 생각한다는 성명을 발표하기도 했다.

학생들에게 시몬 비젠탈의 질문을 하면 '왜 이러시나?' 하는 표정을 짓는다. 대답할 생각조차 하지 않는다. 요즘은 학생들과 대화하기 어렵다. 골치 아픈 이야기는 아예 하지 않는다. 평소에 대화하지 않았기 때문이다. 중학생 독서반에서 시몬 비젠탈의 이야기를 들려주었다. 어려운 주제지만 생뚱맞은 질문으로 받아들이지 않았다. 이야기를 나눌 준비가 되었기 때문에 저마다 의견을 내놓았다.

학교에서 도서관 수업을 어떻게 할까? 먼저 도서관에서 조용히 다니고, 다른 사람 방해하지 말라고 예절을 가르친다. 도서관은 책을 읽고 친구와 생각을 나누는 장소다. 다른 사람을 배려하는 자세를 가르칠 뿐 아니라 책을 읽고 토론하게 도와주어야 한다. 예절만 가르치고 도서관을 배움의 장소로 이끌지 않으면 예절마저 잔소리가 된다. 이스라엘 도서관은 이야기 나누는 소리로 시끄럽다. 예절에서 끝나지 않고 도서관을 토론장으로 만든다.

우리도 삶으로 가르쳐야 한다. 밥상머리 교육을 해야 한다. 잔소리로 가르치는 교육이 아니라 듣고 말하며 이야기를 나누어야 한다. 잠자리에 드는 자녀에게 부모가 책을 읽어주면 아이가 책을 읽는다. 일상생활에서 계속 가르쳐야 한다. 부모, 친구, 형과 동생, 이웃, 자연 모두에게서 배워야 한다. 자녀의 교육을 전문가에게만 맡기지 말고 날마다 우리가 살아가는 곳곳에서 배우게 해야 한다.

나는 필독서를 읽으라고 강요하지 않는다. 김득신과 이덕무가 책을 사랑한 이야기, 링컨이 『톰 아저씨의 오두막』을 읽고 남북전쟁을 결심한 이야기, 조지 오웰이 서점에 취직하기 전과 취직한 뒤에 책을 대하는 태도가 달라졌다는 이야기……. 갖가지 책 이야기로 아이들을 꼬드긴다. 때로는 아이가 불러도 못 들은 척하며 일부러 책만 읽는 모습을 보여준다.

학급문고가 들어오는 날 2학년 아이들에게 『멋진 여우씨』*를 소개했다. "여우를 잡으려는 사냥꾼 세 명이 있어. 평소에는 여우를 쉽게 잡는데 이번에 만난 여우는 똑똑한 '멋진 여우씨'야. 어떻게 될까?" 학급문고에서 『멋진 여우씨』가 사라졌다. 『멋진 여우씨』를 쓴 로알드 달을 이야기하면 도서관에서 로알드 달 책이 사라진다. 국어책에 여우가 나오면 『멋진 여우씨』를 말한다. 과학 시간에 동물이 나오면 또 『멋진 여우씨』를 말한다. 며칠 지나 시들해지면 또 말해서 자극을 준다.

토론도 마찬가지다. 책으로 이야기를 자꾸 해주면 아이들이 책으로 이야기를 나누는 문화를 만든다. 함께 지내는 순간순간을 토론 준비 시간으로 만들어간다. 나는 평소에 "어떻게 된 거야? 왜 그럴까?"를 계속 묻는다. 책을 좋아하고 책으로 이야기를 나눌 때까지 날마다 묻고 관련 이야기를 꺼낸다. 그러면 언젠가 아이들이 『해바라기』처럼 어려운 질문에도 자기 생각을 말하는 날이 오리라 믿는다.

선생님이 1학기에 읽어준 책만 해도 정말 많이 읽어줬다. 『사자와 마녀와 옷장』* 『백석 동화시』* 『내게는 소리를 듣지 못하는 여동생이 있습니다』* 전래동화

---

* 『멋진 여우씨』 로알드 달 글, 퀜틴 블레이크 그림, 햇살과나무꾼 옮김, 논장.
* 『사자와 마녀와 옷장』 C.S 루이스 글, 폴린 베인즈 그림, 햇살과나무꾼 옮김, 시공주니어.

등등. 요즘은 『캐스피언 왕자』*를 읽어주고 있다. 선생님은 읽어줄 때 목소리도 실감나게 하고 남자 이름을 따서 바꿔서 읽기도 한다. 예를 들어 "유모가요~"는 "유모 윤경민이요~" 하고 말한다. 그렇게 말하면 재미도 키워주고 실감도 난다. 그래서인지 선생님이 이야기를 읽어주면 재밌고 웃기고 실감나고 하여간 읽어주는 건 선생님이 최고! 친절한 것도 선생님이 최고! 선생님, 그러니까 앞으로 책을 많이 많이 읽어주세요. 특히 나니아 이야기요. 나니아 이야기는 끝까지 못 읽은 책이 많거든요. 꼭 책 많이 읽어주세요! - 김예현 (북삼초등학교 2학년 매화반)

초등학교 2학년 학생이 책으로 토론하기는 어렵다. 그래서 우리 반 윤경민을 넣어 캐스피언 왕자 이야기를 즐기게 했다. 2학년 아이에게는 경민이 이야기와 책 이야기를 같이 하는 게 토론이다. "사자가 어흥!" 대신 "아슬란(나니아 연대기에 등장하는 사자)이 어흥!" 하는 게 토론의 시작이다. 책 이야기를 자주 하면 아이들이 책을 읽고, 줄거리를 넘어 자신의 경험을 이야기한다. 이 경험이 정말 귀하다.

의사 자녀는 의사가 될 확률이 높다. 교사 자녀는 교사가 되고 판사, 검사, 변호사 자녀는 법조계에서 일할 확률이 높다. 의사 자녀는 평소 의학 이야기를 자주 듣는다. 교사 자녀는 학교 이야기를 많이 듣고 법조인 자녀는 법 이

---

* 『백석 동화시』 백석 글, 김응정 그림, 느낌표교육.
* 『내게는 소리를 듣지 못하는 여동생이 있습니다』 진 화이트하우스 피터슨 글, 데보라 코간 레이 그림, 이상희 옮김, 웅진주니어.
* 『캐스피언 왕자』 C.S 루이스 글, 폴린 베인즈 그림, 햇살과나무꾼 옮김, 시공주니어.

야기를 많이 듣는다. 자주 들으면 부모가 쓰는 낱말에 익숙해지고 부모 이야기를 자연스럽게 받아들인다. 그러면 그쪽으로 마음이 기운다. 책을 이야기하고 부모와 자주 대화하는 아이가 자연스럽게 책을 읽고 토론한다.

아이들이 내게 궁금한 내용을 물어보면 간단하게 정답만 알려주지 않는다. 스스로 생각하도록 요리조리 돌려가며 관련된 이야기를 하고 되묻는다. "그러게, 왜 그럴까?" 아이가 아는 다른 이야기를 통해 스스로 대답을 찾도록 되묻는다. 그러면 아이가 답을 찾은 뒤에 "아빠한테 또 당했다. 아빠는 내가 물어보면 다른 질문을 하는데 그걸 대답하면 내가 한 질문의 답이 뭔지 알게 돼. 다음에는 안 당할 거야."라고 말한다. 이것도 토론이다. 명령하고, 정답을 말하며 공부를 가르치려 하지 말고 이야기하자.

이야기가 토론이 되게 하려면 부모가 노력해야 한다. 자녀와 함께 책을 읽고 마주 보고 앉아 이야기하자. 얼굴을 맞대고 동화에 나오는 숲을 거닐며 주인공과 함께 모험을 나서자. 책에 나오는 요리를 하고, 등장인물이 겪은 일을 함께 해보자. 주인공을 본받아라, 위인처럼 성실해라 말만 하지 말고 책에 나오는 인물이 걸어온 길을 함께 걸어가자.

이게 어렵다면 일주일에 한 번만이라도 토론하는 시간을 만들어보자. 신문 사설이나 뉴스를 보고 글의 장단점을 찾아보자. 글쓴이가 무엇을 말하는지, 우리나라에서 일어난 일을 어떤 관점에서 바라보는지 이야기해보자. 예를 들어 동성애가 논란이 된다면 찬성과 반대 기사를 검색해서 읽고 어떻게 바라봐야 하는지 이야기해보자. 이때 부모의 가치관을 강요하지 말고 질문해야 한다. 아이가 미처 생각하지 못한 것을 생각하도록 이끄는 질문을 해야 한다.

〈비정상회담〉이라는 오락 프로그램에서 여러 나라를 대표하는 사람들이 모여 토론하는 모습을 보여준다. 자녀와 함께 비정상회담을 보고 누가 논리에 맞게 이야기하는지 찾아보자. 각국의 편견이 무엇인지, 각국의 문화와 경제 여건이 각국 대표의 생각에 어떻게 영향을 주었는지 찾아보자. 비정상회담에서 다룬 주제에 대해 자녀가 어떻게 생각하는지 듣고 부모의 생각을 말해보자. 〈지식채널ⓔ〉나 소셜네트워크서비스(SNS), 동영상 공유 사이트에서 강의와 영상을 함께 보고 이야기하자. 스티브 잡스 같은 인물의 강의를 듣고 이야기해도 좋다.

3 실패를 통해 배운다 :
실패에 주눅 들지 마라

대답을 잘했다고
다 이해한 것은 아니다

『이누이트가 되어라!』*는 우에무라 나오미가 개썰매를 타고 북극점에 가려고 훈련한 과정을 쓴 이야기이다. 탐험가는 상상할 수 없을 정도로 추운 곳, 숨쉬기 어려울 정도로 높은 곳, 살아서 돌아온다고 장담하기 어려운 험한 곳에 가기 때문에 팀을 이뤄 도전한다. 도와줄 사람이 아무도 없는 곳에서 홀로 죽어가는 위험한 상황을 만나고 싶지 않다면 여러 사람이 함께 탐험하는 게 당연하다.

그러나 일본 탐험가 나오미는 혼자 북극점에 도전한다. 나오미는 오랫동

---

* 『이누이트가 되어라!』 이병철 지음, 지성사.

안 북극권에서 산 이누이트*처럼 생활하면 혼자서도 충분히 북극점에 다녀올 수 있다고 믿었다. 그래서 이누이트와 함께 지내며 날고기를 먹고, 개썰매 끄는 방법을 훈련하며, 북극권에서 혼자 살아갈 준비를 한다. 실제로 훈련하기 위해 그린란드 야콥스하운에서 알래스카 코츠뷰까지 12,000킬로미터를 혼자 탐험한다.

책은 북극점에 가기 위해 개썰매를 타고 훈련한 내용이 대부분이다. 북극점을 정복한 이야기는 뒷부분에 짧게 나온다. 북극점에 갔다는 사실보다 이누이트처럼 생활하며 여행한 과정이 중요하다. 그래서 제목이 '북극점 정복'이 아니라 '이누이트가 되어라'다. 이 책은 북극점에 도착한 '결과'보다 목표를 향해 뚜벅뚜벅 걸어간 '과정'을 봐야 한다.

나오미는 위험한 일을 만나고, 힘겹게 벗어나고, 새로운 어려움을 계속 만나지만 포기하지 않는다. 혼자 개썰매를 끌고 북극점에 간 용기가 대단하다. 북극점에 가려고 12,000킬로미터를 훈련한 끈기도 대단하다. 목표를 이루기 위해 이누이트처럼 날고기를 먹으며 개썰매를 탄 모습이 멋있어서 토론 대상으로 골랐다.

책 읽은 느낌을 나누었다. 남자아이들은 나오미가 대단하다고 대답한다. 여자아이들도 재미있다며 실제로 일어난 일인지 묻는다. 우에무라 나오미는 1978년에 북극점을 정복했다. 일본인 최초로 에베레스트에 올랐고, 아마존

---

* 이누이트 사람이라는 뜻. 백인들이 그들을 에스키모(날고기를 먹는 사람들)라고 부르지만 그들은 스스로를 이누이트라고 부른다.

강을 뗏목으로 내려갔다. 일본열도 3,000킬로미터를 걸었고, 오대륙 최고봉을 세계 최초로 모두 올랐다. 1984년 북아메리카 최고봉 매킨리를 혼자 오른 뒤에 실종되었다.

간단하게 줄거리를 요약한 뒤 독서 퀴즈를 만들라고 했다. 아이들은 "나오미가 처음 찾아간 이누이트 마을 이름은?, 나오미가 개들에게 한 욕은?, 나오미의 이누이트 양어머니 이름은?, 나오미가 백곰을 죽이기 위해 쏜 총알의 수는?" 하고 질문했다. 마을 이름, 양어머니 이름, 개에게 한 욕, 총알 수는 몰라도 되는 내용이다. 아이들이 중요하지 않은 숫자와 이름 맞히기 문제를 내는 까닭은 책을 읽고 종합, 분석, 추론하지 못하기 때문이다.

한 아이가 "이날부터 (   )이 말을 듣지 않았다."라고 빈칸을 채우는 문제를 냈다. 북극점에 가까울수록 자기력이 강해져서 나침반이 작동하지 않는다. 문장에 숨겨진 뜻을 추론하고 분석했다면 나오미가 북극점에 가까이 왔다는 사실을 깨달았을 것이다. 그러면 "어느 날 나침반이 말을 듣지 않았는데 왜 그랬을까?"라고 물었을 것이다.

종합, 분석, 추론 능력은 책을 많이 읽기만 한다고 좋아지는 게 아니다. 왜 그랬는지, 무슨 뜻인지 생각하며 읽어야 한다. 문장과 사건이 무엇을 말하는지 따져봐야 한다. 인물이나 사건이 어떻게 영향을 주었는지, 시대와 장소가 달랐다면 내용이 어떻게 바뀌었을지 생각해야 한다. 그래야 책을 깊이 이해한다. 글을 쓸 때도 책 내용이 무얼 말하는지 따져보고 관련된 내용을 종합해야 한다.

아이들이 만든 퀴즈를 풀어보니 아직 내용을 깊이 이해하지 못한 듯해서 내가 준비한 질문을 했다. "나오미가 북극점에 혼자 가려 한 까닭이 무엇일까?" 나오미는 탐험에서 살아 돌아오는 것이 가장 중요하다고 생각했다. 혼자 탐험하면 당연히 위험하지만 오랫동안 북극권에서 살아온 이누이트처럼 생활하면 살아서 돌아올 거라 믿었다. 이누이트를 야만인이 아니라 본받아야 할 사람들로 생각했다. 그래서 이누이트처럼 날고기를 먹고 개썰매를 탔다. 나오미가 가장 중요하다고 생각한 내용이다.

아이들이 책에 나온 내용을 정확하게 말한다. 나는 아이들이 내용을 알고 있으므로 당연히 나오미 생각에 동의한다고 여겼다. 그런데 다른 질문을 했을 때 "추운데 왜 고생하러 가는지 모르겠다."라는 말을 듣고 당황했다. 분명히 이누이트처럼 행동한 나오미의 방식에 동의했는데 왜 가는지 모르겠다고 말하다니 이상했다.

독서토론 때뿐만 아니라 평소에도 상대의 생각을 함부로 지레짐작하면 안 된다. 그러면 오해가 생기고 실망하게 된다. 내용을 아는 것과 내용에 공감하는 것은 다르다. 아이들이 내용을 얼마나 아는지 확인했으면 공감하는지 다시 물어야 한다. 이건 토론의 기본이다. 그러나 나는 토론을 많이 했으면서도 아이들이 대답을 잘하기 때문에 내 마음대로 지레짐작했다. 내가 잘못하고 있다는 걸 한참 뒤에 알았다.

아이들 생각을 함부로 예측해서
실패했다

둘째 시간에는 이누이트처럼 된다는 것이 어떤 의미인지 알아보고 싶었다. 수백 년 동안 이누이트는 야만인 취급을 받았다. 지금은 사람들이 나오미의 탐험 방식을 좋게 평가하지만 당시 사람들은 이누이트를 야만인으로 여겼다. 편견이 얼마나 심했는지 알려주고 싶었다. 배경지식을 먼저 물었다.

"인간은 여러 가지 도전 기록을 갖고 있다. 여러분이 아는 도전을 소개해 보자." 북극, 남극, 에베레스트, 달과 우주 어디든 말하리라고 예상했지만 아무도 대답하지 않는다. 토론에서 적막감은 교사를 짓누른다. 콜럼버스를 비롯한 대항해시대 탐험가, 달에 착륙한 우주선, 닐 암스트롱, 박영석과 엄홍길을 아느냐고 물었다. 몇몇 이름을 말하지만 질문이 허공에 떠다니는 것 같다. 탐험에 관심이 없는 아이들에게 탐험 방식을 물었으니 말이 안 된다. 이때까지도 내가 지레짐작하고 있다고는 생각하지 못했다.

탐험가의 도전을 말하면서 자연스럽게 나오미가 도전한 일을 찾고, 도전하는 사람을 어떻게 생각하는지 알아본 뒤에, 기회가 주어진다면 어떤 일에 도전하고 싶은지 물어보려 했는데 당황스럽다. 도전하고 싶은 일도 없고, 왜 고생하러 가는지도 모르겠다고 한다.

나는 아이들이 에베레스트나 극점은 아니라도 어딘가에 가고 싶어 할 줄 알았다. 경쟁에 짓눌린 마음에서 해방되기 위해서라도 탐험을 꿈꿀 거라고 짐작했다. 목표를 향해 뚜벅뚜벅 걸어간 나오미로부터 자극받기를 원했다.

어릴 때 에디슨이나 라이트 형제 이야기를 들으며 꿈을 키우는 게 정상 아닌가! 그러나 탐험할 마음이 전혀 없다니! 그제야 아이들이 왜 이름, 숫자, 욕을 문제로 냈는지 깨달았다. 나오미가 탐험한 마음을 공감하지 못했기 때문에 개에게 한 욕이 기억에 남았을 것이다.

나는 산에서 사람들이 많이 다니지 않는 길로 가는 걸 좋아한다. 빙하 위를 걸어보고 싶고 절벽을 기어오르고 싶다. 능력은 없지만 마음만은 나오미처럼 해보고 싶다. 그래서 다른 사람도 나처럼 생각할 거라고 착각했다. 탐험가에게는 미지의 세계를 탐험하는 자체가 도전이고 뜻깊은 일이지만 보통 사람에게는 무모한 일이다. 아이들 마음을 제대로 몰랐기 때문에 아이들 생각과 거리가 먼, 거창한 이야기를 나누려 했다.

'편하게 지내서일까? 공부와 학원에 떠밀려서 지친 걸까? 집에서 뒹굴며 텔레비전 보거나 실컷 게임하는 것보다 눈을 반짝이게 만드는 일이 없을까?' 이런 생각을 하기 전에 아이들 마음을 먼저 알아야 했다. 그러나 아이들 마음을 알아볼 생각을 하지 않고 어떻게 해서라도 토론을 이끌어 가려고 문득 떠오른 걸 물었다.

"돈과 시간을 마음껏 준다면 무얼 하고 싶어?" 집에서 뒹굴거나 학원 빠지거나 피시방에서 실컷 게임하고 싶다고 한다. 번지점프 해보고 싶다는 5학년 아이가 없었으면 정말 슬펐을 것이다. '아이들이 무언가 도전하고 싶다는 생각을 하지 않는구나! 그냥 쉬고 싶어 하는구나!' 생각하니 슬펐다. 지레짐작하지 말고 아이들 마음을 나누었다면 좋았을 것이다. 아이들 마음을 이해하지 못했기 때문에 급하게 다음 질문으로 넘어갔다.

실패를 만회하려고 욕심을 부려서
또 실패했다

　나오미가 혼자 개썰매를 타고 이누이트처럼 날고기를 먹으며 북극에 가겠다고 하자 친구가 걱정하며 말렸다. 나오미는 친구를 설득하려고 프랭클린 탐험대 이야기를 했다. 프랭클린 탐험대는 대서양에서 북극해를 거쳐 태평양으로 빠지는 뱃길을 찾으려다가 빙산에 갇혀 대원 129명이 다 죽었다. 가까이에 이누이트가 살고 있었지만 탐험대는 죽어가면서도 도와달라고 하지 않았다.

　"프랭클린 탐험대는 왜 이누이트에게 도와달라고 하지 않았을까?" 영국 사람 눈에 이누이트는 '사람 같지 않은 사람, 피가 뚝뚝 흐르는 날고기를 먹는 에스키모'로 보였을 것이라고 대답한다. 탐험대는 날고기를 먹고 털가죽 옷을 입는 야만인에게 문명인이 도움을 받을 수 없다며 고집부리다가 모두 죽었다. 남극에서도 비슷한 일이 일어났다.

　월터 스콧과 로알 아문센은 남극점에 먼저 가려고 경쟁했다. 아문센은 털가죽 옷을 입고 시베리안 허스키가 끄는 썰매를 타고 남극점에 도달했다. 반면에 영국인 스콧은 남극에서 제대로 움직이지 못하는 설상차와 조랑말을 이용했다. 말이 다치면 자기들이 짐을 끌고 다친 말까지 데려갔다. 아문센은 돌아오는 길에 지친 개를 잡아먹을 요량으로 식량을 줄여 썰매를 가볍게 했는데 스콧은 반대로 행동했다. 그래서 아문센은 성공하고 돌아왔지만 스콧 일행은 모두 죽었다.

영국인들은 아문센의 승리를 인정하지 않았다. 털가죽 옷을 입고 개썰매를 타고 개고기를 먹는 행동은 야만인이나 하는 짓이라고 비난했다. 야만인은 문명인의 경쟁 상대가 될 수 없다고 말했다. 아이들은 나오미와 아문센처럼 살아 돌아온 사람이 승자라고 입을 모은다. 반면에 프랭클린 탐험대와 스콧 일행은 쓸데없이 명분만 내세우다 죽었다고 말한다. 패배를 인정하지 않고 자존심을 내세운 영국인을 비판한다.

아이들은 아문센과 나오미의 판단이 당연히 옳다고 생각한다. 당시에는 아문센과 나오미가 이상한 사람으로 여겨졌다는 걸 모른다. 반대 견해를 생각하지 않고 무조건 한쪽만 옳다고 하면 깊이 읽지 못한다. 그래서 우리 이야기로 바꿔 물었다. "우리와 일본이 똑같은 도전을 벌인다고 하자. 일본이 아문센의 방법으로 남극점에 먼저 가고 우린 스콧처럼 행동해서 실패했다면 어떻게 말할까?" 했더니 씩 웃으며 "그야 영국처럼 말해야죠." 한다.

결과만 내세워 나오미와 아문센이 옳다고만 말하지 말고 어떤 방법이 가치가 있는지 다시 생각해보자고 했다. 일본을 언급한 이야기에 자극을 받아서인지 네 명이 아문센을, 네 명은 스콧을 응원한다. 한 아이가 어느 편도 들지 않아서 어느 편이냐 물었더니 왜 가야 하는지 모르겠다고 한다. 왜 가고 싶지 않은지 그게 더 궁금하다. 나는 아직도 아이를 이해하지 못하고 있다.

나오미는 북극 탐험을 위해 이누이트를 찾아가 이누이트의 생활방식을 배웠다. 로마에 가서 로마법을 따른 셈이다. 프랭클린과 스콧이 이누이트의 법을 따랐다면 살아서 돌아왔을 것이다. 그러나 그들은 영국법만 내세워 로마법(이누이트법)을 무시했기 때문에 모두 죽었다.

로마에 가면 로마법을 따르라는 말을 나오미의 탐험에 어떻게 적용할 수 있을지 물었다. 아이들은 나오미의 상황과 '로마에 가면 로마법을 따르라'는 격언이 어떻게 연결되는지 모른다. 로마에 가면 로마법을 따라야 하듯이 북극에 가면 이누이트 방식을 따라야 한다고 쉽게 대답하리라 예상했지만 아니었다. 독서토론을 처음 시작한 1년 전에는 아이들이 모르면 차분하게 다른 질문으로 대답을 찾아갔다. 그러나 1년 동안 토론하면서 기대하는 마음이 높아졌다. 책을 많이 읽는 아이들이라 해도 '탐험, 북극, 이누이트'와 같은 주제는 낯설다. 그래서 대답하지 못하는데도 자꾸 욕심을 냈다.

한 가지를 모를 때 질문을 바꿔서 대답을 찾아가려 하지만 그래도 대답하지 못할 때가 있다. 그럼 아이들이 이해하기 쉽게 설명하면 되는데 토론 시간에 설명하면 실패라고 생각해서 엉뚱한 질문을 계속했다. 스콧과 아문센이 죽어서 귀신이 된 뒤에 토론 대회에서 맞붙으면 서로에게 뭐라 말할지 생각해보자 했다. 지금 생각하면 정말 말도 안 되는 질문이지만 그때는 귀신 이야기라도 붙잡고 싶었다. 굳이 이런 이야기를 하지 않아도 되는데 욕심이 앞서서 말도 안 되는 질문을 했다.

새로운 이야기를 꺼낼 때마다 '이걸 이야기하면 알아듣겠지!' 기대한다. 그래도 이해를 못 하면 또 실망한다. 로마에 가면 로마법을 따라야 한다는 이야기를 이해하지 못해서 귀신 이야기를 꺼냈고, 뒤죽박죽인 앞 내용을 정리하지 못해서 다시 영화 이야기를 꺼냈더니 더 혼란스러워한다. 과감하게 포기하고 주제를 바꾸어야 했는데 그러지 못했다. 이전 시간에 실패한 경험이 있어서 다시 실패하지 않으려고 수렁에 발을 더욱 깊이 들여놓았다.

1972년 10월 13일, 우루과이 대학 럭비팀을 태운 항공기가 안데스산맥에서 추락했다. 라디오에서는 수색을 포기한다고 했다. 영하 40도 혹한에서 식량이 떨어지자 생존자들은 어쩔 수 없이 시체를 먹고 버텼다. "어쩔 수 없는 상황이라면 시체를 먹어도 될까?" 하고 물었다. 살아남기 위해 시체를 먹을 수밖에 없다고 대답하면 '로마에 가면 로마법을 따라야 한다'는 말에 공감하는 것으로 받아들이려 했다. 토론이 점점 꼬여가지만 그때는 몰랐다.

아이들 모두 먹어도 된다고 말했다. "사람은 지적인 생명이기는 하지만 지적이기 이전에 생물이다. 살기 위해서는 먹어야 한다. 일부러 죽인 사람을 먹은 것도 아니고 사고로 죽은 사람을 먹었으니 살고자 하는 당연한 의지를 비난할 수는 없다."라고 말한다. 실제로 그런 일을 겪으면 먹을 수 있는지 물었더니 못 먹을 거라고 대답한다. 머리에서 나온 논리와 가슴에서 실제를 느끼는 마음이 다르다.

각각의 질문이 흐름을 이어가지 못하고 툭툭 끊어진다. 나는 로마법 때문에 질문을 하고 있다는 걸 알지만 아이들은 내가 왜 이런 질문들을 하는지 추론, 분석, 종합하지 못한다. 질문과 이야기가 강물을 이루어 시원하게 흘러가지 못하고 둑을 만나 고이는 느낌이다. 물을 흘려보내려면 둑을 열어야 하는데 열리지 않으니 다른 쪽으로 길을 낸다. 귀신 이야기와 영화 이야기로 길을 내려고 한참 노력했지만 이곳에서 원래 물줄기로 이어지지 않는다는 사실을 깨닫고 또 다른 길을 찾았다. 나오미가 이누이트처럼 살았던 이야기가 사라지고 자극적인 귀신 이야기, 시체 먹은 영화 이야기만 남았다.

이런 식으로는 토론이 안 된다. 그런데도 미련하게 계속 질문했다. "아마

존이나 열대 밀림에 사는 부족의 식인 문화를 이해해야 할까, 고쳐주어야 할까?" 물었다. 시체를 먹는다면 모를까, 살아있는 사람을 죽여서 먹는다면 고쳐주어야 한다고 말한다. 물론, 고쳐주기 위해 자기들이 찾아가지는 않겠다는 말을 덧붙인다.

토론을 잘하려고 로마법을 꺼낸 것까지는 좋았다. 그러나 아이들이 이해하지 못하면 책 내용으로 돌아가야 한다. 토론 경험이 적을 때는 '이렇게 하면 안 되는구나!' 하며 빨리 포기하고 책 내용으로 돌아갔다. 그러나 토론 경험이 많아지면서 자만하고 욕심을 부렸다. 이 정도쯤이야 해결할 수 있다며 지나치게 많은 이야기를 늘어놓았다.

로마법, 귀신들의 토론, 비행기 추락 사고, 식인 습관을 묻지 말고 스콧과 아문센 이야기에 이어 곧바로 책에 나오는 괴혈병 이야기를 했다면 얼마나 좋았을까!

이번엔 "나오미가 '채소와 과일이 나지 않는 곳에 살면서도 이누이트가 괴혈병에 걸리지 않는 것은 날고기를 먹은 덕분이야. …… 영국인들은 자기네 문명이 세계에서 최고라고 거들먹거렸어. 자기네처럼 먹고 입고 살지 않는 사람은 다 야만인이라고 무시했지.(23쪽)'라고 한 말에 동의하는가?" 하고 질문했다. 여기서도 실수했다. 나오미의 말에 동의하는지 물었는데 아이들이 당연히 동의한다. 모두 당연하게 받아들이는 질문을 하지 말고 영국인들의 태도에서 무엇을 느끼는지, 우리에게 같은 태도가 있는지 물어봐야 했다.

이상한 질문을 또 했다. "사람들은 살아가면서 지켜야 할 행동을 규칙으로 만든다. 사는 곳에 따라 생활방식이 달라지며, 가정환경과 타고난 성격도 영향을 준다. 그렇다면 모든 사람에게 똑같은 규칙을 적용하지 말아야 한다. 찬성하는가? 반대하는가?" 로마에 가면 로마법을 따라야 하는지를 다른 방식으로 물은 셈이다. 왜 로마법에 계속 집착했는지 모르겠다.

　로마법에 대한 내용을 정리해서 한 문단으로 썼다. '스콧과 아문센'을 예로 들건 그렇지 않건 마음대로 써보자 했다. 이때까지도 아이들 마음을 이해하지 못하고 내 마음대로 이끌고 있다는 걸 몰랐다. 북극에 왜 가는지 모르겠다고 대답했던 6학년 여자아이가 "어차피 한 문제를 풀면 다른 문제가 생긴다. 미지의 세계는 미지의 세계일 뿐 그 이상도 이하도 아니다. 사람들이 미지의 세계에 가고 싶어 할 이유가 없다."라고 썼다.

　나오미가 겪은 일이나 로마법에 대해서는 거의 쓰지 않았다. 지금은 왜 로마법에 대해 쓰지 않았는지 알지만 그때는 답답했다. 도전하지 않는 까닭을 공부나 성적, 친구 관계가 힘들어 꿈조차 꾸지 않기 때문으로 생각했다. 공무원 되라는 말에 눌려서 멀리 내다보는 마음마저 잊은 것 같았다. 굳이 이렇게까지 생각하지 말았어야 했다.

　사람마다 신체 조건, 지적 수준, 뛰어난 부분이 다르다. 그리고 살아온 환경이 다른 사람들은 똑같은 사람이 되기 어렵다. 이누이트들은 그곳에 있는 동물들을 잡아먹지 않으면 죽는다. 아무리 멸종 위기의 동물이라고 해도 그 동물들밖에 없다면 먹어야 한다. 모든 일에는 예외가 필요한 법이다. 장애인에게 군대에 가서 일반인과 똑같은 훈련을 하라고 한다면 어떨까? 그것이 옳은 일일까?

ㅡ 권서진 (6학년, 여)

서진이가 좋은 생각을 펼쳤지만 토론하면서 생각한 게 아니다. 토론하기 전부터 알고 있던 내용이다. 우리가 토론한 이야기는 하나도 쓰지 않았다. 오히려 서진이가 쓴 '예외가 필요한 법이다'를 읽고 새로운 방향을 찾았다.

"로마에서는 로마법을 따르되, 예외 조항을 두면 될까?" 하니 동의한다. "우린 스콧과 아문센의 이야기로 로마에서 로마법을 따라야 하는지 토론했어. 예외 조항을 둔다고 했으니 좋아. 한 번 더 생각해보자. 예외 조항에 걸림돌은 없을까?" 하니 예외 조항을 이용하는 사람이 있다고 답한다. 예외 조항을 이용할 힘과 권력을 가진 사람은 로마법을 자기에게 유리하게 이용할 거라고 한다.

아이들은 토론할 준비가 되어 있었다. 내가 아이들 생각을 잘 파악하고 제대로 질문했으면 멋지게 토론했을 것이다. 아이들 생각을 지레짐작해서 실수하고, 실수를 만회하려고 내 생각만 했기 때문에 엉터리 질문만 쏟아냈다. 서진이가 쓴 글 덕분에 비로소 로마에 가면 로마법을 따르라는 말을 토론하게 되었다.

둘째 시간에는 욕심에 눈이 멀어 아이들이 제대로 이해하는지 살피지 않았다. 천천히 이해하며 토론했다면 로마에서 로마법을 따라야 하는지, 예외를 두어야 하는지, 예외를 둘 경우 악용하는 사례를 막는 방법까지 자세하게 다루었을 것이다. 그러나 욕심을 냈기 때문에 안타깝게 끝나버렸다. 아이들이 왜 도전할 마음을 갖지 않는지 여전히 모른 채로.

아이들이 책 내용을
자신의 이야기로 느끼게 하지 못했다

셋째 시간이다. 오호카누아 노인 부부는 앤더슨 만에서 이누이트 방식으로 살아간다. 일곱 아들딸은 노인을 떠나 케임브리지 만에서 살아간다.

"노인은 왜 자녀와 함께 살지 못할까?" 물었다. 오호카누아 노인은 옛날 방식으로 산다. 자식들은 사냥해서 날고기를 먹는 방식을 불편하게 생각한다. 이미 백인들 방식에 적응한 자녀는 도시에서 문명의 혜택을 누리며 살고 싶어 한다. 며느리는 이누이트 말도 못 한다.

"맞아요. 이누이트가 가트나(백인)처럼 산다는 건 말이 안 돼요. 사냥도 할 줄 모르는 사람들인데.(141쪽)"라는 할머니의 말을 어떻게 생각하는지 물었다. 미국 정부가 이누이트의 삶을 버리고 현대 방식으로 사는 사람에게 보조금과 일자리를 주었다. 노인들은 지금까지 살던 이누이트 방식으로 살지만 젊은 세대는 이누이트의 삶을 버렸다. 이렇게 된 까닭을 아이들이 잘 알고 있다. 그러나 이누이트가 자기들만의 정신과 문화를 잃고 백인처럼 되면서 겪는 갈등은 잘 모른다.

"같이 살면 어떻게 될까?" 하고 물었다. 부모 세대의 전통적인 가치관과 아들 세대의 현대 가치관이 부딪칠 게 뻔하다. 만약 노인 부부가 자녀들 집에 가서 살면 답답해서 우울증에 걸릴지도 모른다. 자녀가 노인 집에 가도 힘들다. 아들은 적응하겠지만 며느리는 낯선 환경에서 말이 통하지 않아 힘들 것이다. 삶의 방식을 바꿔야 한다면 누구든 갑갑하고 힘든 게 당연하다.

"노인 부부와 자녀 부부가 함께 살아가는 방법이 있을까?" 물으니 대답하지 못한다. 이누이트와 백인 사이에 일어나는 갈등을 자세하게 모르기 때문에 대답을 못 하는 게 당연하다. 그런데도 노인과 자녀 사이의 문제를 해결해 주려다가 우리가 흐름을 놓쳤다. 부모님과 아이들 사이의 갈등을 물었다면 어땠을까? 도전과 탐험, 로마법은 잊더라도 『이누이트가 되어라!』를 세대 갈등을 다룬 '우리 이야기'로 기억했을 것이다. 그러나 이렇게 하기는커녕 엉뚱한 이야기만 되풀이했다.

글을 쓸 시간이 얼마 남지 않아서 감상문 주제를 '꿈과 도전'으로, 독서논술 주제를 '로마에서 로마법을 따라야 한다'로 잡았다. 먼저 독서논술 주제로 이야기를 나누었다. 모두 로마에서 로마법을 따라야 한다고 주장한다. 함께 근거를 찾았다. '로마에서 오래도록 살아온 사람이 자기들에게 맞게 법을 만들었으므로 따라야 한다, 다수를 따르는 게 자신에게 이익이므로 따라야 한다, 로마법을 따르는 게 사회에도 이익이므로 따라야 한다'고 의견을 모았다.

근거를 입증할 증거를 찾았다. 살아서 돌아오려면 이누이트 법을 따라야 한다. 나오미도 이누이트처럼 행동했기 때문에 북극점에 혼자 다녀올 수 있었다고 한다. 아이들 자신과 관련된 증거, 사회와 관련된 증거를 더 찾아보았다. 각 나라의 법은 나라의 문화와 전통에 따라 만들었으므로 따라야 한다고 말한다. 인도에서 소를 존중하는 예를 든다. 이누이트의 방식이 나오미에게 도움이 되었고, 나오미도 이누이트에게 도움을 주었다고 한다. 다수의 법을 따르지 않아서 왕따가 생기는 경우도 예로 들었다.

이어서 로마법을 따르지 말아야 한다는 주장에 대한 증거를 찾았다. 로마법이 옳지 않은 경우도 있겠다고 말한다. 예를 찾지 못하기에 나오미가 로마법을 따르지 않은 경우가 책에 나온다고 했더니 산을 넘지 말라고 했는데 넘은 일, 사냥하지 못하는데 생존을 위해 사냥한 일을 말한다. 두 가지 모두 위험했지만 결과가 좋았다. 문제를 제기하거나 호기심을 일으키는 내용을 서론에, 주장과 근거와 반론을 본론에, 정리하는 내용을 결론에 쓰라고 했다.

감상문 쓰는 아이들을 위해 나오미가 가진 꿈과 도전을 어떻게 생각하는지 함께 나눴다. 여자아이들은 위험하다고, 남자아이들은 도전할 만하다고 말한다. 꿈을 물었더니 여섯 명은 꿈이 없고 세 명은 부모님이 말한 꿈이 자기 꿈이 되었다고 말한다. 한 명만 뚜렷한 꿈이 있다. 우리가 쓴 글이 읽는 사람에게 의미를 주려면 '내 이야기'가 '우리 이야기'가 되도록 써야 한다고 말해주었다. 넷째 시간까지 이어서 글을 썼다.

학교에서도, 학원에서도, 집에서도, 심지어 다른 나라에서도 내 꿈에 대해 물어본다. 없다고 말하면 사람들은 설교를 하기 시작한다. 초등학교 생활 6년 동안 창의적 체험학습 시간, 국어시간, 심지어 졸업 앨범과 문집 안에도 나의 꿈에 대해서 알려고 한다. 단 한 학년도 내 장래희망에 대해서 관심을 놓았던 곳이 없다. 다른 사람에게 꿈을 말해주고 싶지도 않을뿐더러 꿈도 없다. 다른 활동도 충분히 많을 텐데 항상 꿈, 꿈, 꿈……. 물론 꿈을 가지도록 노력해야 하지만 어른들도 꿈이 없다고 해서 뭐라고 하면 안 된다.

나는 정말 이해가 안 간다. 자꾸 꿈에 대해 물어보니까 가끔은 차라리 '망하고 말지' 하는 생각이 든다. 사람들은 자꾸 꿈을 가져야 한다고 말하지만 오히려 스트레스다. 내가 나중에 커서 하고 싶은 게 아직 없다는데 가족이면 모를까 왜 나랑 상관도 없는 곳에서 참견인지 모르겠다. 친한 친구들과 가끔 모여서 놀 때도 이런 얘기를 한다. 특히 학교에서는 왜 참견이고 학교로 오는 강사도 왜 참견인지……

꿈이 없다고 적으면 여러 가지 질문을 한다. "좋아하는 거 있어? 왜 꿈이 없어? 아직 생각 안 해봤어?" 좋아하는 것도 있고, 생각은 해봤고, 관심 있는 건 있지만 하고 싶지 않으니까 꿈이 없는 건데 나에 대해서도 자꾸 알고 싶어 한다. 왜 나의 꿈에 대해 묻는지 모르겠다. - 장채영 (6학년, 여)

꿈이 있는 아이가 적다. 꿈이 있다고 해도 스스로 가진 꿈이 아니다. 꿈을 직업이라고 생각하는 아이도 많다. 어른들은 이걸 문제로 여긴다. 나도 아이들이 꿈을 꾸지 않고 생각 없이 사는 것 같아 안타깝다. 채영이 글처럼 아이들이 만드는 이야기를 어른들이 이해하지 못하는 건 아닐까 하고 생각했다.

노인 부부와 자녀 세대 이야기를 나누면서 세대 갈등을 제대로 다루었다면 '우리 이야기'를 썼을 것이다. 아이들이 자기들 이야기로 받아들이는 내용이 없는데 쓰라 했으니 무조건 쓰라고 강요한 셈이다. 『이누이트가 되어라!』를 끝내며 실패했다는 생각이 많이 들었다. 아이들 생각을 지레짐작했고, 실패를 만회하려고 지나치게 욕심을 부려 또 무너졌다. 한 발 떨어져서 생각했다면 억지로 끌고 가지 않고 '우리 이야기'를 나누었을 것이다. 독서반을 오래 했지만 아직도 혼자 버둥거리다 실패한다. 독서토론을 하다가 실패한다고 포기하면 안 된다. 실패가 주는 교훈을 잘 들으면 다음에 실패하지 않는다. 실패 사례를 소개한 이유다. 실패하더라도 다시 시작하자.

아이들에게 단순히 읽기를 가르치는 것만으로는 충분치 않습니다.
우리는 그들에게 읽을 가치가 있는 것을 주어야만 합니다.
상상력을 펼칠 수 있도록 만드는 어떤 것,
아이들이 자신의 삶에 대해서 이해하도록 도와주고
자신의 삶과 매우 다른 삶을 살아가는 사람들을 향해
다가갈 수 있도록 하는 그 어떤 것을 말입니다.
— 『독서몰입의 비밀』에 나오는 캐서린 패터슨의 말에서 인용

어떤 책으로 토론할까?

"아이들 마음에 말을 거는 책이 진짜 베스트셀러다."

1 아이들 눈높이에 맞는 책으로 토론하자

『몽실언니』
권정생 글, 이철수 그림, 창비, 2012년 개정

엄마가 날 낳아준 것 고마워. (287쪽)

"어떤 책을 읽어야 할까?" 정말 고민이다. 무엇을 읽어야 할지 모를 때 많은 사람들이 베스트셀러를 산다. 많은 사람이 샀으니 그만큼 좋을 것으로 생각한다. 그래서 불법인 줄 알면서도 출판사가 자기들 책을 다시 사서 판매 순위를 높이기도 한다. 자기만의 기준이 없는 사람은 좋은 책을 고를 자신이 없어서 베스트셀러나 학년별 필독서, 추천도서를 사기 마련이다. 그러나 베스트셀러가 아이에게 딱 맞는 책은 아니다.

책을 고를 때는 먼저 내 아이, 내가 만나는 학생들 눈높이에 맞는지 생각해야 한다. 남들이 아무리 좋다고 해도 아이의 눈높이에 맞지 않으면 읽어도 소용없다. 오히려 아이는 책을 멀리하게 된다. 『모모』는 베스트셀러고 아주 좋은 책이다. 그러나 『모모』가 여유를 잃어버린 우리들 이야기라 느낀 독자는 많지 않았다. 『파도의 춤, 열두 살의 시』는 베스트셀러도 추천도서도 아니다. 그러나 엄마가 그리운 아이들에겐 최고의 책이다.

경제 위기 이후 자기계발서가 출판계에서 황금 알을 낳는 거위가 되었다. 자기계발서는 회사와 나라가 위기에 처하더라도 준비된 개인은 위기를 기회로 바꿀 수 있다고 주장한다. 어려움을 이기게 해준다는 처방들은 언제, 어디에서나 사람들을 끌어당긴다. 그러나 시대의 흐름을 읽지 못한 자기계발은 뒷북만 치게 한다. 인문학 열풍 역시 자기계발을 위한 수단으로 접근하면 같은 결과를 낳는다. 잠깐의 인기를 따라가지 말고 눈높이에 맞는 책을 읽어야 한다.

독서반에서 나눌 책을 정할 때마다 고민한다. 서로 다른 성향을 가진 여러 아이가 함께 이야기할 책을 골라야 하기 때문이다. 독서반에는 문학을 좋아하는 아이와 싫어하는 아이가 함께 있다. 역사를 좋아하는 아이와 역사를 미로처럼 생각하는 아이도 함께 있다. 다양한 아이들이 만족할 만한 책을 고르려니 쉽지 않다. 아이들이 모두 좋아하는 책이라 해도 질문하는 내용에 따라 토론이 잘되기도 하고 그렇지 않기도 하다.

『몽실언니』는 100만 권 넘게 팔린 베스트셀러지만 읽기 쉬운 책이 아니다. 기승전결이 명확하지 않은 데다가 어둡고 슬픈 내용이 많다. 몽실이는 부모의 돌봄을 받지 못했다. 여러 집을 떠돌며 계속 어려운 일을 겪었다. 학교에 가지 못했고 끝까지 어려운 환경에서 벗어나지 못했다. 읽기 힘들고 마음을 불편하게 하는 책[*]이다. 그래서 아이들이 독서반에 참가한 지 1년이 지난 뒤에 토론 도서로 정했다.

권정생 선생님은 『몽실언니』를 너무나도 어렵게 썼다고 하셨다. 선생님이 겪은 슬픔과 고통을 『몽실언니』를 통해 그대로 드러냈기 때문일 것이다. 독서반 아이들이 몽실이와 선생님처럼 작고 연약한 생명을 아끼고 사랑하며, 어려움 속에서도 묵묵히 살아가는 마음을 가지면 얼마나 좋을까! 그러나 지금은 이런 가치를 귀하게 여기지 않는다. 그러므로 『몽실언니』를 제대로 느끼려면 아이들 눈높이에 맞게 질문해야 한다.

---

* 권정생 선생님은 마음을 불편하게 하는 책이 좋은 책이라고 했다.

행복한 독서토론, 이렇게 준비했어요

첫째 시간 : 내용 파악을 위한 질문

1. 밀양댁이 왜 아버지 몰래 몽실이와 도망갔을까?
2. 새아버지(김 씨)와 할머니가 몽실이를 미워하게 된 까닭은 무엇인가?
3. 몽실이가 다리를 다친 까닭을 말해보자.
4. 북촌댁은 무엇 때문에 아버지에게 시집왔나?
5. 마을을 지키기 위해 19번 참호에서 보초를 서던 아버지에게 몽실이가 갖고 간 것은 무엇일까?

6. 북촌댁이 죽은 까닭을 말해보자.

7. 난남이라는 이름의 뜻을 써보자.

8. 개암나무골 고모는 어떻게 되었는지 말해보자.

9. 몽실은 밀양댁에게 돌아가 1년 남짓 편하게 살았다. 편하게 살 수 있었던 까닭은 무엇인가?

10. 몽실이는 어떤 아이를 만나 공짜로 얻어먹으면 안 된다고 깨닫는다. 누구인가?

11. 최 씨 집에서 편히 지내던 몽실이는 거지로 구걸하며 사는 신세가 된다. 무엇 때문에 이렇게 되었을까?

12. 몽실이 아버지가 죽은 장소는 어디인가?

13. 몽실이가 영득이, 영순이를 만나러 가지 못하게 된 까닭을 말해보자.

14. 몽실이가 난남이와 헤어진 까닭을 말해보자.

15. 몽실이가 가장 행복했던 때는 언제일까?

16. 몽실 언니에 대한 생각을 자유롭게 한 문단으로 써보자.

둘째 시간 : 인물 이해를 위한 질문

1. 제시한 표를 보고 시간과 장소에 따라 몽실이의 마음이 어떻게 달라졌는지 생각해보자. (표는 63쪽에 수록)

2. 표에 적은 내용을 보고 몽실이가 가장 행복했던 때, 불행했던 때, 슬펐던 때, 괴로웠던 때, 몽실이를 가장 도와주고 싶었던 때를 찾아보자.

3. 여러분이 몽실이와 함께 살아야 한다면 언제로 돌아가 살고 싶은가?

4. 사람이 행복하게 살아가려면 무엇이 있어야 할까?

  4-1. 몽실이는 행복의 조건으로 무엇을 선택했을까?

  4-2. 여러분의 조건과 몽실이의 조건은 어떻게 다른가?

4-3. 권정생 선생님이 몽실이를 통해 우리에게 알려주고 싶은 내용은 무엇일까?

셋째 시간 : 생각의 폭을 넓히는 질문

1. 여러분이 몽실이라면 가족을 떠나 정 씨 집으로 따라가겠나?

　　1-1. 몽실이의 가족이라고 할 수 있는 사람을 모두 적어보자.

2. 낳아준 부모, 길러준 부모 중에 누가 진짜 부모일까?

3. 부모 노릇 잘하지 못하는 친부모, 부모 노릇 잘하는 양부모 중 한쪽을 고르라면 어느 쪽을 선택할까?

4. 친아버지와 살면 배고프다. 새아버지와 살면 배고프진 않지만 친아버지가 아니다. 새아버지가 영득이 태어나기 전처럼 행동한다면 몽실이는 누구와 사는 게 나을까?

5. 착한 북촌댁이 자신을 나쁜 사람이라고 한다. 왜 그랬을까?

　　5-1. 자신을 나쁜 사람이라 하는 북촌댁에게 무어라 말하면 좋을까?

　　5-2. 북촌댁은 정 씨를 속였기 때문에 정 씨가 힘들게 해도 참아야 한다.
　　　　(찬성, 반대)

　　5-3. 누군가를 속이고, 미안해서 잘해줬던 경험을 말해보자.

　　5-4. 이럴 경우 어떻게 하는 게 가장 좋을까?

넷째 시간 : 글쓰기를 위한 질문

1. 여러분이 지금까지 겪은 가장 큰 어려움이 무엇인지 말해보자.

　　1-1. 그 어려움을 해결해준다면 어느 정도 대가를 치를 수 있나?

2. 글을 써보자.

『몽실언니』는 베스트셀러에
어울리지 않는 책이다

준비한 질문을 하고 관련된 내용을 연결해서 물으며 책 내용을 이해했다. 예를 들어 몽실이가 난남이와 헤어진 까닭을 묻고, 헤어질 때 둘이 어떤 생각을 했을지, 우리가 같은 일을 겪으면 어떻게 반응할지 이야기했다. 책 내용을 알아보고, 덧붙여 질문하고, 아이들 경험과 연관하여 물었다. 아이들이 내용을 잘 이해하고 있다.

독서반을 시작했을 때는 90분 내내 책 내용을 알아보았다. 그때는 『몽실언니』를 나눌 수준이 되지 않았다. 지금은 1년 이상 토론하면서 실력이 늘어 300쪽가량 되는 책 내용도 쉽게 이해한다. 물론 내용을 이해한다고 몽실이의 가치관에 동의하는 건 아니다. 대부분 몽실이가 보기 드문 사람이라고 한다. 지금은 이렇게 사는 사람이 없을 거라고 한다.

몽실 언니는 정말 다사다난한 인생을 살았다. 여러 가정을 한 가정으로 모았고 수많은 친구를 사귀었으며 어느 곳에 가건 서로를 이어주고 아껴주었다. 그곳에서 항상 친구를 만들었다. 모든 주인공들은 다 그렇다. 해리 포터도 도로시 (오즈)도 악당들 빼고는 모두 주인공을 좋아했다. 지금 생각해 보니 악당을 주인공으로 한 이야기는 없는 것 같다. 비극은 있어도 주인공은 항상 착했다. 도대체 왜 그런 것일까? 그러다 보니 과정은 달라도 이야기의 뼈대는 비슷하다. 차별화는 불가능한 것일까? 갑자기 의심이 생긴다. – 권서진 (6학년, 여)

서진이는 책을 많이 읽는다. 몽실이와 비슷한 일을 겪은 다른 이야기와 견주어 자기 생각을 잘 드러냈다. 그러나 마치 자신이 겪는 것처럼 빠져들어 읽었던 평소와 달리『몽실언니』를 다른 책의 주인공과 비교한다. 시대와 환경이 다른 데다가 주위에 몽실이 같은 사람이 드물기 때문에 몽실이에게 빠져들기 어려웠을 것이다.

중학생 독서반에서 권정생 선생님이 쓴『우리들의 하느님』을 토론한 적이 있다. 몇 아이가 선생님이 화가 많이 난 상태에서 글을 쓴 것 같다고 말했다. 권정생 선생님은 세상에 화가 났다. 가난한 이웃이 억울하게 고통당하며 힘겹게 살아가는 모습을 보면서 화가 났다. 몽실이처럼 살면 손해 보고 바보 취급받는다고 말하는 현실에 화가 많이 나셨다. 작고 약한 것을 하찮게 여기는 세상에 화를 내며 강아지똥이 얼마나 귀한지 알리려 하셨다.

중학생들은 권정생 선생님이 왜 화를 내는지 몰랐다. 초등 아이들 역시 선생님이『몽실언니』를 통해 무얼 말하려 했는지 찾기 어려울 것이다.『몽실언니』는 이미 과거 이야기가 되었다. 아이들에게 '몽실이의 마음을 갖자'고 말해도 왜 그래야 하는지 이해하지 못할 것이다. 분명히 눈높이가 맞지 않았을 텐데 100만 명 넘는 사람들이 무엇 때문에『몽실언니』를 베스트셀러로 만들었을까? 몽실이 같은 사람을 그리워하는 건 아닐까?

놀랍게도 아이들이
몽실이를 느낀다

둘째 시간이다. 몽실이가 사는 장소, 함께 사는 대상, 살아가는 형편이 계속 바뀐다. 책의 흐름을 이해하기 위해 시간과 공간에 따라 어디에서, 누구와 살았는지 표로 정리했다. 시간, 장소, 함께 산 사람을 찾아 쓰고 그때 몽실이가 얼마나 행복했을지 별(★) 개수로 표시했다. 언제, 누구와, 어떤 환경에서 살 때 가장 행복했을까?

시간	공간	함께 있던 사람	몽실 마음
해방 직후(1945)	친아버지네 집	밀양댁, 정 씨, 몽실이	★★★
해방 직후(1946?)	새아버지네 집	밀양댁, 김 씨, 할머니, 몽실, (영득)	
……			

몽실이는 친아버지 집 → 새아버지 집 → 친아버지 집 → 새아버지 집 → 최 씨 댁 → 친아버지 집 → 부산병원 앞마당 → 금년이 아줌마 집 → 기덕이네로 옮겨 다닌다. 정 씨는 친아버지라 좋지만 가난해서 힘들다. 양아버지 김 씨 집에서는 배고프지 않지만 친아버지가 그립다. 배다른 동생 영득이가 태어나자 김 씨가 몽실이를 미워한다. 최 씨는 잘해주지만 가족이 아니다.

몽실이는 한 번도 가족과 함께 편안하게 살지 못했다. 그렇다고 불행하기만 하진 않았다. 몽실이 주변에는 늘 몽실이를 이해하고 사랑한 사람이 있었다. 몽실이 역시 사람들을 사랑하며 살아간다. 솔로몬의 말처럼 돈이 없더라도 서로를 아끼는 사람과 함께 살면 행복하다. "마른 빵 한 조각을 먹으며 화목하게 지내는 것이, 진수성찬을 가득 차린 집에서 다투며 사는 것보다 낫다.(잠언 17장 1절)"

요즘 아이들은 10억이 있으면 행복할 거라고 말한다. 100억 있으면 떵떵거리며 편하게 살 거라고 한다. 돈이 있으면 편안하기는 하다. 그러나 돈이 사람을 행복하게 만든다는 생각은 환상이다. 시간이 지날수록 욕심이 사람을 삼킨다. 몽실이는 아이들이 생각하는 행복의 조건을 갖지 못했다. 가족과 함께 배부르게 지낸 적이 없다. 각자 경험을 떠올리며 몽실이 마음이 어땠을지 짐작했다.

선생님 몽실이가 가족과 함께 지내지만 너무 배고파서 힘들어하던 때 마음은 어땠을까?

아이들 장염 걸렸을 때와 비슷해요, 아침에 졸린데 엄마가 어디론가 데려갈 때 같아요.

선생님 몽실이가 새아버지 집에서 고생할 때 마음은 어땠을까?

아이들 시험 못 보고 아버지 앞에 서는 기분이에요, 온몸의 피가 거꾸로 서는 듯해요.

선생님 새아버지 집에서 행복할 때 마음은 어땠을까?

아이들 나를 괴롭히는 언니가 우리나라에 잠시나마 없을 때 같아요.

선생님 부산병원 앞에서 기다리는 마음은 어땠을까?

아이들 우리 외할아버지 돌아가셨을 때 초조했던 마음 같아요.

몽실이가 새아버지 집에서 고생할 때 피가 거꾸로 서는 느낌이었을 거라고 한다. 장염 걸려 힘들었던 때를 떠올리며 몽실이 마음을 느낀다. 몽실이가 잠시나마 행복했을 때를 생각하며 자기와 늘 싸우기만 한 언니가 떠났을 때를 떠올린다. 외할아버지가 돌아가셨을 때 초조해하던 마음이 아직도 남아있다. 그래서 언제 초조한지, 언제 불안한지, 언제 행복한지 나누었다. '무엇이 우리를 행복하게 할까?' 나누고 싶었는데 이렇게 자연스럽게 이야기할 줄은 몰랐다.

아이들은 몽실이가 겪은 일을 이해하고 있을 뿐만 아니라 자신의 삶에 적용하기까지 한다. 몽실이처럼 극적인 경험을 하진 않았지만 우리 아이들도 힘든 일, 어려운 일을 겪는다. 경험을 나름대로 해석하고, 새롭게 반응하며 살아간다. 아이들 이야기를 들으며 '이게 바로 글 쓰는 사람의 마음이다. 글을 어떻게 쓰는지 말해야겠다'고 생각했다.

"몽실이 마음을 아는 것은 '독서'이고, 같은 마음을 느낀 경험을 말하는 건 '감상'이다. 책 내용을 초조, 불안, 괴로움 등으로 해석하고 같은 마음을 느낀 경험을 함께 쓰면 독서 감상문이다. 독서 감상문을 어렵게 생각하지 마라. 줄거리가 아니라 책 내용과 네가 떠올린 경험을 연결해서 쓰면 된다."라고 했더니 고개를 끄덕이며 '아, 그렇구나!' 하는 눈빛을 보인다. 이런 눈빛을 보면 가르치는 맛이 난다.

무엇이 사람을 행복하게 하는지 찾아보자. 가족이 기준이면 가난해도 가족과 함께 있을 때 행복하다. 돈이나 성공이 기준이면 달라진다. 각자 행복의 조건을 정하고 그 조건에 따라 1. 몽실이가 가장 행복했을 때, 2. 불행했을 때, 3. 슬펐을 때, 4. 괴로웠을 때, 5. 몽실이를 가장 도와주고 싶은 때를 물었다. 2~5번이 같은 질문 아니냐고 묻는다.

"잘 생각해봐. 괴로워도 불행하지 않을 때가 있어. 슬프지만 괴로워하지 않는 사람도 있지. 각자 기준을 정하고 그 기준만으로 판단해보자. '가족과 함께'가 기준이면 최 씨가 잘해줘도 불행하겠지. 하지만 그때 슬프거나 괴롭진 않았잖아!"

몽실이는 우리가 생각하는 행복의 조건을 갖지 못했다. 힘들고 어려운 일을 계속 겪었지만 불행하다는 생각에 발목 잡히지 않았다. 슬프고 괴로울 때 행복하진 않았지만 불행을 곱씹으며 좌절하지도 않았다. 몽실이에게는 견디는 힘이 있었다. 소망을 잃지 않고 기다리는 마음이 있었다. 우리가 이런 힘을 갖는다면 얼마나 좋을까! 그래서 물었다. 1. 무엇을 가지면 너희가 행복할까? 2. 몽실이는 무엇이 있어야 행복하다고 말할까? 3. 너희와 몽실이의 생각은 어떻게 다를까?

아이들이 『몽실언니』를 제대로 느끼지 못할 거라고 생각하고 만든 질문이다. 아이들이 이미 몽실이 마음을 느끼고 있으므로 이 질문은 하지 말았어야 했다. 곧바로 글을 쓰는 게 나았다. 그렇지만 글을 쓰려는 분위기가 무르익었는데도 준비한 질문을 버리지 못했다. 아이들에게 듣기보다 내 생각을 밀어붙이는 마음이 더 컸다.

"무엇을 가지면 행복할까?" 하는 질문에 행복 자체를 고민한 적이 없다고 말한다. 깜짝 놀랐다. 몽실이 마음을 느끼는 아이들이라면 당연히 행복을 고민하리라 생각했다. '아이들이 눈앞에 보이는 만족에 매여 사는 걸까?' 하는 생각이 밀려왔다. 몽실이가 어떻게 하면 행복해질지에 대해서는 잘 대답하지만 자신의 행복은 먼 이야기라 생각한다. 몽실이와 아이들을 비교해서 '너희들 제대로 살아라'는 말을 하고 싶었다는 걸 뒤늦게 알았다. 아이들이 기쁨과 슬픔을 느끼며, 고민하고 참으며 살아간다는 걸 홍은미 선생님(인천 용현초등학교 교사)이 일깨워주었다.

"아이들이 『몽실언니』를 무엇 때문에 썼는지 모르는 까닭은 너무 다른 시대적 배경에 있지 않을까 싶어요. 저는 읽으면서 엄마 생각, 할머니 생각이 났어요. 어릴 때 어려운 환경에서 자라서 조금이나마 몽실 언니를 공감할 수 있었어요. 그런데 우리 아이들은 전쟁 시대를 모르잖아요. 아는 만큼 공감한다고 아이들이 『몽실언니』를 공감하기에는 너무 다른 시대를 살고 있어서 그런 건 아닐까요?

게다가 아이들의 배경지식이 부족하고, 일반적인 인물이 아니라 지독히도 가난하고 사연 많은 몽실이의 삶에 거리감이 있는 것은 당연한 것 같은데요. 제가 처음에 『나의 라임오렌지나무』를 이해하지 못한 것처럼 말예요. 하지만 아이들이 깊이 있게 『몽실언니』를 공감하지는 못한다고 하더라도 몽실이를 통해 행복의 기준들을 생각해 보거나, 몽실이 마음을 별 개수로 표시하고 몽실이처럼 느낀 때를 적는 활동은 참 좋은 것 같아요. 아이들이 책 내용을 내 경험으로 연결해보며 공감 능력을 키워갈 수 있으니까요."

아이들 눈높이에 맞게 질문해야
깊이 나눈다

셋째 시간이다. 주제를 '가족'으로 정하고 찬반 토론을 했다.

▌ **여러분이 몽실이라면 가족을 떠나 새아버지 집으로 따라갈까? (질문 1)**

어떤 일이 있어도 가족과 함께 살겠다고 대답할 줄 알았는데 삼분의 일은 다른 집으로 가겠다고 한다. 친부모가 아니라도 가족이 될 수 있다고 생각한다.

▌ **낳아준 부모, 길러준 부모 중에 누가 진짜 부모일까? (질문 2)**

삼분의 일은 낳아준 부모를, 삼분의 이는 길러준 부모를 말한다. 아이들은 낳았다는 사실보다 함께 사는 시간이 더 중요하다고 한다. 누가 가족인지에 대해 활발하게 토론했다. 질문 3("부모 노릇 잘하지 못하는 친부모, 부모 노릇 잘하는 양부모 중 한쪽을 고르라면 어느 쪽을 선택할까?")은 하지 않는 게 나았다. 첫째 시간에 몽실이가 가장 행복했을 때, 둘째 시간에 여러분이 몽실이라면 누구와 살 것인가 물었을 때 나눈 내용이다. 괜히 질문해서 같은 이야기를 되풀이했다.

▌ **가난을 견디며 친아버지와 사는 게 좋을까? 배부르게 새아버지와 사는 게 좋을까? (질문 4)**

가난해도 친아버지와 살겠다고 한다. 첫 질문에서 삼분의 이가 길러준 부모를 진짜 부모라 했는데 지금은 낳아준 부모와 살겠다고 한다. 조금 전과 반대로 대답하고 있다는 걸 모른다. 누가 진짜 부모일지 물었을 때 아이들은 혈연관계를 대수롭지 않게 여기고 길러준 부모를 선택했다. 누구와 살 거냐는 질문에는 가난을 대수롭지 않게 여기고 친부모와 살겠다고 대답했다.

▋ 친아버지 정 씨는 밀양댁이 김 씨에게 가 버리고 몽실이가 돌아오자 북촌댁과 재혼한다. 북촌댁은 좋은 사람이다. 가정을 위해 최선을 다하며 정 씨가 힘들게 해도 참고 고통을 견딘다. 나쁜 병을 숨긴 죄인이라는 생각 때문이다. 나쁜 병을 가진 걸 속였다면 힘들더라도 참아야 할까? (질문 5)

이 질문도 아이들 눈높이에 맞지 않았다. 질문을 이해하기 쉽게 하려고 친구나 가족에게 잘못한 뒤에 미안해서 잘해준 적이 있는지 물었다. 부모님께 그랬다고 한다. 약속을 지키지 않았거나 거짓말했을 때 죄송해서 상대방이 원하는 대로 행동했다고 한다. 이걸 안다고 해도 북촌댁이 왜 한마디도 불평하지 않고 참기만 했는지는 모른다. 아이들은 당시 사람들이 폐렴(폐병) 환자에게 보인 혐오감이 얼마나 큰지 모른다. 북촌댁이 참을 수밖에 없는 상황을 이해하지 못했기 때문에 아이들은 북촌댁이 무조건 참으면 안 된다고 말했다.

둘째 시간에 몽실이의 마음을 우리 경험에 비춰 나누었을 때로 돌아가고 싶었다. 그 이후로 셋째 시간까지 한 질문 모두 아이들 눈높이에 맞지 않았다. 내가 가진 배경지식으로 질문을 만들었지만 아이들은 모르거나 관심을 두지 않는 내용이었다. 가족의 소중함을 나누거나 힘들 때 어떻게 견디는지 나누었다면 좋았을 것이다. 자기 이야기로 받아들이게 됐을 때 글을 썼다면 좋았을 텐데 후회가 밀려왔다.

독서반에서 아이들을 가르칠 때 '기대'에 대한 두 가지 원칙을 세웠다. 첫째, 누구를 막론하고 존재 자체에 대해서 기대하자. 장애물에 부딪히더라도 이유와 방법을 찾아주면 아이들은 그것을 뛰어넘는다. 둘째, 지금 당장 이 정도는 할 수 있다는 목표에 대한 기대는 하지 말자. 그런 기대는 스스로 안달하게 하고 아이에 대해 실망하게 한다. 실패를 통해 이걸 배웠지만 이번 실패는 정말 아쉽다.

『몽실언니』는 좋은 책이다. 그러나 아이들이 몽실이의 마음을 느끼는 모습을 보고 감격해서 그만 지나치게 기대했다. 아이들 눈높이에 맞게 토론해야 한다는 걸 알면서도 아이들 마음을 무시해서 실패했다. 처음에는 아이에게 실망했고, 다음에는 나 자신에게 실망했다. 알면서도 때로는 잘못된 길로 간다. 아무리 좋은 책이라도 눈높이에 맞지 않게 질문하면 깊이 만나지 못한다.

몽실이는 자기 기준을 내세워 다른 사람을 비난하거나 평가하지 않았다. 자기 마음을 앞세우며 압박하지 않았다. 몽실이는 약해 보였지만 다른 시각으로 살아간 진짜 '강자'다. 아이들이 누군가에게 몽실이가 되어주기를 바라며 『몽실언니』를 골랐지만 내가 아이들에게 몽실이가 되어주지 못했다. 다시 아이들과 눈높이를 맞추어 아이들을 일으켜 세워야겠다고 생각했다.

독서토론을 하려면 아이들 눈높이에 맞는 책을 골라야 한다. 정말 중요하지만 무시하기 쉽다. 나도 때로 잊는다. 자신들이 보기에 좋은 책을, 자기들 방식으로 억지로 읽게 한다. 아무리 좋은 책이라고 해도 아이들 눈높이에 맞지 않으면 토론하지 못한다. 어른들 눈에 하찮게 보이는 책이라고 해도 질문을 잘하면 깊이 나눌 수 있다. 고상하고 특별한 책을 읽어야 한다는 편견을 깨자.

함께 읽으면 좋은 책

『강아지똥별』 김택근 지음, 추수밭

『모모』 미하엘 엔데 지음, 한미희 옮김, 비룡소

『파도의 춤, 열두 살의 시』 린 호셉 지음, 김율희 옮김, 다른

* 권정생 선생님이 쓴 책은 모두 좋다. 일부를 추천한다.

그림책

『강아지똥』 권정생 글, 정승각 그림, 길벗어린이

『황소 아저씨』 권정생 글, 정승각 그림, 길벗어린이

『길아저씨 손아저씨』 권정생 글, 김용철 그림, 국민서관

『엄마 까투리』 권정생 글, 김세현 그림, 낮은산

『용구 삼촌』 권정생 글, 허구 그림, 산하

『똘배가 보고 온 달나라』 권정생 글, 김용철 그림, 창비

동화

『하느님이 우리 옆집에 살고 있네요』 권정생 지음, 산하

어른을 위한 책

『선생님, 요즘은 어떠하십니까?』 이오덕·권정생 지음, 양철북

『한티재 하늘 1, 2』 권정생 지음, 지식산업사

『빌뱅이 언덕』 권정생 지음, 창비

2 교훈과 업적을 앞세우는 책을 피하자

『태양을 훔친 화가 빈센트 반 고흐』
염명순 지음, 미래엔 아이세움, 2001

빈센트는 그림이 음악처럼 인간에게 위로가 되어 주기를 바랐습니다.
그래서 미술에서 음악의 효과를 내려고 애썼습니다. (101쪽)

나는 미술 시간을 싫어했다. 그림은 고통을 주는 괴물이었다. 미술가는 한 명도 몰랐고 미술 관련 책은 거들떠보지도 않았다. 교사가 된 뒤에도 역시 미술 시간이 힘들었다. 모르면서 가르치려니 한숨만 나왔다. 가르치는 방법을 몰랐기 때문에 비슷하게 그리면 잘 그렸다고 말할 수밖에 없었다.

어느 날 렘브란트의 그림을 보고 '느낌'을 받았다. 렘브란트는 처음으로 그림을 오래 들여다보게 했다. 네덜란드에 가서 풍차나 튤립이 아니라 렘브란트 그림을 보고 싶다는 마음이 생겼다. 하버드 교수직을 내던지고 중증장

애인을 돌본 헨리 나우웬이 렘브란트가 그린 〈탕자의 귀향〉을 몇 시간이나 들여다보았다는 말이 이해되었다.

렘브란트에 이어 고흐에 마음을 빼앗겼다. 3·4학년과『해바라기를 사랑한 고흐』를, 5·6학년과『태양을 훔친 화가 빈센트 반 고흐』를 토론했다.『안녕 내 친구 빈센트 반 고흐』『반 고흐, 영혼의 편지』를 읽었다. 고흐 책을 읽으며 고흐가 더 좋아졌다. 그래서 고흐가 마지막 그림을 그리고 죽은 마을에 찾아갔다. 동생 테오와 나란히 누운 고흐의 무덤을 보면서 이제는 사람들에게 사랑받게 되었으니 따뜻하겠구나 생각했다.

고흐가 오래 살았다면 테오도 오래 살지 않았을까? 돈이 없어 이미 그린 그림 위에 덧칠해서 그림을 그리며 고흐가 무슨 생각을 했을까? 가로 2미터, 세로 3미터밖에 안 되는 구석진 하숙방 작은 창문으로 들어오는 빛을 보며 자신에게도 빛이 비치기를 기대했을까? 고흐에게 그림은 무엇이었을까? 아이들과 함께 고흐가 어떤 사람인지 알아보기로 했다.

행복한 독서토론, 이렇게 준비했어요

첫째 시간 : 배경지식과 내용을 파악하기 위한 질문

1. 고흐에 대해 알고 있는 사실을 말해보자.

2. 내용 파악을 위한 질문

  2-1. 고흐가 갔던 세 나라를 모두 적어보자.

2-2. 고흐가 보리나주에서 만난 사람들은 대부분 직업이 (   )이다.

2-3. 고흐에게 잘해준 두 사람은 누구인가?

2-4. 고흐가 가장 좋아하는 색깔 두 가지는 무엇인가?

2-5. 〈빈센트의 방〉이라는 그림의 중요한 특징은 무엇인가?

2-6. 고흐는 정신 상태가 온전하지 않을 때 그림에 특정한 흔적을 남겼다. 정신
이 온전할 때 그린 그림과 비교하여 다른 특징은 무엇인가?

2-7. 실편백나무가 의미하는 바는 무엇인가?

2-8. 고흐가 남긴 마지막 작품은 무엇인가?

(기억나지 않으면 이 작품에 등장하는 식물과 동물이 무엇인지 써보자.)

3. 미술 관련 퀴즈

3-1. 그림 상인을 무엇이라고 부르나?

3-2. 그림을 전시하거나 파는 곳을 무엇이라고 부르나?

3-3. 물감을 물 대신 기름으로 녹여서 사용하는 기법을 무엇이라고 부르나?

3-4. 죽은 자연이란 뜻으로, 움직이지 않거나 생명이 없는 물건을 말한다. 무엇일까?

3-5. 1874~1880년 사이에 프랑스에서 일어난 미술 흐름으로, 순간적인 느낌을
그림에 담는 흐름을 무엇이라고 하는가?

4. 고흐가 그린 그림 중에 가장 오래 기억에 남은 작품을 소개하자.

(작품 이름, 그림 모습, 느낌 등)

5. 고흐 같은 이웃이 있다면 어떨까? 옆집에 이사 온다면 좋을까? 나쁠까?
까닭을 말해보자.

6. 모둠별 활동 : 고흐에게 좋은 영향을 준 일과 나쁜 영향을 준 일을 모두 찾
아보자.

6-1. 이 중에 가장 큰 영향을 준 세 가지를 찾아 모둠별로 발표, 비교하자.

6-2. 여러분에게 영향을 준 좋은 일과 나쁜 일을 세 가지씩 말해보자.

둘째 시간 : 고흐의 삶을 이해하기 위한 질문

1. 고흐의 가족 관계, 이웃 관계, 친구 관계, 직장 생활, 이성 교제, 경제 자립, 그림 실력을 평가해보자. (10점 만점)
2. 고흐는 자기 생각을 이해하지 못하는 부모와 갈등을 일으킨다. 부모를 공경하는 일이 우선인가? 자기 생각이 우선인가?
3. 고흐의 이웃은 고흐를 어떻게 생각했나? 고흐는 이웃으로 괜찮은 사람이었나?
4. 고흐가 같은 반에 있다면 친하게 지내겠나? 멀리 떨어지겠나?
5. 고흐가 직장 생활에서 급격한 태도 변화를 보인 까닭은 무엇인가? 여러분이 직장 상사라면 이해하고 받아주겠나?
6. 고흐는 세 번 사랑에 빠진다. 상대가 누구인지 이야기해보자.
   6-1. 고흐의 사랑을 어떻게 생각하는가? 정상인가? 비정상인가?
7. 고흐는 그림을 그리기 위해 평생 동생 테오의 도움을 받았다. 이런 태도를 어떻게 생각하는가?
8. 고흐는 죽는 순간까지 자기 그림이 인정받기만 하면 형편이 나아지리라 생각했다. 하지만 그런 날은 오지 않았다. 여러분은 고흐처럼 죽은 뒤에 인정받는 사람이 되고 싶은가? 아니면 뛰어나진 않지만 행복하게 살아가고 싶은가?

셋째 시간 : 고흐를 평가하는 글쓰기

넷째 시간 : 글 나누고 고치기

대단한 업적을 내세우기 전에
어떻게 살았는지 살펴보자

고흐는 자신만의 특별한 눈으로 바라본 세상을 그림으로 표현했다. 당시에는 고흐를 이해하는 사람이 없어서 그림을 거의 팔지 못했다. 고흐는 미치광이 취급을 받을 정도로 그림을 다르게 보았다. 자신을 송두리째 쏟아부은 그림이 쓰레기 취급당할 때 자신이 쓸모없는 존재라는 생각이 들었을 것이다. 그럴수록 고흐는 더욱 그림에 매달렸다. 그림만이 유일한 탈출구였다. 그림에 고흐의 삶이 강렬하게 스며들었다. 이제는 수많은 사람에게 기쁨과 영감을 주는 화가가 되었지만 정작 고흐는 하나도 누리지 못했다.

아이들과 함께 마음에 드는 고흐 그림을 골라보았다. 어렸을 때 내가 미술에 대해 가진 생각과 달리 아이들이 저마다의 느낌을 나눈다. 풍부한 표정의 의사 가세를 좋아하는 아이, 붉은 수염이 인상 깊은 고흐 자화상을 좋아하는 아이……. 만약 옆집에 고흐 같은 이웃이 이사 온다면 어떨까 물었다. 특별히 싫어할 이유가 없다고 한다. 이상한 모습을 보이기도 했지만 고흐는 이웃에게 피해를 주는 사람이 아니기 때문이다.

아이들과 함께 고흐에게 좋은 영향, 나쁜 영향을 준 일을 찾았다. 조카 이름을 빈센트 반 고흐로 지었을 때 좋았을 거라 한다. 고흐에게 잘해준 동생 테오, 탕기 영감, 의사 가세가 좋은 영향을 주었을 거라 한다. 반면에 청혼 실패, 계속되는 가난, 정신병은 고흐에게 나쁜 영향을 주었을 거라 말한다. 고갱은 좋은 친구였지만 고흐의 죽음에 영향을 주었기 때문에 좋게 보기도 하고 나쁘게 보기도 하였다.

　사람은 서로 영향을 주고받으며 살아간다. 좋은 일이 생기면 기뻐하고 힘든 일을 만나면 끙끙댄다. 자신에게 좋은 영향을 준 사람이나 사건, 나쁜 영향을 준 사람이나 사건을 나누었다. 부모, 가족, 친구, 칭찬이 좋은 영향을 주었다고 한다. 친구, 꾸중, 시험, 실패는 나쁜 영향을 주었다고 한다. 좋은 사람 만나고 칭찬받을 때는 기뻐했고, 싫은 사람 만나고 힘들 때는 고흐처럼 자기만의 세계에 빠져들었다고 말했다.

　이 책에서 고흐는 우리가 본받기 힘든 일을 해낸 불굴의 위인처럼 소개되지 않았다. 고흐는 아이들 눈에도 딱하게 보인다. 되지도 않는 사랑에 목을 맨다. 뒤늦게 그림에 빠져들지만 돈이 되는 그림은 그리지 않겠다고 고집부리다가 안타깝게 죽는다. 아이들은 고흐가 이웃집에 사는 이상한 아저씨 같다고 한다. 우리처럼 느끼지만 우리와 다른 사람이다.

　우리나라 위인전과 무엇이 다른지 물었다. 우리나라 위인은 어려서부터 뛰어나지만 고흐는 그렇지 않다고 대답했다. 우리나라 위인들은 용꿈이나 호랑이 꿈을 꾸고 태어나 어려서부터 비범한 능력을 보인다. 장군은 호랑이를 잡고, 학자는 어릴 때부터 어려운 책을 읽는다. 자기 허벅지 살이라도 떼어주어야 효자라 불렸다. 한 사람이 어떤 고민을 하며, 어떻게 살아왔는지가 아니라 무슨 업적을 남겼는지 소개하는 위인전이 많다. 인생을 직위와 업적으로 평가하는 사고방식이 반영되었기 때문이다.

　우리나라에서는 누군가 성공하면 될성부른 나무는 떡잎부터 알아본다며 그 사람의 과거를 미화한다. 어려운 처지를 딛고 성공하면 개천에서 용 났다며 떠받들지만 어떻게 개천에서 용이 났는지 살펴보지 않는다. 반대로 아무리 멋지게 살아도 업적을 남기지 않으면 무시한다. 대단한 사람이라는 결과만을 앞세우면 대단하다는 말 외에 함께 나눌 이야기가 적다.

고흐가 지금은 위대한 화가로 추앙받지만 생전에는 그림을 거의 팔지 못했다. 죽고 나서 유명해졌기 때문에 인기를 전혀 누리지 못했다. 그래서 고흐를 알려면 고흐의 위대함을 몰라본 당시 분위기와 함께 고흐가 그림을 붙들고 끙끙댄 과정이 드러난 책을 읽어야 한다. 이처럼 결과를 내세우지 않고 과정을 보여주는 책이 좋다. 나눌 이야기가 많기 때문이다.

책이 '될성부른 나무는 떡잎부터 알아본다'는 속담의 증거로 쓰이면 아이들의 흥미를 끌기 어렵다. 성공한 사람은 처음부터 남다른 능력을 갖췄기 때문에 특별한 일을 했다는 식의 내용은 토론에 알맞지 않다. 좌절과 실망을 빼고, 고민하고 애쓰는 과정 없이, 대단한 결과만 내세우는 책은 '본받아라' 한마디로 끝난다. 그런 책은 흐름이 뻔해서 사건 전개가 단순하다. 또한 현실과 동떨어진 이야기라서 아이들이 '내 이야기'로 받아들이며 읽지 않는다. 힘들고 어려운 상황에서 한 걸음 한 걸음 뚜벅뚜벅 걸으며 고민한 과정이 잘 드러난 책이 훨씬 좋다.

독서 단체와 대학 등에서 필독서를 발표한다. 학교에서도 필독서를 권한다. 각 단체에서 발표하는 필독서가 단체의 특성에 따라 달라야 한다. 인문계 대학과 이공계 대학, 시골 학교와 도시 학교 필독서가 같다면 읽는 이를 고려하지 않고 책만 들이민 셈이다. 책을 이렇게 보면 안 된다. 결과만 강조하는 틀에 박힌 책, 교훈을 앞세운 책을 고집하면 안 된다. 독자를 고려하지 않고

'훌륭함'을 떠미는 책은 아이들이 내용을 자기 이야기로 받아들이게 하지 못하고, 자기만의 새로운 이야기를 만들게 하지도 못한다.

위인전을 읽고 본받으라고만 하지 말자. 한 아버지가 아들에게 "링컨을 본받아라. 네 나이에 링컨은 날마다 책을 읽었다."라고 하자 아들이 "아빠, 링컨을 본받아요. 아빠 나이에 링컨은 대통령을 했어요!"라고 대답했다는 이야기가 있다. '저 사람 따라가라'고 등 떠미는 책은 좋지 않다. 어떤 마음으로 살아갔는지 느끼고 따라갈 마음이 생기도록 안내하는 책이라야 한다.

최근에는 살아온 과정을 보여주는 위인전이 많아졌다. 대단한 이순신이 아니라 고민하는 이순신을 소개하는 책, 위대한 스티브 잡스가 아니라 스티브 잡스가 살아온 과정을 소개하는 책이 많아졌다. 곤충, 옥수수, 노래, 그림에 빠져 묵묵히 자기 길을 걸어간 분들을 소개하는 위인전이 많아져서 다행이다. 그런 책을 읽고 토론하라고 권한다.

주인공을 평범한 이웃으로 여겨보자

둘째 시간이다. 먼저 고흐가 어떤 사람인지 평가했다. 가족, 이웃, 친구, 직장 생활, 이성 교제, 경제력, 그림 실력에 1~10점까지 점수를 주었다. 아이들이 성격, 지위, 외모를 따져보자 해서 같이 평가했다. 그림 실력에는 모두 점수를 좋게 주었지만 다른 기준은 들쭉날쭉했다. 고흐가 잘생겼다고 외모에 10점 준 아이도 있고, 반대로 1점 준 아이도 있다. 동생 테오를 생각해서 가족 관계를 9점 준 아이가 있는 반면에 부모를 힘들게 했다고 낮은 점수를 주기도 했다. 이런 식으로 고흐를 평가하는 게 재미있나 보다. 연방 웃어댔다.

▌ 고흐의 부모는 고흐의 생각을 무시하고 부모가 시키는 대로 하라고 강요한다. 순종해야 할까? (질문 2)

두 명만 부모의 뜻을 따라야 한다고 말한다. 다른 아이들은 부모가 반대하더라도 자신이 원하는 일을 하겠다고 한다. 부모의 강요에 떠밀리지 않고 자기만의 꿈을 꾸는 아이들, 책을 읽고 자기 길을 걸어가는 아이들과 함께 있어서 행복하다.

아이들의 가족 관계가 어떤지 물었다. 한 명만 빼고 모두 형제, 자매, 부모가 힘들게 한다고 대답한다. 짜증 나게 해서 미치겠다고 한다. 자기 마음에 쏙 드는 사람과 함께 산다면 어떻겠냐고 물으니 연예인과 결혼하겠다며 팔짝팔짝 뛴다. "가족이 너희를 싫어해서 힘들게 하는 건 아닐 거야. 가까이에서 자주 만나기 때문에 서로 상처를 주는 거야. 너희가 괜찮게 생각하는 사람도 같이 지내면 단점이 보이고 서로 힘들게 할 거야!"라고 말해도 그 가수가 그럴 리 없다고 주장한다.

만유인력의 법칙에 따르면, 두 물체의 관계는 물체 사이의 거리에 반비례하고 두 물체의 질량에 비례한다. 태양이 달보다 크지만 달이 바닷물의 움직임에 더 큰 영향을 준다. 달이 태양보다 지구에 가까이 있기 때문이다. 멀리 있는 태양이 아무리 커도 가까이 있는 달보다 영향력이 작다. 가족 때문에 힘든 까닭은 가족이 가장 가까운 존재이기 때문이다. 모르는 사람이 욕하고 가면 재수 없다고 생각하면 그만이지만 가족이 욕하면 크게 상처를 받는다. 거리가 가까워서 영향을 더 크게 받는다. 가수가 태양처럼 빛나 보여도 달보다 영향력이 작다. 아이들은 이걸 모른다. 그냥 크게 빛나면 좋아한다. 언젠가 이것도 토론 주제로 다루어야겠다.

▌ 고흐가 같은 반에 있다면 친하게 지낼까, 멀리할까? (질문 4)

고흐의 외모에 10점을 준 아이만 한 가지 일에 몰두하는 고흐가 멋있어서 친하게 지내겠다고 한다. 다른 아이들은 고흐가 이웃으로는 괜찮지만 친하게 지내기에는 행동이 괴팍스럽다고 한다. 고흐가 이웃이 되어도 괜찮은지 물었을 때와 같게 대답했다. 이웃은 인사만 하는 관계지만 친구는 훨씬 가깝다. 고흐와 친하게 지내지 않겠다는 말이 이해된다.

▌ 고흐가 직장 생활을 한다면, 어떤 모습일까? (질문 5)

고흐가 처음에는 직장 생활을 잘 하겠지만 안정된 생활에 적응하지 못하고 점점 이상하게 변할 것 같다고 한다. 다른 아이는 고흐는 한 가지 일에 몰두하면 정신없이 빠져드는 성격이어서 상사가 시키는 일을 곱게 해내기 어려울 것 같다고 하고, 또 다른 아이는 이해는 하지만 진짜 직원으로 두기에는 좀 그렇다면서 자기가 만약 상사라면 고흐를 해고할 거라 한다.

▌ 고흐가 사랑한 세 명이 누구인지 이야기하자. 고흐 같은 사람이 사랑을 고백하면 어떻게 할까? (질문 6)

모두 거절한다고 대답한다. 상대를 배려하지 않고 자기만 생각하며 자해 소동을 벌이는 사람을 누가 좋아할까! 고흐가 지금 태어나도 친구와 애인을 얻기는 어렵겠다.

▌고흐는 그림을 그리기 위해 평생 동생 테오의 도움을 받았다. 이런 태도를 어떻게 생각하는가? (질문 7)

당시 사람들이 고흐의 가치를 몰라서 그림을 사지 않았으니 어쩔 수 없다고 한다. 동생에게 지나치게 기댔다는 의견도 있지만 그림을 그리기 위해 어쩔 수 없었다는 의견이 많다. 동생이라면 형에게 그 정도는 해줄 수 있다고 한다.

▌고흐는 죽는 순간까지 자기 그림이 인정받기만 하면 형편이 나아지리라 생각했다. 하지만 그런 날은 오지 않았다. 여러분이 고생하더라도 사람들에게 인정받고 싶은가? 아니면 뛰어나진 않지만 행복하게 살고 싶은가? (질문 8)

정리하는 질문을 했더니 대부분 평범하게 살고 싶다고 한다. 고흐가 워낙 독특한 예여서 그렇게 대답했을 뿐 한 가지에 몰두하는 삶을 거부하는 것은 아닌 것 같다. 도시 아이들이 어떻게 생각하는지는 모르겠지만 책 좋아하는 시골 아이들은 가족과 소박하게 살기를 원한다.

교훈만 있는 감상문 대신
고흐 평가문을 썼다

글을 쓰는 셋째 시간이다. 고흐를 이웃으로 대하도록 토론했지만 글을 쓸 때는 습관처럼 본받아야겠다고 쓸 것 같다. 그래서 고흐의 삶을 평가하는 글을 쓰자고 말했다. 첫 시간에 고흐처럼 남다른 삶을 살고 싶다고 말한 이가진은 이렇게 썼다.

고흐는 개성이 뚜렷한 사람이다. 한 가지에 꽂히면 미친 듯이 그것에만 매달린다. 나는 그런 사람을 좋게 생각한다. 여러 가지 일을 함께하면 좋을 수도 있지만 나중에 자신이 무엇을 해야 하는지 헷갈리게 된다. 사람들은 고흐의 이런 면을 이상하게 여기고, 미친 사람이라고 생각하지만 그건 사람들이 평범해서 그렇다. 평범하지 않고 자신의 개성이 뚜렷한 사람은 고흐를 이해해 줄 수 있다.

평범하게 사는 사람들은 비슷비슷하기 때문에 튀는 사람을 이상하게 느낀다. 자신의 세계가 따로 있는 사람은 자신처럼 개성 있는 사람을 이상하게 여기지 않고 잘 어울리게 된다. 나는 고흐를 이상하게 여기지 않는다. 고흐도 그저 자신만의 세계가 있는 것뿐이기 때문이다. – 이가진 (6학년, 여)

나는 "개성이 뚜렷한 사람을 좋아하는구나. 중학생, 고등학생이 되면서 네가 어디에 빠져들지 궁금하다."라고 답글을 써주었다. 다른 아이들은 모두 평범하게 살고 싶다고 한다. 고흐처럼 한 가지에 온 힘을 쏟아 대단한 일을 이루는 것도 좋지만 가족, 이웃과 함께 평범하게 살아가도 괜찮다. 나는 독서반 아이들이 얼마나 성공할지는 궁금하지 않지만 어떻게 살아갈지 궁금하다.

고흐는 미쳤는데 좋다. 가족 관계, 이성 교제, 친구 관계 모두 좋지 않은데 한 가지에 몰두하고 미치는 성격이 끌린다. 성격만을 봐서는 '미친 거 아니야?'라는 생각이 들면서도 '나도 그랬으면…….' 하는 생각이 동시에 든다. 좋은 것이 아니라 부러워서 이런 글을 쓰고 있는 건지도 모르겠다.

고흐는 모든 것을 다 뒤로한 채 누구도 알아주지 않는 그림만 그렸다. 나라면 당장 먹고살기 힘들기 때문에 포기하고 다른 직업을 찾기 위해 신문의 구인광고 란을 찾으며 평범한 생활을 했을 것이다. 마음은 고흐인데 몸이 따라 주지 않는 자신감 부족이다. 그렇게 된다면 하고 싶은 것도 하지 못하고 그냥 아줌마, 할머 니로 인생을 마칠 것이다. 물론 극히 정상적인 삶이다. 나도 고흐처럼 미래가 보 이지 않지만 그래도 자신이 해서 행복한 것을 할 수 있는 용기가 있으면 좋겠다. 똑같이 하고 싶은 것은 절대 아니지만 행복, 열정, 자신감 이 세 가지는 꼭 닮고 싶다.

이건 절대로 자랑이 아니라는 것을 당부하고 싶다. 나는 할 줄 아는 것이 많 다. 바이올린, 태권도, 피아노, 영어, 일본어 등. 고흐는 한 길만 바라보고 달려와 서 적어도 자신은 행복했을 텐데 난 아직도 무얼 해야 할지 고민 중이다. 문득 '난 이러 이러한 사람이 될래.' 하면서도 과연 이것이 맞는지 생각이 들며 자신 이 없어질 때가 많다. 이렇게 갈팡질팡하다가 세월이 다 가버리는 것은 아닌지 걱정이다.

고흐는 죽은 다음에 사람들에게 인정받았다. 물론 살아서든 죽어서든 인정받 는 것은 좋지만 내 생각은 자신이 좋아해서 정한 일을 함으로써 행복함을 느끼 고 열정적으로 살아가는 것이 진정한 삶이 아닐까 싶다.

– 박아영 (중학교 1학년, 여)

"바이올린은 네 생활을 풍성하게 해줄 거다. 피아노도 그렇고. 태권도는 너를 지켜줄 때가 있겠지. 영어나 일본어는 네가 먹고살게 해줄 수도 있어. 이런 것들을 수단으로 삼지 말고 즐기면 또 다른 고흐가 되지 않을까! '하루를 풍성하게 살자(full your life).' 이레니우스가 한 말이다."라고 답글을 써 주었다.

함께 읽으면 좋은 책

『해바라기를 사랑한 고흐』 김미진 지음, 파랑새어린이 (3학년 이상)

『그림처럼 살다간 고흐의 마지막 편지』 장세현 지음, 채우리 (3학년 이상)

『반 고흐, 영혼의 편지 1, 2』 빈센트 반 고흐 지음, 신성림 옮김, 예담 (중학생 이상)

『느낌 있는 그림 이야기』 이주헌 지음, 보림 (5학년 이상)

『미술관에 가고 싶어지는 미술책』 김영숙 글, 휴머니스트 (중학생 이상)

『로알드 달의 발칙하고 유쾌한 학교』 로알드 달 글, 정회성 옮김, 퀜틴 블레이크 그림, 살림Friends (4학년 이상)

『우리 인물 이야기 시리즈』(전 30권) 장주식 외 글, 원혜영 외 그림, 우리교육

*위인이 살아온 과정을 보여주는 위인전으로 추천한다.

고전 명작은
원작을 읽어야 한다

『15소년 표류기』
쥘 베른 글, 레옹 브네 그림, 김윤진 옮김, 비룡소, 2005

필요해지면 다 배우게 될 거야! 희망을 잃지 말자,

그리고 신중하게 행동하자. (52쪽)

　『15소년 표류기』는 『80일간의 세계 일주』와 『해저 2만리』를 쓴 쥘 베른
작품이다. 영화로 만들어졌고 세계 명작 시리즈에도 오른 책이다. 몇 명이
『15소년 표류기』를 이미 읽었는데 다시 읽어야 하느냐고 묻는다. 분량을 물
으니 300쪽 정도였다고 한다. 원작은 660쪽이다. 아이들은 줄거리가 같으면
원작을 절반 이상 줄인 책이라도 괜찮다고 생각한다.

　『레미제라블』이 영화로 나왔을 때 잔뜩 기대하며 보았다. 2,300쪽 분량의
원작을 세 시간 이내에 다 보여주려 하니 빠진 부분이 많았다. 세부 묘사를

빼고 감동적인 부분 위주로 편집해서 내용이 툭툭 끊어졌다. 원작과 다른 부분도 있고 눈물 흘리며 보았던 장면이 송두리째 빠지기도 했다. 실망이 컸다. 원작의 감동을 그대로 전해주는 영화가 드물다.

출판사에서 원작을 줄여서 책을 내놓는 까닭은 독자가 줄거리 중심으로 책을 읽기 때문이다. 독자들은 660쪽 분량을 300쪽으로 줄여도 줄거리가 비슷하면 같은 책이라고 생각한다. 짧게 만들면 읽기 쉬워서 잘 팔리기 때문이기도 하다. 그러나 원작을 줄인 책은 원래 책과 다르다. 줄거리를 바꿀 수 없으니 설명과 묘사를 뺀다. 중심 줄거리에 큰 영향을 주지 않는 주변 이야기도 빼야 한다. 복선과 암시, 세부 묘사가 빠진 소설은 편집자의 책이다. 화학조미료 넣어서 흉내 냈지만 진한 맛이 사라진 음식과 같다.

『15소년 표류기』가 널리 알려진 책이긴 하지만 내용이 단순하다. 토론하지 않으면 소년 열다섯 명이 폭풍우를 만나 섬에서 2년 반 살다가 구조되는 이야기로만 기억한다. 그러면 쥘 베른이 무엇 때문에 책을 썼는지 모른 채 줄거리를 대충 아는 수준으로 끝내기 쉽다. 줄거리만 아는 게 전부가 아니다. 문장을 나누고, 등장인물의 말과 행동을 살펴보고, 서로의 생각을 주고받으며 줄거리를 넘어서게 도와주어야겠다.

행복한 독서토론, 이렇게 준비했어요

첫째 시간 : 내용을 파악하기 위한 질문

1. 책을 읽은 느낌을 간단하게 적어보자.

2. 파도에 휩쓸려 목이 졸려 죽을 뻔한 사람은?

3. 좌초한 뒤에 밧줄을 걸고 해안까지 가려다가 죽을 뻔한 아이는 누구인가?

4. 아이들이 어쩌다가 슬루기 호에 타게 되었는가?

5. 물건을 분류하고 정리하는 아이는 누구인가?

6. 아이들이 도착한 섬의 위도가 낮다는 것을 아는 방법 두 가지는?

7. 코스타와 도울이 탄 느림보 말은 무엇을 일컫나?

8. 아이들이 겨울을 나게 되는 동굴 이름을 프렌치 동굴이라고 이름 붙인다.
   왜 이런 이름을 붙였을까?

9. 프렌치 동굴 안에서 울린 수상한 소리는 무엇인가?

10. 볼라가 무엇인지 설명하자.

11. 선거에 의해 지도자가 되는 두 아이 이름을 순서대로 써라.

12. 도니펀, 크로스, 웨브, 윌콕스가 실망 만에서 무엇을 발견하였나?

13. 도니펀이 프렌치 동굴로 다시 돌아오게 만든 사건은 무엇인가?

14. 암소 나무가 무엇인가?

15. 해발 100미터를 넘는 곳이 없는 섬에서 브리앙은 먼 곳에서 불타는 화산을
    본다. 어떻게 보았을까?

16. 아이들이 어떻게 섬을 떠나게 되는가?

17. 15소년의 특징을 이야기해 보자.

이름	특징
고든	
브리앙	
	......

자크, 도니펀, 모코, 크로스, 웨브, 윌코스, 백스터, 서비스,
가넷, 젱킨스, 아이버슨, 코스타, 도울

둘째 시간 : 아이들의 삶을 돌아보기 위한 질문

1. 도니펀의 태도가 어떠한지 자세하게 묘사해보자.

   1-1. 여러분은 도니펀의 태도를 어떻게 생각하는가?

   1-2. 아래 내용을 참고해서 우리가 도니펀 같은 태도를 가졌는지 말해보자.

   > 그는 벌써 오래전부터 브리앙을 시기했다. 또 브리앙이 프랑스인이라는 사실만으로도 영국 소년들은 그의 지배를 별로 달가워하지 않았다. 이런 분위기가 이미 위태로운 이 상황을 더욱 심각하게 만들지나 않을까 걱정스러운 일이었다. (39~40쪽)

2. 경쟁 관계를 끝내기 위해 브리앙이 도니펀에게 지도자 자리를 넘겨야 하는지 찬반 토론을 해보자.

   > 그래, 고든. 사실 이런 골치 아픈 일을 끝장내려면 차라리 다른 사람, 그러니까 너 아니면 도니펀에게 지도자 자리를 넘기는 것이 더 낫지 않을까 싶어. 그렇게 하면 이런 경쟁 관계가 끝날 테니까. (450쪽)

   2-1. 지도자 자리를 넘기면 어떤 일이 벌어질지 예상해보자.

   2-2. 쥘 베른은 브리앙이 위기에 처한 도니펀을 도와주고, 도니펀이 착한 마음을 갖는 것으로 이야기를 끝냈다. 과연 현실에서는 어떤 일이 벌어질까?

3. 섬을 정찰하기 위해 아이들은 연을 타고 하늘로 올라갈 생각을 한다. 이런 행동에 대해 어떻게 생각하는가?

   3-1. 꼭 자신이 연에 타야 한다고 주장한 아이는 누구일까? 왜 자기가 타야 한다고 주장했을까?

   3-2. 꼭 연을 타고 정찰해야 한다면 누가 연에 타야 합리적일까?

   3-3. 표류하는 동안 가장 이상한 행동을 보인 아이는 자크이다. 왜 그랬을까?

   3-4. 자기 잘못을 보상하기 위해 자크가 한 행동은 정당하다. 이에 찬성하는가 반대하는가?

4. 다음 내용이 무엇을 뜻하는지 나누어보자.

> 영국의 기숙학교는 아이들에게 보다 많은 자율권을 주고 따라서 아이들은 더 자유롭게 행동할 수 있다. 이것이 아이들의 장래에 매우 좋은 영향을 미친다. 아이들이 철없이 지내는 시간이 더 짧아지는 것이다. 한마디로 말하자면 교양 교육과 지식 교육이 함께 이루어진다. (62쪽)

   4-1. 아이들에게 자율권을 많이 주면 아이들이 더 빨리 성장할까?

   4-2. 부모님이 여러분에게 어느 정도의 자율권을 주기 원하는가?

   4-3. 로알드 달이 쓴 『발칙하고 유쾌한 학교』에 나오는 영국 기숙학교의 모습 (훈육과 체벌로 지식을 전달하는 학교)은 쥘 베른이 말한 기숙학교와 어떻게 다른가?

   4-4. 유대인은 13세에 성인식을 한다. 성인식을 하면 떳떳한 사회 구성원으로 받아주기 때문에 사춘기 문제가 많지 않다고 한다. 우리에게도 성인식과 같은 의식이 필요할까? 필요하다면 어느 정도 나이가 되었을 때 해야 할까?

   4-5. 우리나라는 만 18세가 되면 성인이라고 인정한다. 18세가 되기 전에 성인보다 나은 분별력과 행동을 보이는 사람도 있고, 18세가 지나고도 어린아

이 같은 생각을 하는 사람도 있다. 나이가 성인의 기준이 될 수 있을까?

5. 너희들이 무인도에 표류한다면 살아남을 수 있을까? 15소년과 똑같은 상황이라면 어떨까 상상해보자.

　5-1. 15소년이 받은 교육과 우리가 받는 교육이 무인도에서 살아가게 하는 데 어떤 차이를 만들어낼까?

　5-2. 이제 곧 중학생이 된다. 중학교에 가서 무엇을 배울까? 중학생이 되는 기분이 어떤지 말해보자.

　5-3. 어떤 교육이 좋은 교육일까?

셋째 시간 : 종합, 분석, 추론과 마무리

1. 〈분석〉: 15소년이 표류하면서 겪은 '우연한 행운'을 찾아보자.

2. 〈비교〉: 쥘 베른, 로알드 달, 한국 학교를 비교해보자.

3. 〈인기투표〉: 15소년 중에 누가 가장 마음에 드는지 물었다.

4. 〈새로운 상상〉: 브리앙과 도니펀이 갈등을 일으키다가 고집 세고 콧대 높은 도니펀이 소년 셋을 데리고 떠난다. 현실에서 이런 일이 일어난다면 어떻게 될지 물었다.

5. 쥘 베른은 왜 지나치게 해피엔딩으로 이야기를 끝낼까? 이 시대 분위기는 어땠을까?

　5-1. 『걸리버 여행기』 『15소년 표류기』 『파리대왕』은 모두 섬에 표류해서 생존하는 이야기이다. 작가들은 왜 이런 이야기를 쓸까?

넷째 시간 : 글 나누고 고치기

원작에는 인물의 성격, 시대 상황, 갈등이
뚜렷하게 드러난다

분량이 길지만 내용이 쉬워서 내용 파악을 위한 질문에 잘 대답한다. 내용을 알아보면서 관련되는 내용까지 자세하게 살펴보았다. 그리고 나서 15소년의 성격을 파악했다. 줄거리를 줄인 책은 인물의 말과 행동이 많이 삭제되었기 때문에 성격이 뚜렷하게 드러나지 않는다. 원작에는 인물의 성격, 말과 행동, 갈등을 일으키는 사람까지 자세하게 드러난다. 편집본이 아닌 원작을 읽어야 하는 이유 중 하나다.

15소년의 특징과 행동을 알아보며 성격을 이해한 뒤에 각자 가장 중요하다고 생각하는 사람을 순서대로 정했다. 브리앙과 고든, 도니펀이 가장 중요하다고 말한다. 세 사람이 무엇을 했는지, 어떤 사람인지, 어려움을 만났을 때 어떻게 이겨내는지 자세하게 알아보았다.

둘째 시간에는 인물들 사이의 다툼과 갈등, 15소년이 살았던 시대와 우리 시대를 비교하는 질문을 했다.

▎ 브리앙을 시기하는 도니펀의 태도는 어떠한가? (질문 1)

브리앙은 영국 아이들 사이에서 혼자 프랑스인이다. 브리앙은 아이들을 도우며 이끄는 훌륭한 지도력이 있지만 언제나 반대를 받을 수 있다. 도니펀은 자존심이 강하다. 프랑스인 브리앙이 영국 아이들을 이끄는 걸 못마땅하게 여겼다. 브리앙을 깎아내리고 자신이 지도자가 되려 했다. 아이들은 도니펀이 자존심을 내세워 다툼을 일으키는 거라고 말한다. 그리고 우리도 도니펀 같은 태도를 보인다고 말한다.

경쟁 관계를 끝내기 위해 브리앙이 도니펀에게 지도자 자리를 넘겨야 하는지 찬반 토론을 했다.

▌브리앙이 도니펀에게 지도자 자리를 넘기면 어떤 일이 벌어질지 예상해보자. 쥘 베른은 브리앙이 위기에 처한 도니펀을 도와주고, 도니펀이 착한 마음을 갖는 것으로 이야기를 끝냈다. 과연 현실에서는 어떤 일이 벌어질까? (질문 2)

브리앙이 소년들을 이끌려면 도니펀과 계속 다투어야 한다. 도니펀이 지도자가 되면 무리 전체가 위험에 빠지기 쉽다. 무리의 안전과 화합 두 마리 토끼를 다 잡으려면 어떻게 해야 할까? 대부분은 다수의 안전을 위해 소수를 무시해야 한다고 생각한다. 쥘 베른은 위험에 빠진 도니펀을 브리앙이 도와줘서 화해하게 하지만 현실에서는 이렇게 되기 어렵다.

독서반 아이들도 브리앙이 계속 소년들을 이끌어야 한다고 말하지만 도니펀을 어떻게 해야 하는지에 대해서는 대답하지 못한다. 무시하기에는 존재감이 크고, 지도자로 인정하기에는 능력과 자질이 부족하다. 어느 공동체나 이런 사람 때문에 문제가 생긴다.

▌섬을 정찰하기 위해 연을 타고 하늘로 올라가려는 행동은 옳은가? 꼭 연을 타고 정찰해야 한다면 누가 연에 타야 합리적일까? 자기 잘못으로 벌어진 일을 보상하기 위해 자크가 한 행동은 정당한가? (질문 3)

섬에 해적 일당이 들어온 소식을 듣고 브리앙이 대형 연을 만들어 해적이 어디에 있는지 살펴볼 계획을 세운다. 누가 연에 타야 할지 의논할 때 자크가 무조건 자신이 타야 한다고 우긴다. 15소년이 망망대해에 표류하게 된 까닭은 자크가 장난삼아 배의 밧줄을 풀었기 때문이다. 자크는 자신이 저지른 죄를 갚기 위해 생명을 거는 모험을 하려고 한다.

꼭 연에 누군가를 태워야 한다면 몸무게가 가벼운 소년 또는 판단력이 뛰어난 소년이 타야 한다. 아이들도 죄책감에 시달리는 자크가 꼭 타야 할 필요는 없다고 한다. 죄책감은 판단력을 흐리게 한다. 자신의 잘못을 다른 선행으로 무마하려 하면 지나친 행동을 하게 된다. 잘못했으면 용서를 구하고 자신이 할 수 있는 일에 최선을 다하면 된다. 그러나 실제로 이렇게 행동하기 힘들다. 아이들도 죄책감 때문에 무리하게 행동한 적이 있다고 한다. 부모님께 잘못한 뒤에는 공부하거나 청소하는 척이라도 했다고 한다.

▌아이들에게 자율권을 많이 주면 아이들이 더 빨리 성장할까? 부모님이 여러분에게 어느 정도의 자율권을 주길 원하는가? 로알드 달이 쓴 『발칙하고 유쾌한 학교』에 나오는 영국 기숙학교의 모습(훈육과 체벌로 지식을 전달하는 학교)은 쥘 베른이 말한 기숙학교와 어떻게 다른가? (질문 4-1~4-3)

아이들에게 많은 자율권을 주는 영국 기숙학교에 대해 들려주고 질문했다. 독서반 아이들 부모는 학원을 강요하지 않고 아이들이 책을 읽게 한다. 아이들이 자유롭게 지내고 있어서 그런지 이 질문을 심각하게 받아들이지 않았다. 당연히 자기 일을 스스로 결정해야 한다고 말했다. 지금도 스스로 결정하며 살기 때문에 만족하는 아이가 많았다. 그러나 제한 없이 자율권을 주면 방종한다고 말했다. 교양과 지식에서 떠나 철없이 지낸다고 한다. 실컷 게임만 하고 공부는 뒷전에 두기 때문에 어느 정도는 통제해야 한다고 말했다.

로알드 달은 영국의 기숙학교에서 억압과 강압, 훈육과 체벌을 당하며 괴롭게 지냈다. 쥘 베른이 말한 학교와 완전히 달랐다. 『15소년 표류기』에도 드러나듯이 쥘 베른은 낙관적인 가치관을 가졌다. 육체적인 고통을 당하지는 않지만 요즘 아이들은 쥘 베른보다는 로알드 달과 비슷한 일을 겪고 있다. 미래에 대한 불안, 끝없는 경쟁, 쉴 틈 없이 해야 하는 공부 때문에 힘들어한다. 좋아하는 것을 하지 못할 뿐만 아니라 무엇을 좋아하는지 찾지도 못한 채 부모가 시키는 대로 끌려다닌다. 그래서 중학교 2학년 학생들이 자신을 찾는 과정을 그토록 힘들게 겪나 보다.

▎우리에게도 성인식과 같은 의식이 필요할까? 필요하다면 어느 정도 나이가 되었을 때 해야 할까? 나이가 성인의 기준이 될 수 있을까? (질문 4-4, 4-5)

13세에 성인식을 치르는 유대인 사회와 만 18세가 되어야 성인으로 인정받는 한국 사회를 비교하고 질문을 던졌다. 사회가 학생을 자율성을 지닌 한 인간으로 받아주지 않는다면 성인식이라는 행사가 큰 의미가 없을 것이다. 나이가 성인의 기준이 아니지만 나이 외에는 다른 기준을 찾기 어렵다. 15소년은 성인처럼 행동했다. 무인도에서 2년 6개월 동안 질서를 유지하며 어려운 문제를 해결하고 살아남았다. 한국 학생들이 같은 일을 겪으면 살아남을 수 있을지 궁금하다.

▎너희들이 무인도에 표류한다면 살아남을 수 있을까? 15소년이 받은 교육과 우리가 받는 교육이 무인도에서 살아가게 하는 데 어떤 차이를 만들어낼까? 이제 곧 중학생이 될 텐데, 중학교에 가서 무엇을 배울까? 어떤 교육이 좋은 교육일까? (질문 5)

아이들이 초등학교를 졸업하기 직전에 『15소년 표류기』를 나누었다. 초등학교 때가 좋다는 말을 가끔 하더니 2월이 되자 중학교 가기 싫다고 자주 얘기한다. 초등학교에서는 몸을 움직이며 배울 기회가 많았지만 중학교에서는 책상에 앉아 외우고, 문제 풀고, 또 외워야 한다는 걸 알고 있다. 독서반에서 하듯이 질문하고 서로 이야기를 나누는 게 불가능할까 물었다. 그러면 혼자 이상한 사람이 되기 때문에 안 된다고 한다. 이미 조용히 입 다물고 듣기만 할 생각으로 중학생이 되려 한다.

아이들은 중학교에서의 공부가 공부의 목적에 맞지 않는다고 말하지만 바꿀 의지는 없다. 그건 학생이 아니라 교육 당국과 교사들이 해야 할 일이다. 물론 아이들 역시 공부하는 까닭을 이해하지 못하고 있다. 스스로 생각하기 전에 너무 떠밀려서 왜 하는지 모르고 있다. 그래서 무엇 때문에 공부하는지, 어떻게 공부해야 하는지 계속 이야기했다. 이런 이야기를 하는 것만으로도 의미가 있다고 생각했다.

원작을 읽으면 작가의 의도, 작품의 배경을 알기 쉽다

셋째 시간이다. 책 내용 전체를 대상으로 네 가지를 질문하고 내용을 정리했다.

▌〈분석〉: 15소년이 표류하면서 겪은 '우연한 행운'을 찾아보자. (질문 1)

소년들은 폭풍우를 만났지만 아무도 안 죽는다. 재규어도 단칼에 죽이고, 바다표범을 잡아 기름을 만들어 불을 밝힌다. 배를 분해해서 뗏목을 만들어 강을 거슬러 올라간다. 도르래를 설치해서 무거운 물건을 뗏목에 싣는다. 사냥도 잘하고 긴 겨울도 아무 사고 없이 버틴다. 염전을 만들어 소금을 생산하고 연어를 염장한다. 대포를 쏘면 백발백중이고 해적을 만나도 아무도 안 죽는다. 반대로 해적은 모두 죽는다.

아무리 힘든 일을 만나도 모두 잘 헤쳐 나간다. 베테랑 선원들끼리 난파했다 해도 이렇게 일이 잘되지는 않는다. 시기심 가득한 도니펀이 단번에 착해진 것처럼 '우연'이 너무 많다. 줄거리를 읽을 때는 생각하지 못했는데 찾아보니 유치하게 이야기가 진행된다고 웃는다. 이야기를 나눈 뒤에야 "이거 진짜 유치한 이야기잖아."라고 한다.

〈비교〉: 쥘 베른, 로알드 달, 한국 학교를 비교해보자. (질문 2)

쥘 베른은 과학 기술 발전을 크게 기대했다. 과학이 발전해서 모든 사람이 잘살 것으로 생각했다. 수많은 우연이 딱 맞아야 성공하는 표류기가 현실에서도 가능하다고 믿었다. 그러나 같은 시대, 같은 나라에서 찰스 디킨스는 일하는 기계로 전락한 가난한 아이들의 아픈 모습을 글로 썼다. 교양 교육과 지식 교육은커녕 살기 위해 발버둥 치는 아이들의 모습을 통해 산업혁명으로 시작된 과학 발전의 후유증을 그렸다.

쥘 베른이 죽고 20년 뒤에 기숙학교에 다닌 로알드 달은 『발칙하고 유쾌한 학교』에서 영국의 기숙학교가 자유를 억압하고 아이들의 장래에 나쁜 영향을 미친다고 적었다. 아이들은 우리나라 학교가 로알드 달이 다닌 학교와 비슷하다고 말한다. 이제 곧 중학교에 가면 무서운 일이 생길 거라 말한다. 대한민국에서 교육받은 우리가 표류한다면 15소년처럼 할 수 없을 거라 한다. 수영을 못해서 상륙하기 전에 죽었을 거라 한다. 쥘 베른의 생각은 쥘 베른 20년 전(찰스 디킨스), 20년 후(로알드 달)뿐만 아니라 100년 뒤인 우리나라에서도 이루어지지 않았다.

▌〈인기투표〉: 15소년 중에 누가 가장 마음에 드는지 물었다. (질문 3)

원작에는 아이들 당시 모습이 삽화로 실려 있다. 도니펀은 잘생긴 도시 남자처럼 보이고 브리앙은 부드럽게 생겼다. 이 시간이 정말 재미있었다. 브리앙, 고든, 도니펀, 자크가 최종 후보에 올랐다. 여자아이들에게 "애인으로 누가 좋을까?" 물었다가 토론 교실이 인기투표하는 곳으로 변해 버렸다. "도니펀 잘생기지 않았니?", "귀족이니까 돈도 많을 거야!", "까칠한 게 멋있어!" 하며 도니펀을 지지한다.

몇몇은 '다정하고 친절한 브리앙'과 사귈 것처럼 말한다. "브리앙은 친절하고 다정하지만 재미는 없을걸!" 했더니 도니펀을 좋아하는 아이들이 "남자는 역시 잘생겨야 해!" 하며 깔깔댄다. 인기투표를 했지만 사실은 등장인물의 성격을 파악한 셈이다. 성격은 이야기 흐름에 크게 영향을 준다. 줄거리만 읽으면 보이지 않는다. 300쪽으로 줄여놓은 책을 읽었다면 삽화가 없으므로 인기투표를 할 수 없었을 것이다.

▌〈새로운 상상〉: 브리앙과 도니펀이 갈등을 일으키다가 고집 세고 콧대 높은 도니펀이 소년 셋을 데리고 떠난다. 현실에서 이런 일이 일어난다면 어떻게 될까? (질문 4)

아이들은 "서로 미워하다가 총을 쏘며 싸웠을 것이다, 도니편이 브리앙을 해칠 것이다, 도니편이 해적들을 불러들여 브리앙 편에 든 아이들을 몰아낼 것이다, 도니편이 동쪽 동굴에 정착한 다음 브리앙 편에 있는 아이들을 자기편으로 끌어들일 것이다. 브리앙이 용서를 빌며 부하가 되겠다고 할 때까지 수를 쓸 것이다." 한다.

『15소년 표류기』에는 인간에 대한 낙관적인 생각이 드러난다. 쥘 베른은 과학이 인류에게 장밋빛 미래를 선사하리라 믿었다. 바다에 대한 동경과 기대로 『해저 2만리』를 썼다. 과학기술의 발달로 80일 만에 세계를 여행하는 기적 같은 일이 일어날 거라 믿고 『80일간의 세계 일주』를 썼다.

그러나 과학기술은 전쟁 무기 개발을 비롯한 여러 가지 부작용을 낳았다. 유럽을 잿더미로 만든 두 번의 세계대전 뒤에는 쥘 베른의 생각과는 정반대 내용의 책이 나왔다. 『파리대왕』『멋진 신세계』『1984』는 『15소년 표류기』와 정반대의 시대 분위기에서 쓰였다. 문학작품은 시대를 반영한다.

아이들이 상상한 이야기는 『파리대왕』줄거리와 비슷하다. 15소년과 달리 『파리대왕』의 아이들은 편을 나눠 서로 싸우고 친구를 죽이기까지 한다. 현실은 『15소년 표류기』보다 『파리대왕』에 더 가까울지도 모른다. 아이들에게 "너희들 작가 해도 되겠다. 너희들 말처럼 무인도에 표류한 뒤에 편을 나눠 서로 죽이는 이야기를 써서 노벨문학상을 받은 작가가 있다."라고 했더니 무슨 책이냐고 묻는다.

2차 세계대전에 해군으로 참전한 윌리엄 골딩은 인간이 얼마나 잔인한지,

인간의 이기심이 무리를 어떻게 파멸의 길로 이끄는지 보여주려고 했다. 그게 『파리대왕』이다. 당장 『파리대왕』 읽자고 졸라대는 아이들에게 2년 뒤를 기대하라고 말했다. 아이들이 중학생이 된 뒤에 『파리대왕』을 함께 읽었다. 굉장한 책이었다.

〈분석〉은 아이들이 줄거리에 의심을 품게 하려고 일부러 물었다. 줄거리만 읽는 아이들은 책을 분석하지 못한다. 자기들이 우연을 다 찾고도 무엇을 뜻하는지 해석하지 못한다. 내가 말해주고 나서야 비로소 '아, 그렇구나!' 한다. 〈비교〉는 함께 나누었다. 로알드 달 시대 이야기는 내가 해주었고, 현재 학교 모습은 아이들이 주도했다. 둘의 차이를 살펴보며 여전히 학교에 남은 관행이 많고, 새롭게 바뀐 것이 적다는 사실을 실감했다. 〈인기투표〉는 완전히 아이들 차지였다. 나는 구경하며 웃기만 했다. 아이들은 줄거리와 상관없는 인기투표를 가장 좋아했다. 다시 『15소년 표류기』를 읽을 때는 마음에 드는 남자 위주로 책을 읽을지도 모르겠다. 〈새로운 상상〉을 이야기할 때 나는 첫 질문, 마지막 질문과 『파리대왕』 소개만 했다. 토론하면서 '아이들 마음은 우주와 같다. 잘 끌어내기만 하면 넓고 새로운 생각으로 끝없이 뻗어나간다'고 느꼈다. 『15소년 표류기』를 마무리하며 마지막으로 물었다.

▌ 쥘 베른은 왜 지나치게 해피엔딩으로 이야기를 끝낼까? 이 시대 분위기는 어땠을까? 『걸리버 여행기』 『15소년 표류기』 『파리대왕』은 모두 섬에 표류해서 생존하는 이야기다. 작가들은 왜 이런 이야기를 쓸까? (질문 5)

초등학교 5·6학년은 작품이 쓰인 시대적 배경을 모른다. 중학교에서 산업혁명, 세계대전을 배워도 시대 상황이 작품에 영향을 준다고 생각하지 않는다. 줄거리가 재미있는지 없는지에만 신경 쓴다. 토론하면서 『파리대왕』을 읽으면 왜 『15소년 표류기』와 다르게 쓰였는지 생각할 것이다. 줄거리만 읽으면 둘을 비교할 생각을 하지 못한다. 책을 읽을 때는 반드시 줄거리를 뛰어넘어야 한다.

만약 우리가 660쪽 분량이 부담스러워서 300쪽 요약판을 읽었다면 어땠을까? 줄거리는 알겠지만 문장과 복선, 묘사와 긴장을 제대로 읽지 못했을 것이다. 장면을 눈앞에 떠올리기 어려웠을 테고 유치한 이야기가 되었을 것이다. 앞에서 인용한 로알드 달의 영국 기숙학교 내용은 줄거리에 영향을 주지 않으니 사라졌을 것이다. 그럼 아이들이 다니는 학교와 비교하며 토론하지도 못했을 것이다.

〈인기투표〉 역시 불가능하다. 원작에는 당시 삽화를 넣었지만 300쪽으로 줄이면 삽화를 넣지 못한다. 도니편이 잘생겼다는 걸 알 수 없으니 아이들 모두 브리앙이 좋다고 단순하게 생각할 것이다. 〈새로운 상상〉도 안 된다. 묘사와 설명을 줄이면 장면을 자세하게 떠올리기 어렵다. 그러면 『15소년 표류기』를 읽고 『파리대왕』을 생각하지 못했을 것이다.

책을 나눠주었을 때 아이들이 "이렇게 두꺼운 책은 처음이에요.", "400쪽 넘는 책을 한 번도 읽은 적이 없는데……." 했다. 그렇지만 일주일이 지나고 다시 만났을 때는 "700쪽도 별것 아니네요."라고 반응했다. 두께는 책읽기에 걸림돌이 되지 않는다. 줄거리만 읽는 책읽기가 더 걸림돌이다. 제대로 읽고 함께 이야기를 나누며 생각을 펼쳐야 한다. 그렇게 펼쳐낸 생각들 가운데 하나를 붙들어 글을 쓰며 정리해야 한다. 그러면 아이들이 새로운 명작을 만들어 낸다. 꼭 기억하자. 명작도 줄거리만 읽으면 졸작으로 남는다.

함께 읽으면 좋은 책

『보물섬』로버트 루이스 스티븐슨 지음 (4학년 이상)

『산호섬』로버트 밸런타인 지음, 이원주 옮김, 파랑새어린이 (5학년 이상)

『로빈슨 크루소』대니얼 디포 지음 (5학년 이상)

『80일간의 세계 일주』쥘 베른 지음 (5학년 이상)

『해저 2만리』쥘 베른 지음 (중학생 이상)

『파리대왕』윌리엄 골딩 지음 (중3 이상)

『멋진 신세계』올더스 헉슬리 지음 (중3 이상)

『동물농장』조지 오웰 지음 (중2 이상)

초중등 독서반에서 토론한 책 모음

3년 동안 독서반에서 나눈 책을 소개한다. 동화가 많지만 자서전, 위인전, 일기 모음, 편지 모음, 고전, 실화, 역사, 인권, 탐험 이야기도 있다. 다양한 주제로 토론하려고 여러 종류의 책을 골고루 다루었다. 참고로, <u>밑줄 그은 책</u>은 아이들이 힘들어했다. **진하게 표시한 책**은 아이들이 굉장히 좋아했다.

초등 독서반에서 토론한 책

『바보 온달』 이현주 지음, 우리교육

『로알드 달의 발칙하고 유쾌한 학교』 로알드 알 글, 퀜틴 블레이크 그림, 정희성 옮김, 살림Friends

『거짓말 학교』 전성희 지음, 문학동네어린이

『태양을 훔친 화가 빈센트 반 고흐』 염명순 지음, 미래엔 아이세움

『빼앗긴 내일』 즐라타 필리포빅 글, 멜라니 첼린저 엮음, 정미영 옮김, 한겨레아이들

<u>『열네 살 너에게』</u> 이케다 아키코 글, 임은정 그림, 김경옥 옮김, 우리교육

『아버지의 편지』 정약용 지음, 한문희 엮음, 함께읽는책

『빨강 연필』 신수현 글, 김성희 그림, 비룡소

『책벌레들의 비밀 후원 작전』 힐러리 매케이 글, 김영미 그림, 지혜연 옮김, 시공주니어

『위험한 비밀 편지』 앤드루 클레먼츠 지음, 이원경 옮김, 비룡소 (절판)

『비밀의 숲 테라비시아』 캐서린 패터슨 글, 도나 다이아몬드 그림, 김영선 옮김, 사파리

『15소년 표류기』 쥘 베른 글, 레옹 브네 그림, 김윤진 옮김, 비룡소

<u>『1리터의 눈물』</u> 키토 아야 지음, 정원민 옮김, 옥당

<u>『두려움에게 인사하는 법』</u> 김이윤 지음, 창비

『세상을 바꾼 사람들』 신재일 글, 남동윤 그림, 우리교육

『랑랑별 때때롱』 권정생 글, 정승희 그림, 보리

『우물 파는 아이들』 린다 수 박 지음, 공경희 옮김, 개암나무

『레오나르도 다빈치의 마지막 노트』 B. B. 베르그 지음, 한도인 옮김, 영림카디널

『창경궁 동무』 배유안 글, 이철민 그림, 푸른숲주니어

『트럼펫 부는 백조, 루이』 E. B. 화이트 글, 프레드 마르셀리노 그림, 김경희·윤여숙 옮김, 주니어랜덤

『우리 모두 틀림없이 다르다』 신재일·류은숙·전희정·김현식 지음, 홍선주·이광진·창작 집단 도르리 그림, 열다

『꼬마 역사학자의 한국사 탐험』 윤준기 글, 조명자 그림, 강선주 감수, 토토북

『불량 하우스』 케이트 클리스 지음, 김율희 옮김, 주니어랜덤

『아라온호 극지 대탐험』 남승일·이유경·채남이 글, 이상규 그림, 열다

『몽실언니』 권정생 글, 이철수 그림, 창비

『나의 라임오렌지나무』 J. M. 바스콘셀로스 글, 최수연 그림, 박동원 옮김, 동녘주니어

『얼굴 빨개지는 아이』 장 자크 상뻬 글·그림, 김호영 옮김, 열린책들

『이누이트가 되어라!』 이병철 지음, 지성사

중등 독서반에서 토론한 책

『빼앗긴 내일』 즐라타 필리포빅 지음, 멜라니 첼린저 엮음, 정미영 옮김, 한겨레아이들

『도덕을 위한 철학 통조림 – 매콤한 맛』 김용규 글, 이우일 그림, 주니어김영사

『내 영혼이 따뜻했던 날들』 포리스트 카터 지음, 조경숙 옮김, 아름드리미디어

『수요일의 전쟁』 게리 D. 슈미트 지음, 김영선 옮김, 주니어랜덤

『태양의 아이』 하이타니 겐지로 지음, 오석윤 옮김, 양철북

『나의 별에도 봄이 오면』 고운기 지음, 산하

『요리로 만나는 과학 교과서』 이영미 글, 윤예슬·윤정빈 그림, 부키

『내 이름은 망고』 추정경 지음, 창비

『모모』 미하엘 엔데 지음, 한미희 옮김, 비룡소

『1984』 조지 오웰 지음

『중·고생이 꼭 읽어야 할 한국단편 33』 현상길 엮음, 풀잎

『완득이』 김려령 지음, 창비

『맥베스』 윌리엄 셰익스피어 지음

『토요일의 심리 클럽』 김서윤 글, 김다명 그림, 창비

『행복한 글쓰기』 카슨 레빈 글, 백지원 그림, 김연수 옮김, 주니어김영사

『굿 머니, 착한 돈은 세상을 어떻게 바꾸는가?』 다나카 유·에이 시드 재팬 에코 저금 프로젝트 지음, 김해창 옮김, 착한책가게

『아홉 살 인생』 위기철 지음, 청년사

『프리덤 라이터스 다이어리』 에린 그루웰 지음, 김태훈 옮김, 알에이치코리아

『우아한 거짓말』 김려령 지음, 창비

『왜 세계의 절반은 굶주리는가?』 장 지글러 지음, 유영미 옮김, 갈라파고스

『내가 고통당할 때 하나님 어디 계십니까?』 필립 얀시 지음, 이영희 옮김, 생명의말씀사

『딸들의 제국』 하쿠타 나오키 지음, 이기웅 옮김, 뜨인돌

『앵무새 죽이기』 하퍼 리 지음, 김욱동 옮김, 열린책들

『파이 이야기』 얀 마텔 지음, 공경희 옮김, 작가정신

『송시열과 그들의 나라』 이덕일 지음, 김영사

『꿈의 해석』 지크문트 프로이트 지음

『우리들의 하느님』 권정생 지음, 녹색평론사

『백설공주에게 죽음을』 넬레 노이하우스 지음, 김진아 옮김, 북로드

『수레바퀴 아래서』 헤르만 헤세 지음

『식탁 위의 세계사』 이영숙 지음, 창비

『청소년이 꼭 알아야 할 과학 이슈 11』 이은희 외 지음, 과학동아북스

『웰컴 투 디지털 월드』 클라이브 기퍼드 지음, 서기운 옮김, 중앙M&B

『체를 통과하는 물』 케빈 베일스·베키 코넬 지음, 송재영 옮김, 동산사

『지킬 박사와 하이드』 로버트 루이스 스티븐슨 지음

『파리대왕』 윌리엄 골딩 지음

『멋진 신세계』 올더스 헉슬리 지음

『이방인』 알베르 카뮈 지음

『파우스트』 요한 볼프강 폰 괴테 지음

『학교의 슬픔』 다니엘 페낙 지음, 윤정임 옮김, 문학동네

『죽은 시인의 사회』 N. H. 클라인바움 지음, 한은주 옮김, 서교출판사

『10대를 위한 정의란 무엇인가』 마이클 샌델·신현주 글, 조혜진 그림, 미래엔 아이세움

『인터넷 나라의 엘리스』 안트예 스칠라트 지음, 이덕임 옮김, 미래인

『사이렌』 전성현 글, 조성흠 그림, 문학과지성사

『그리스인 조르바』 니코스 카잔차키스 지음, 이윤기 옮김, 열린책들

『오이디푸스 왕 안티고네 외』 소포클레스 지음, 천병희 옮김, 문예출판사

사색 없는 독서는 소화되지 않는 음식을 먹는 것과 같다.
　－『어느 독서광의 생산적 책읽기 50』에 나오는 에드먼드 버크의 말에서 인용

토론 준비를 어떻게 할까?

"토론은 책에 의미를 담아 서로 들려주는 활동이다."

1 책을 읽어오지 않으면 : 배경지식만으로 토론해보자

『아버지의 편지』
정약용 지음, 한문희 엮음, 함께읽는책, 2004

모름지기 책을 읽을 때에는 중요한 내용이 있거든
가려 뽑아서 정리해 두는 습관을 길러야 할 것이다. (17쪽)

주문한 책이 늦게 와서 책을 읽지 못하고 모였다. 독서토론을 하려면 책을 읽어야 한다. 두세 명만 읽지 않아도 산만해진다. 책을 읽고 와도 내용을 확실하게 아는 과정을 거쳐야 하는데 아예 읽지 않았으니 어떻게 할까? '거꾸로 퀴즈'를 하면서 배경지식만으로 토론해야겠다.

거꾸로 퀴즈는 책을 읽지 않고 책 내용을 맞히는 활동이다. 책을 읽고 얼마나 아는지 확인하는 문제 풀이가 아니라서 부담이 없다. 읽었는데도 내용을 모르면 부끄럽겠지만 어차피 책을 읽은 사람이 없으니 틀려도 괜찮다. 교사가 질문하면서 "틀려도 괜찮아. 말해봐!"라고 말해도 아이들은 틀리면 안 된다고 받아들인다. 그러나 읽지 않은 책에서 내는 문제는 당연히 틀려도 된다고 생각한다. 책 읽기 싫어하고, 읽어도 내용을 잘 모르는 아이가 더 좋아한다. 모두 똑같은 입장에서 '찍기' 때문이다.

행복한 독서토론, 이렇게 준비했어요

첫째 시간 : 거꾸로 퀴즈

둘째 시간 : 아이들의 삶을 돌아보는 질문
1. 정약용 선생님이 확고한 뜻을 세우라고 말씀하셨는데 우리는 무엇을 확고한 뜻으로 삼아야 할까?
2. 선생님이 책을 읽을 때는 중요한 내용을 기록(초서)하라고 하셨는데 우리가 책을 읽을 때 무엇을 어떻게 기록해야 할까?
3. 정약용 선생님은 자식들이 책을 읽는 것이 아버지의 목숨을 살리는 일이라 했다. 왜 이렇게 말했을까?
4. 공부에는 때가 있다고 한다. 반면에, 공부는 끝이 없어서 평생 꾸준히 해야 한다는 사람도 있다. 무엇이 옳은가? (찬반 토론)
5. 선생님이 말하는 공부의 근본은 무엇인가? 우리에게 공부의 근본은 무엇인가? 즉, 무엇을 위해 공부를 해야 하는가?
6. 독서할 때 뜻을 분명히 파악하려면 어떻게 책을 읽어야 할까?
7. 공부가 작심삼일이 되지 않으려면?

8. 정성을 다해 공부에 힘써야 할 이유는? 지금 우리는 어떻게 공부해야 할까?

9. 최고의 공부는 성실이다. 동의하는가? 다른 방법이 있는가?

10. 정약용 선생님이 유배를 가면서 집안이 기울었다. 자녀들은 과거 시험도 보지 못한다. 그런데도 독서가 집안을 일으키는 길이라는 말이 맞을까?

셋째 시간 : 찬반 토론을 위한 질문

1. 다음 네 가지 상황에 맞는 일화를 이야기해보자.

   ① 옳은 것을 지켜서 이익을 얻는 것

   ② 옳은 것을 지켜서 해로움을 당하는 것

   ③ 나쁜 것을 좇아서 이익을 얻는 것

   ④ 나쁜 것을 좇아서 해로움을 당하는 것

   1-1. 정약용 선생님은 네 가지 중에 어떤 일을 겪었는지 설명해보자.

   1-2. 선생님이 겪은 일의 좋은 점과 나쁜 점을 이야기해보자.

2. 여러분은 앞으로 어떤 태도로 살아가고 싶은가? 명예롭지만 가난하게 살고 싶나, 명예롭지 않지만 부자로 살고 싶나?

3. 글을 써보자.

넷째 시간 : 글쓰기를 위한 질문

1. 지난 시간에 쓴 글을 고쳐보자.

2. 뛰어난 능력이 있는 사람들은 보통 사람들과 다른 이상한 점이 많았다. 자기 관심 분야에 집중하다 보니 단정한 몸가짐을 하지 않을 때도 많았다. 정약용 선생님은 단정한 몸가짐이 재주보다 중요하다고 하는데 맞는 말일까?

3. 정약용 선생님은 효도와 공경, 예의에 대해 여러 번 말씀하셨다. 아직도 이

런 덕목들이 중요하다고 생각하는가?

4. 정성을 다하여 대하는 친구가 있나? 친구에게 정성을 다한다는 것은 어떻게 대한다는 뜻일까? 그렇게 대해야 하는 대상은 누가 또 있을까?

5. 국화 기르기, 채소밭 가꾸기, 닭 키우기에서 볼 수 있는 정약용 선생님의 태도를 말해보자.

거꾸로 퀴즈로
책과 친해지기

『아버지의 편지』는 정약용이 두 아들에게 쓴 편지를 편집한 책이다. 독서와 공부에 대한 편지 열 편, 생활과 실천에 대한 편지 열여섯 편을 실었다. 귀양 간 아버지가 자식들을 걱정하며 어떻게 공부해야 하는지, 어떤 태도로 살아가야 하는지 알려준다. 이 책은 대부분 자녀를 훈계하는 내용이라 아이들이 고리타분하게 느낀다. 거꾸로 퀴즈를 하고 책을 읽으면 아는 내용이 나오기 때문에 쉽게 읽을 것이다. 책을 읽지는 않았지만 이해력과 통찰력이 뛰어난 아이는 아래 문제 중에 서너 문제는 맞힐 수 있다.

▌ 아버지가 두 아들에게 편지를 썼다. 아들 이름은 학연, 학유다. 이분 이전에 이분만 한 사상가가 없었고, 이분 이후에도 이분만 한 학자가 쉽사리 나타나기 어려울 것이라고 할 정도로 뛰어난 분이다. 억울하게 귀양을 갔던 조선 시대 실학자인 이분은 누구일까?

아이들이 몇 사람 이름을 말한 뒤에 정약용을 찾아냈다. 교과서에서 봤다고 하고, 귀양에서 힌트를 얻었다는 아이도 있다. 정약용에 대해 많이 알수록 편지가 친근하게 다가올 것이다. 그래서 두 편으로 나눠 정약용에 대한 사실 많이 말하기 시합을 했다. 이쪽 편에서 한 사람이 정약용에 대한 사실을 말하면 저쪽 편에서 다른 사람이 다른 사실을 말한다. 한 사람이 여러 번 말해도 되지만 연속으로 말하지는 못한다.

'남자다, 아들이 둘이다, 귀양을 갔다'며 내가 낸 문제에 있는 내용으로 대답하기 시작하더니 점점 복잡해진다. 거중기와 수원성, 목민심서와 경세유표에 이어 자산어보를 쓴 정약전까지 등장한다. 정약용을 잘 모르더라도 친구들 말을 듣고 응용해서 대답한다. 재미로 시작한 퀴즈가 정약용을 이해하는 시간으로 이어졌다. 아이들 의견만 정리해도 정약용에 대해 충분히 알겠다. 책을 읽지 않고 이만큼 알았으니 좋다.

▎독서와 공부에 관한 편지의 제목이다. (　　　)에 들어갈 말을 넣어보자.

① 확고한 뜻을 세우고 (　　　)을 읽어라. (정답 : 책)

② 중요한 내용은 (　　　)해 두어라. (정답 : 기록)

③ 공부는 계획을 세워 (　　　)해야 한단다. (정답 : 실천)

④ (　　　)는 집안을 일으키는 떳떳한 길이다. (정답 : 독서)

역시 대부분 맞혔다. 한 문장씩 읽으며 어떻게 책을 읽고 공부해야 하는지 나누었다. 뜻을 세우고 책을 읽는 아이는 없지만, 계획을 세워 읽고 기록하는 아이는 있다. 실천하지 않는 아이도 기록하고 실천해야 한다는 말에 고개를 끄덕인다.

▌정약용 선생님이 집안을 안정시키는 네 가지 근본을 말씀하셨다. 이에 속하지
않는 것은 무엇일까? (정답 : ④)

① 화목하고 순종함　　② 부지런하고 검소함　　③ 독서

④ 친구 사이의 의리　　⑤ 이치를 따르는 것

독서라고 답한 아이가 많았다. 친구 사이의 의리가 집안 안정에 영향을 줄
만큼 중요하다고 생각한 것 같다. 반면에 독서가 집을 안정시키는 데 주는
영향이 적다고 생각한다. 독서를 공부나 지식과 관련된 것으로만 들어서
일까? 정약용 선생님은 독서가 친구 사이의 의리보다 집안을 안정시키는
근본이라 하셨다.

▌선생님은 편지에서 두 아들에게 가축을 키우는 방법을 자세하게 말씀하셨다.
우리가 즐겨 먹는 이 가축은 무엇일까? (정답 : 닭)

이번에는 서로 의논하면서 함께 답을 찾게 했다. 닭인 것 같은데 왠지 함
정 같다고 한다. 소나 돼지 정도는 되어야 키우는 방법을 설명할 것 같다
고 한다. 답을 직접 찾아보라고 뒤늦게 가져온 책을 나눠주었다. 내가 답
을 말하면 '정답 맞히기'지만 아이들이 찾으면 공부다. 스스로 공부하면
오래 기억한다. 책에 대한 친근감도 높아진다.

금방 정답을 찾아낸다. 정약용 선생님이 닭을 어떤 태도로 키우라 하셨는
지 찾아보라고 시켰다. 정약용 선생님은 닭에 관한 책을 찾아보고, 키우는
방법에 따라 닭이 어떻게 달라지는지 조사해보라고 하셨다. 닭을 키울 때
도 연구하며 개량하라고 하셨다. 선생님은 사람들이 늘 하던 방식을 당연
하게 받아들이지 않았다. 다르게 생각하고 연구했기 때문에 500권이나 되

는 책을 남겼다. 흑산도에 유배당한 형 정약전도 같은 태도로 『자산어보』를 남겼다. 우리가 정약용 선생님처럼 가르쳤다면 여태껏 노벨상에 목매고 있지는 않을 것이다.

▌ '생활과 실천의 장'에 없는 편지 제목은 무엇인가? (정답 : ③)

① 눈앞의 이익을 좇기보다 옳은 일을 하자꾸나.

② 사람이란 목숨보다 의리를 따라야 하는 것이다.

③ 정성을 다하는 마음이 공부의 근본이다.

④ 삼가고 조심해서 행동하여라.

⑤ 채소밭을 가꿀 때는…….

질문이 '생활과 실천의 장'에 관한 것이므로 공부의 근본을 설명한 ③번이 다른 내용이다. 답으로 제시된 다섯 가지가 모두 올바른 내용이기 때문에 문제를 제대로 읽지 않으면 맞히기 어렵다. 다섯 문제를 풀면서 저자와 책 내용을 어느 정도 알게 되었다. 공부를 어떻게 해야 하는지, 평소에 어떤 마음가짐으로 살아야 하는지도 함께 나누었다.

이 책은 아이들에게 낯설고 어려운 낱말이 많은 데다 교훈을 전하는 내용이라 읽기 힘들다. 그러나 거꾸로 퀴즈를 하면서 많이 친근해졌기 때문에 이제는 쉽게 읽을 것이다. 거꾸로 퀴즈를 한 뒤에 '책'을 주제로 문장 쓰기를 했다.

1. 책은 (　　　)이다. (　　　)이기 때문이다.

2. 나와 책의 관계는 (　　　)이다. (　　　)이기 때문이다.

책을 잘 읽지 않는 아이도 참여하게 하는
거꾸로 퀴즈

둘째 시간에는 책 내용을 알아보는 활동을 하지 않고 곧바로 독서토론을 하겠다고 안내했다. 만약 둘째 시간에도 책을 읽지 않으면 어떻게 할까? 학교에서 독서토론을 하겠다고 안내해도 책을 읽지 않고 오는 아이가 있다. 구경이라도 하면 다행이지만 딴짓을 하거나 떠들면서 방해한다. 이럴 때는 책을 읽은 아이가 대답하기 전에 읽지 않은 아이에게 '상상하여' 대답해보라고 시킨다. 읽지 않은 아이가 거꾸로 퀴즈를 하듯 예측하고, 읽은 아이들이 확인해준다.

책을 읽지 않고도 책 내용을 정확하게 말하고, 좋은 의견을 내서 친구들을 놀라게 할 때가 꽤 있다. 대단하다고 칭찬하면 생소한 내용을 토론해도 관심을 두고 참여한다. 책 읽지 않았다고 꾸중 듣지 않고, 모르는 내용이라고 소외되지 않고, 칭찬까지 들으면 책을 읽는다. '넌 읽었고, 넌 잘했고, 넌 왜 그러니?' 식의 평가는 아이가 책을 멀리하게 한다.

사람마다 읽기 능력이 다르다. 나는 흥미 없는 책이라도 한 시간 정도는 읽는다. 계속 재미없어도 뭔가 쓸 만한 내용이 나오겠지 기대하며 더 읽는다. 나는 읽기 능력이 뛰어나기 때문이다. 읽기 집중력이 3분인 아이가 있다고 하자. 이 아이는 책을 읽기 시작해서 3분 이내에 흥미를 끄는 내용이 나오지 않으면 재미없다고 책을 덮는다. 책 앞부분만 뒤적이다 재미없다고 그만 읽는 아이를 종종 봤을 것이다.

거꾸로 퀴즈를 하고 책을 읽으면 달라진다. 3분 이내에 거꾸로 퀴즈에 나온 내용이 있으면 '어, 퀴즈 문제가 여기 있네!' 하면서 흥미를 갖는다. '이거 퀴즈 문제였는데…… 정답이 뭐지?' 하는 순간, 읽기 싫어하던 마음이 처음으로 돌아간다. 그러면 읽기 집중력이 다시 시작되어 3분을 더 읽어낸다. 거꾸로 퀴즈 문제를 책 전체에서 골고루 내면 평소에 읽던 것보다 긴 책도 쉽게 읽는다.

또한 거꾸로 퀴즈는 책을 잘 읽지 않는 아이들의 참여를 끌어낸다. 책을 많이 읽은 아이와 경쟁해서 질 수밖에 없는 대회가 아니기 때문이다. 그렇다고 거꾸로 퀴즈가 단순히 찍기 대회는 아니다. 배경지식을 많이 알수록 문제를 맞히기 쉽다. 앞서 낸 문제를 잘 들으면 나중에 내는 문제의 정답을 맞히기도 한다.

퀴즈의 답을 알려주지 않고 스스로 찾아보게 하는 방법도 있다. "거꾸로 퀴즈 100점 맞긴 어렵겠지. 자기가 쓴 답 중에 몇 개가 맞았는지 찾아보자. 몇 개가 정답인지 정확하게 알아내면 다 맞힌 거로 해주겠다. 자기 실력이 어느 정도인지 알아내는 게 목표다." 하면 꼼꼼히 찾는다. 책을 보고 답을 찾기 때문에 아이들이 좋아한다.

거꾸로 퀴즈를 하면 책에 관심이 높아진다. 특히 어려운 내용을 읽을 때 집중력이 흐트러지지 않아서 좋다. 퀴즈를 풀면서 책 내용을 예상했고, 답을 찾으며 책을 훑어보면 책이 낯설게 느껴지지 않는다. 게다가 내가 중요한 내용으로 문제를 냈기 때문에 핵심 내용과 주제도 잘 찾는다.

거꾸로 퀴즈를 응용했던 사례

- 사례 1. 국어 읽기 교과서 지문이 길 때 : 교과서 지문 전체에서 골고루 퀴즈를 만들고 아이들에게 맞히라고 한다. 정답을 알려주지 않고 각자 교과서를 읽으며 찾으라고 한다. 그러면 긴 지문을 즐겁게 읽는다.

- 사례 2. 아이들이 관심을 두지 않는 책이나 어려운 책 : 퀴즈 정답을 듣고 책 내용을 상상해보자. 거꾸로 퀴즈를 하면서 알게 된 사실을 바탕으로 책이 어떤 내용일지 상상해서 글을 쓰는 활동이다. 『내 친구에게 생긴 일』은 가정폭력 문제를 다루었기 때문에 읽는 아이가 적다. 6학년도 읽기 싫어하는 책을 어떻게 받아들이는지 알아보려고 일부러 4학년과 거꾸로 퀴즈, 줄거리 상상하기를 해보았다. 2번, 3번에서 비슷한 질문을 한 까닭은 주위에 도와주는 사람이 전혀 없다는 걸 알려주기 위해서다.

거꾸로 퀴즈

(1) 하인리히는 무더운 여름에도 겨울 체육복을 입는다. 친구들에게 감추고 싶은 비밀이 있기 때문이다. 어떤 비밀일까? (아빠에게 맞아 멍 자국이 있는 것)

(2) 하인리히가 당하는 일을 율리아가 부모님께 말씀드리지만 부모님은 아무것도 하지 않는다. 왜 그랬을까? (다른 사람 일에 관여하면 귀찮거나 불편한 일이 생기기 때문에)

(3) 하인리히 이웃들은 왜 경찰에 신고하지 않았을까? (자기와 상관없는 일에 끼어들기 싫어서)

(4) 하인리히가 가장 소중하게 여기는 물건은 무엇인가? (강아지 인형)

(5) 율리아를 따라다니며 감시하는 존재는 무엇인가? (양심)

(6) 퀴즈에 엄마가 나오지 않는데 엄마는 어떻게 되었을까? (돌아가셨다, 도망가셨다 등)

줄거리 상상해서 쓰기

하인리히는 아빠에게 허리띠로 매일 맞고 엄마는 다른 나라에 가 있는 불행한 아이다. 매일 멍 자국을 감추려고 겨울 체육복을 입고 다니는 하인리히를 율리아라는 아이가 친구가 되어 준다. 하인리히는 매일 엄마가 어릴 때 사준 강아지 인형을 아낀다. 율리아는 하인리히의 환경을 알고 이웃에게 알리지만 모두 가만히 있는다. 참다못한 하인리히는 율리아에게 속마음을 털어놓고 율리아는 그런 하인리히를 항상 위로하는 좋은 친구이자 안식처로 남는다.

– 김그린 (4학년, 여)

줄거리가 실제 내용과 비슷하다. 줄거리를 상상해서 쓴 뒤에 아이에게 "넌 작가다. 책 내용과 비슷하게 상상했어. 작가는 네가 쓴 이야기를 책 한 권 분량으로 길게 썼고, 너는 그렇게 쓰지 못했다 뿐이지 생각 자체는 작가와 똑같다. 자세하게 설명하고 묘사하면 작가가 되겠네!" 칭찬한다. 이렇게 하면 『내 친구에게 생긴 일』처럼 무거운 주제를 다룬 책이라도 읽어보려 한다.

우리 이야기로 바꾸어
토론하기

둘째 시간이다. 아이들 모두 책을 읽어왔다. 거꾸로 퀴즈를 하면서 내용을 알아봤기 때문에 그리 어렵지 않았다고 한다. 지난 시간에 이야기한 내용을 지금 우리 이야기로 바꾸어 토론했다.

어려운 한문 낱말이 많고, 우리가 살아가는 시대에 낯설어 보이는 내용이지만 차분하게 이야기했다. 거꾸로 퀴즈를 하지 않았다면 어렵고 지루하다는 선입견이 생겨 허공에 뜬 이야기 하듯 토론했을 것 같다. 책이 늦게 배송돼서 거꾸로 퀴즈를 먼저 한 것이 전화위복이 되었다.

셋째 시간에는 정약용 선생님이 말한 생활 관련 조언 중에 마음에 드는 것, 실천하고 싶은 것을 소개했다. 선생님이 시비와 이해라는 기준에 따라 나눈 네 가지 상황을 이야기한 후 질문했다.

▌ 다음 네 가지 상황에 맞는 일화를 얘기해보자. (질문 1)

① 옳은 것을 지켜서 이익을 얻는 것

② 옳은 것을 지켜서 해로움을 당하는 것

③ 나쁜 것을 좇아서 이익을 얻는 것

④ 나쁜 것을 좇아서 해로움을 당하는 것

③과 ④ 상황 중에서 하나만 선택한다면 어떤 것을 선택할까?

아홉 명이 '옳은 것을 지켜서 해로움을 당하는 상황'을, 두 명이 '나쁜 것을 좇아서 이익을 얻는 상황'을 골랐다. 이익을 얻기 위해 나쁜 것을 좇지 말고 옳은 것을 위해 해로움을 감수하는 아이들이 되면 얼마나 멋질까! 실제 생활에서도 이렇게 결정하면 좋겠다.

▌여러분은 앞으로 어떤 태도로 살아가고 싶은가? 명예롭지만 가난하게 살고 싶나, 명예롭지 않지만 부자로 살고 싶나?(질문 2)

돈과 명예 중 하나를 선택하라는 질문에서는 한 명을 빼고 모두 돈보다 명예를 택했다.

이 내용을 토론한 뒤에 어떤 태도로 살아야 할지 주장하는 글이나 선생님의 편지에 비춰 자신의 생활을 돌아보는 글을 썼다. 마지막 시간에는 글을 고치고 몇 가지 내용을 더 나누었다.

정약용 선생님은 세상에 시비와 이해를 따지는 두 가지 큰 기준이 있다고 말씀하셨다. 옳은 것을 지켜 해로움을 받는 등급과 나쁜 것을 좇아 이익을 얻는 등급이 있는데 난 첫 번째 것을 선택하겠다. 옳은 일을 하면 스스로 마음이 편안해지고 뿌듯해지기 때문이다. 지난주에 집을 청소했는데 혼자 한 시간 반 동안 청소했다. 시간도 많이 쓰고 허리도 아픈 해로움을 받았지만 우리 가족을 위해서 청소했다고 생각하니 자랑스러워졌고 기분이 좋았다. 그리고 나는 의리가 있는 사람이라서 앞으로도 나쁜 것을 좇아 이익을 얻는 것을 하지 않고 옳은 것을 지킬 것이다.

저번에 선생님이 물건을 사고 돈을 냈을 때 거스름돈을 더 받으면 돈을 다시 돌려줄 것인가 그냥 가질 것인가 하는 질문에 마음이 바뀐 적이 있었다. 어차피 적은 돈이라 그 정도야 괜찮다고 생각했고 다시 돈을 돌려주기도 귀찮아서 그냥 가질 거라고 했다. 다시 생각해 보니 그럼 안 되겠다고 생각했다. 아무리 적은 돈이라도 소중한 돈이고 주인에게 미안한 일이기 때문이다. 난 평생 의리를 지키면서 솔직하게 살 거다. - ○○○ (6학년, 남)

우리가 토론한 네 가지 상황을 들어 쓴 윗글도 좋지만 예진이가 아빠를 생각하며 쓴 아랫글이 마음에 남는다. 정약용 선생의 두 아들도 아버지의 편지를 읽고 같은 마음을 가졌을 거라 믿는다.

『아버지의 편지』를 읽고 토론하면서 생각해 보니 아빠에게 고맙고 죄송하다. 책을 읽기 전에는 내 말을 들어주지 않고 꾸지람만 하시는 아빠가 밉기도 했다. 그런데 지금은 아니다. 오히려 내가 아빠 마음을 몰라준 것 같아 죄송하다.

정약용 선생님의 말들 중에 '어버이의 뜻을 받드는 것이 가장 큰 것이다'는 말이 있다. 딱 제목만 봐도 부모님 뜻을 크게 여기라는 이야기이다. 이 글뿐 아니라 다른 글 중에서도 절반 정도는 효와 예절이었다. 정약용 선생님 역시 효를 중요시했던 것 같다. 돌이켜 보니 우리 아빠도 정약용 선생님과 같은 생각을 하지 않았나 싶기도 하다.

솔직히 아빠에게 용돈을 달라거나 모르는 문제를 알려 달라 할 때, 즉 내가 아빠를 필요로 할 때만 다가섰다. 아빠가 나를 정말 필요로 할 때는 등을 돌리고 있었던 것 같다. 요즘 내가 학교에서 있었던 일, 고민, 내 관심거리를 아빠가 물어볼 때마다 귀찮기도 하다. 아빠는 나에 대한 모든 것을 궁금해 하는데 나는 아빠와 좀 어색하다 보니 아빠와 이야기하기가 쉽지가 않고 어렵기만 할뿐더러 불편하기까지 하다.

　　세상에 살고 있는 수많은 아빠들 마음은 '자식이 말을 잘 듣고 잘되는 것'일 텐데 지금 생각해 보니 아빠 마음을 헤아리지 못했던 내가 정말 한심하다. 『아버지의 편지』는 아빠와 더 가깝게 해줄 것 같다. 아빠에 대해 미안함과 고마움을 다시 알게 해준 책이어서 책에게도 고맙다. 이제라도 아빠 마음을 잘 헤아려서 아빠와 더 친근하게 지내야겠다고 생각한다. – 전예진 (6학년, 여)

함께 읽으면 좋은 책

『정약용 아저씨의 책 읽는 밥상』 김선희 글, 박해남 그림, 곽은우 감수, 주니어김영사
　　(3학년 이상)
『까막눈이 산석의 글공부』 김주현 글, 원유미 그림, 개암나무 (3학년 이상)
『귀양 선비와 책 읽는 호랑이』 최은영 글, 유기훈 그림, 개암나무 (3학년 이상)
『실학의 꽃 정약용』 우승미 지음, 자음과모음 (중학생 이상)
＊ 정약용, 수원 화성을 다룬 책이 많기 때문에 특별히 위의 책만 좋다고 말하기 어렵다. 여러 권 읽고
　　수원 화성을 둘러보면서 뜻깊은 시간을 보내는 분이 많아지길 바란다.
『내 친구에게 생긴 일』 미라 로베 글, 박혜선 그림, 김세은 옮김, 크레용하우스 (5학년 이상)

관심 없는 주제를 토론하려면 :
우리끼리 퀴즈로 흥미를 끌자

『아라온호 극지 대탐험』
남승일 · 이유경 · 채남이 지음, 이상규 그림, 열다, 2012

극지에서 일하는 데 성별은 중요하지 않지만 성격은 중요하다.

협동해야 할 일이 있을 때는 모두 나서서 일을 해야 한다. (65쪽)

『아라온호 극지 대탐험』은 우리나라 최초의 쇄빙선 아라온호를 타고 극지
방을 여행하며 남극과 북극을 소개한 책이다. 과학 지식을 알려주는 책이어
서 내용이 어렵지만 낯선 극지방 사진과 신기한 내용이 많아서 괜찮은 책이
다. 과학을 좋아하는 아이는 우리나라에 극지 전문 탐사선 아라온호가 있다
는 사실을 자랑스러워했다. 특히 극지 탐사 방법과 활동을 신기하게 읽었다.

그러나 대부분의 아이들은 과학 관련 책에 관심이 없다. 과학 분야 책들은
지나치게 많이 읽거나 전혀 읽지 않는 편독 증상이 심하다. 여러 아이가 "다

시는 읽기 싫은 책이다.", "이해가 안 돼서 이런 책을 누가 만들었냐고 생각
했다.", "무슨 말인지 몰라 어려웠다."라고 말했다. 어려운 과학 낱말이 많이
나오기 때문에 힘들어할 줄 알았지만 이 정도인 줄은 예상하지 못했다.

　아이들이 내용을 이해하지 않으면 남은 시간 멍하게 보낼 테고, 그렇다고
내가 설명하면 지루해서 오래 기억하지 못할 게 분명하다. 이럴 때는 아이들끼
리 서로 문제를 내고 맞히는 '우리끼리 퀴즈'를 하면 좋다. 문제를 내려고 책을
뒤적이면 더 오래 기억한다. 비록 아이들이 문제를 잘 만들지 못하더라도 출제
자의 입장에서 문제를 만들어보는 자체가 좋은 경험이 된다. 또한 아이들이 만
든 문제를 보면 책을 어떻게 읽는지, 얼마나 이해했는지 확인할 수도 있다.

행복한 독서토론, 이렇게 준비했어요

첫째 시간 : 우리끼리 퀴즈

둘째 시간 : 내용과 삶을 연결하는 질문
1. 지구에서 가장 가고 싶은 곳은 어디인가? 왜, 언제 가고 싶은가? 가서 무얼
　 하고 싶은가? 누구와 어떻게 갈 것인가?
2. 북극과 남극을 탐험한 사람들(역사), 북극과 남극 기지에서 일하는 사람들을
　 어떻게 생각하는가? 이런 곳을 탐험하고 싶은 마음이 있나?
　 2-1. 가장 탐험(조사, 연구)하고 싶은 분야는 무엇인가? 여러분이 평소에 호기심

을 갖고 알아보고 싶은 대상이 있나? 딱 한 가지를 완벽하게 아는 능력이 생긴다면 무엇을 알고 싶나? 왜 그걸 알아보고 싶은가?

3. 북극과 남극은 우리가 사는 지역과 환경, 특징, 사는 방식이 많이 다르다. 어떻게 다른지 찾아보자.

　3-1. 사람과 지역의 특징이 서로 비슷하면 좋을까? 다르면 좋을까? 무엇이 비슷하고 무엇이 달라야 할까?

셋째 시간 : 글쓰기

※ 아래 중 하나를 골라 글을 써보자.

1. 혹독한 환경에서 사는 동물을 우리 모습과 연결해서 글을 쓰자.
2. 겉으로는 환경이 혹독해 보이지만 우리가 모르는 아름다움이 감춰져 있다. 그게 뭘까 생각하고 글을 쓰자.
3. 논술 쓰기 - 쇄빙선 타고 극지방까지 찾아가서 연구하면 도움이 될까? 차라리 신비한 모습 그대로 개발하지 않고 놔두는 게 어떨까?
4. 논술 쓰기 - 우리나라는 남극과 북극을 연구하기 위해 과학 기지를 세우고 아라온호를 만들었다. 개발되지 않은 지역을 탐사하고 연구하는 일은 우리를 행복하게 한다. 찬성하는가, 반대하는가.

※ 논술을 쓰기 위해 질문할 내용

　(1) 연구와 탐사의 좋은 점은 무엇인가? 책 내용에서 먼저 찾고 다른 내용도 확인하자.

　(2) 연구와 탐사의 위험성, 나쁜 점을 찾아보자.

　(3) 우리나라가 쇄빙선을 만들고 과학 기지를 운영하는 까닭은 무엇일까?

넷째 시간 : 글 고치기

우리끼리 퀴즈 사례와
활용 방법

아이들은 시합을 좋아한다. 자기들이 문제를 내면 더더욱 좋아한다. 여기에 보너스 점수 규칙을 더하면 시간 가는 줄 모르고 계속하자고 한다. 『아라온호 극지 대탐험』처럼 아이들이 관심 없는 책을 읽을 때 알맞은 방법이다. 독서 활동을 처음 하는 아이들과 『수일이와 수일이』로 공부했던 다음 사례에는 우리끼리 퀴즈 방법이 구체적으로 나온다.

우리끼리 퀴즈 대회 사례

삼척 산골 마을 학교에는 학생이 적어서 조별 활동, 합창, 체육을 하기 어렵다. 이런 활동을 하기 위해 몇 학교가 모여서 수업할 때가 있다. 세 개 학교 5·6학년 스물세 명과 네 시간 동안 6학년 교과서에 나오는 『수일이와 수일이』로 독서 수업을 했다. 『수일이와 수일이』는 사람이 되는 쥐 이야기를 새롭게 바꿔 쓴 책이다. 수일이는 학원 다니기 싫어 쥐가 다니는 곳에 손톱을 놓아둔다. 쥐가 손톱을 먹고 가짜 수일이가 생긴다. 가짜 수일이가 처음에는 다시 쥐가 되게 해달라고 하지만 가족과 함께 여행을 다녀온 뒤에는 사람으로 살겠다고 작정한다. 수일이가 가짜를 쫓아내려다가 도리어 자신이 쫓겨난다. 심지어 가짜 수일이 계략에 넘어가서 쥐

손톱이 든 음식을 먹고 쥐로 변한다. 쉽고 가볍고 재미있다.

아이들 삼분의 일은 독서와 글쓰기 실력이 보통이다. 삼분의 일은 부족한 편이고 삼분의 일은 억지로 책을 읽고 글쓰기는 질겁한다. 수업 시작하며 『수일이와 수일이』를 몇 번 읽었는지 알아봤다. 한 달 전에 선생님들께 부탁했는데 두 번 읽은 아이가 한 명도 없고 삼분의 일은 읽다 말았다. 네 명씩 여섯 조로 나누고 조원끼리 마주 보며 앉았다. 과자를 상품으로 내걸고 우리끼리 퀴즈를 했다.

우리끼리 퀴즈 방법

(1) 조원들이 의논해서 쉬운 문제와 어려운 문제를 하나씩 만든다. 책을 보고 만들어도 된다.

(2) 여섯 조가 문제를 다 만들면 한 조씩 문제를 낸다. 1조 → 2조 → 3조 → 4조 → 5조 → 6조 순서로 쉬운 문제를 낸 뒤에 6조 → 5조 → 4조 → 3조 → 2조 → 1조 순서로 어려운 문제를 낸다. 쉬운 문제를 낸 뒤에 점수를 계산해서 점수가 낮은 조부터 문제를 내도 재미있다. 한 조가 문제를 내면 다른 조는 조원들과 의논해서 답을 적는다.

(3) 문제를 맞힐 때마다 점수를 계산해서 승패를 가른다.

① 다른 조가 낸 문제를 맞히면 1점씩 얻는다.

② 다른 조가 낸 쉬운 문제 5개를 모두 맞히면 보너스 3점, 어려운 문제 5개를 모두 맞히면 보너스 5점을 받는다.

여기까지는 문제를 맞히고 얻는 점수다. 쉬운 문제 5개, 어려운 문제 5개를 모두 맞히면 '10점 + 쉬운 문제 보너스 3점 + 어려운 문제 보너스 5점'으로 18점을 받는다. 그러나 문제를 많이 맞힌다고 이기는 게 아니다. 이기고 싶으면 문제를 잘 내야 한다. 문제를 잘 만들기만 해도 보너스를 13점까지 받을 수 있다.

③ 교사가 가장 문제를 잘 낸 조를 골라 보너스 3점을 준다.

④ 한 조가 낸 문제를 몇 개 조가 맞히는가에 따라 보너스 점수가 달라진다. 쉬운 문제의 경우, 문제를 맞히는 5개 조 중에 4개 조가 맞히면 보너스 5점, 3개 조가 맞히면 4점, 2개 조가 맞히면 3점, 1개 조가 맞히면 2점을 문제 낸 조에게 준다. 4개 조가 맞히면 '쉬운 문제' 수준에 가장 맞게 냈다는 뜻이다. 5개 조가 맞히면 너무 쉽게 내서 보너스가 없고 5개 조가 다 틀리면 어렵게 냈기 때문에 보너스를 받지 못한다.

⑤ 어려운 문제를 제대로 만들면 한두 조가 맞힐 것이다. 따라서 1개 조가 맞히면 보너스 5점, 2개 조 4점, 3개 조 3점, 4개 조가 맞히면 2점을 보너스로 받는다. 한 조만 맞힐 정도로 어렵게 내면 문제를 잘 만들었다는 뜻이므로 보너스 점수가 더 높다.

점수 매기기

쉬운 문제와 어려운 문제 10개를 다 맞히면 보너스를 8점 받지만 다 맞히기 어렵다. 그렇지만 한 문제만 잘 만들어도 보너스를 5점까지 받는다. 그랬더니 아이들이 책 여기저기 뒤지며 "이건 다 알겠지? 이건 너무 어려운가?" 하며 나름대로 난이도를 조절했다. 재미있게 책 내용을 살펴보는 좋은 방법이다.

문제를 만든 뒤에 한 조씩 앞으로 나와 퀴즈대회를 했다. "도저히 모르겠으면 웃기는 답이라도 써라. 친구들을 웃기면 0.5점 준다. 동점일 때 0.5점 더 받으면 이기겠지!" 했더니 동네 자장면집 이름부터 재미난 답이 여럿 나왔다. 문제 내고, 깔깔대며 웃고, 보너스 계산하며 즐겁게 내용을 알아봤다. 1등 하는 조 견제한다고 다 맞히자느니, 다 틀리자느니 하며 눈치 싸움도 했다.

점수는 한 문제 풀 때마다 확인해서 칠판에 적거나 아래 표를 나눠주고 한꺼번에 계산한다. 아이들은 엎치락뒤치락하는 모습을 볼 수 있기 때문에 칠판에 적는 걸 더 좋아했다. 아래 표는 3조가 만들었다. 3조가 낸 문제를 세 조가 맞혀서 보너스 4점을 받았다. 만약 두 조가 똑같은 문제를 내면 다른 네 조가 답을 맞히고 두 조가 보너스를 같이 받는다.

조	쉬운 문제	정답	점수
1조	덕실이와 수일이가 만든 암호는 무엇인가?	어른들은 안 믿어	1
2조	수일이가 가짜 수일이를 만들 때 사용한 방법은?	손톱을 먹었다. (손톱을 두었다.)	0
3조(우리)	수일이가 덕실이에게 준 공은 무엇인가?	고무공, 야구공	4
	......		
	어려운 문제		
	......		
총점			

3조는 1번 문제를 맞혀서 1점, 2번 문제를 틀려서 0점이다. 3번 문제는 3조가 냈

는데 세 조가 문제를 맞혀서 보너스 4점을 받았다. 2조가 낸 문제를 틀렸기 때문에 다른 조가 낸 문제를 다 맞히면 받는 보너스는 받지 못한다. 어려운 문제도 같은 방법으로 한다.

선생님 퀴즈

'우리끼리 퀴즈'가 끝나면 '선생님 퀴즈'를 낸다. 아이들이 퀴즈로 내지 않은 중요한 내용을 다시 짚어주기 위해서다. '우리끼리 퀴즈'를 하면서 재미가 붙으면 교사가 내는 퀴즈도 해결하려고 집중해서 참여한다. 교사가 내는 문제는 문항마다 점수가 다르다.

(1) 수일이는 덕실이와 말을 할 수 있다는 사실이 신기해서 "컴퓨터로 게임하면서 너랑 나랑 (이것)을 너무 많이 받아서 그런가?"라고 말한다. 컴퓨터를 포함한 전자 제품에서 나오는 것으로 몸에 해로운 이것은 무엇일까? (정답 : 전자파)

(2) 엄마의 예전 직업은 무엇일까? (2점) (정답 : 114 안내원)

(3) 수일이가 빈집에 함께 가는 대가로 덕실이에게 준 것을 두 가지 써라.

(4) 수일이와 덕실이가 서로를 알아보기 위해 만든 암호는?

* 3, 4번은 아이들이 똑같은 문제를 내서 넘어갔다.

(5) 수일이가 가짜 수일이를 만든 까닭은? (정답 : 학원 가기 싫어서)

(6) 태호네 고양이가 가짜 수일이를 쫓아내지 못한 까닭은 무엇일까?

  (정답 : 길든 고양이라서, 쥐를 잡지 못하는 고양이라서)

(7) 가짜 수일이가 진짜 수일이를 대하는 태도가 갑자기 바뀐다. 어떤 일 때문

에 바뀌었을까? (정답 : 바다로 여행하고 나서)

(8) 가짜 수일이를 만든 뒤에 진짜 수일이가 한 일을 다섯 개 써라. (각 1점)

* 선생님 퀴즈 이후 『수일이와 수일이』로 '두뇌 싸움' 퀴즈를 했던 사례는 〈5부 2장〉에서 자세하게 나온다.

스스로 문제를 내고 맞히면
어느새 책이 재미있다

『아라온호 극지 대탐험』은 문제를 약간 다르게 냈다. 쉬운 문제, 어려운 문제가 아니라 한 문장으로 된 문제, 두 문장으로 된 문제, 세 문장으로 된 문제를 만들었다. 책에서 골고루 문제를 내기 위해 조마다 서로 다른 단원을 정했다. 이때도 '우리끼리 퀴즈'를 하고 '선생님 퀴즈'를 이어서 했다. 다음은 내가 낸 퀴즈다.

1. 우리나라에서 북극과 남극에 건설한 기지는 모두 몇 개인가?
   (기지 이름까지 쓰면 보너스 1점)
2. 아라온호는 쇄빙선이다. 쇄빙선은 어떤 배인가?
3. 북극과 남극의 차이점을 두 개 이상 써보자.
4. 환경 파괴의 영향으로 북극곰이 자꾸 죽는다. 이유를 써보자.

5. 블리자드가 생기면 기지 밖으로 나가지 말아야 한다. 기지 밖에서 블리자드를 만나면 빨리 피해야 한다. 블리자드가 무엇인가?

6. 이누이트와 관련된 사실을 두 개 이상 써보자.

7. 책을 읽으면서 신기했던 사실이나 새로 알게 된 사실 한두 가지를 적어보자. (쓰기만 해도 점수 있음)

'선생님 퀴즈'는 독서반에 온 지 6개월이 안 된 아이가 2~3개, 다른 아이가 5~7개 맞혔다. 책 읽고, 문제 내면서 공부하고, 답을 찾으면서 모르는 내용을 알아봤으니 내용을 어느 정도 이해한다. 혼자 책을 읽었을 때와 퀴즈로 내용을 알아보고 나서 무엇이 달라졌는지 썼다.

책을 읽었을 때는 남극이 이해는 갔지만 헷갈리는 부분도 있고 내용도 복잡하여 눈에 바로 들어오지 않았다. 문제를 만들고 조별로 의논해보니 책을 한 번 더 둘러보게 되었다. 문제를 만들려고 다시 한 번 읽어보면서 자세한 내용을 알게 되었다. 의논을 하니 헷갈리는 부분도 알게 된 것 같아 책을 읽는 데에만 그치지 말고 생각도 계속해야겠다고 생각하였다. - 김민좌 (6학년, 남)

북극에 사는 여러 동물과 환경, 북극과 남극의 차이점을 알게 되었다. 다른 사람과 의견을 나누고 퀴즈를 해보니 각각 아는 것이 달랐다. 중요하게 여기는 관점과 알고 싶어 하는 것도 달랐다. 또 북극에 대한 문제와 중요성을 알았다.

- 이예찬 (6학년, 남)

과학 내용을
우리 이야기로 연결했다

둘째 시간에는 남극과 북극의 차이점을 나누었다. 먼저 배경지식을 알아보기 위해 지구에서 가장 가고 싶은 곳을 물었다. 누구와 언제, 어떻게, 왜 가고 싶은지 물었다. 두 명이 유럽, 아마존을 말하지만 다른 아이들은 특별히 가고 싶은 곳이 없다고 한다. 그런데 한 아이가 "오빠가 없는 곳이라면 어디나 좋다."라고 한다. 오빠가 중2라서 스트레스를 많이 주나 보다 생각했다.

다음 질문으로 북극과 남극을 탐험한 사람들의 역사, 북극과 남극 기지에서 일하는 사람들을 이야기했다. 아이들에게 가장 탐험(조사, 연구)하고 싶은 분야(장소)를 물었다. 바다, 우주, 아틀란티스를 탐험하고 싶다고 한다. 사람이 왜 사는지, 자신이 왜 태어났는지 알아보고 싶다는 아이도 있다.

그런데 오빠 없는 곳이면 어디나 좋다고 한 아이가 오빠 머릿속을 조사하고 싶다고 한다. 오빠가 계속 때리고 괴롭히는데 왜 그러는지 궁금하다고 한다. "6학년 여동생을 괴롭히고 때린다고?" 하니 평소에 말수 적은 아이가 얼굴이 벌겋게 변하며 말을 쏟아낸다. 부모님께 말씀드리라고 하니 부모님은 동생이 참아야 한다는 말만 되풀이한다며 억울해한다. 일곱 살 정도부터 오빠가 계속 괴롭힌다는데 누가 먼저 잘못했는지는 모르지만 마음이 많이 상했다.

아이는 평소에 별로 말을 하지 않고 듣기만 했는데 이렇게까지 말하는 걸 보니 정말 힘든가 보다. 아이가 힘들어하는 걸 알았으니 계속 털어놓게 해야겠다. 이럴 때 화풀이하는 거라며 말해보라 했더니 오빠 짜증 난다고 쏟아낸다. "아니, 동생에게 그러면 안 되지. 진짜 나쁘네!" 하며 맞장구쳤더니 좋아한다. 속마음을 털어놓은 덕분에 아이가 시원해하는 모습이 보기 좋다.

이어서 북극, 남극이 우리가 사는 곳과 환경, 특징, 사는 방식에서 어떻게 다른지 찾아보았다. 북극에는 사람이 살고 남극에는 사람이 살지 않는다는 이야기를 하다가 에스키모와 이누이트를 이야기했다.

마지막으로 '사람과 지역의 특징이 서로 비슷하면 좋을까? 다르면 좋을까? 무엇이 비슷하고 무엇이 달라야 할까?' 토론했다. 사람과 지역이 비슷하면 재미없다. 다 똑같은 세상이 될 테니 여행 갈 필요도 없다. 서로 달라서 다투기도 하지만 다름이 주는 아름다움이 크다. 그렇다고 해도 지나치게 다르면 힘들다. 중2 오빠와 여동생처럼.

셋째 시간 시작하면서 한 아이가 "선생님, 오늘 글 써요? 이런 책으로 어떻게 글을 써요?" 물었다. 나도 계속 고민한 내용이다. '과학 지식을 소개한 책으로 어떤 글을 쓰지? 설명문을 쓸까? 줄거리 요약하듯 책 내용을 그대로 옮겨 쓰면 무슨 의미가 있을까?' 토론하면서도 계속 글을 쓰기 어렵겠다고 생각했다. 그래서 '연결하기'를 알려줬다.

글을 잘 쓰려면 연결해야 한다. 서로 비슷한 내용, 누구나 생각하는 내용을 연결하면 식상하다. 연관성이 적은 내용을 무리하게 연결하면 어색하다. 아라온호가 북극을 탐험한 것처럼 오빠 머리를 탐험하고 싶다고 말할 때 속이 시원하겠지만 이걸로 글을 쓰면 이상하다. 다른 이야기를 하는 것 같으면서 새로운 이야기로 연결해야 좋은 글이다. 이걸 잘하려면 평범한 사실이나 이야기를 새롭게 해석해야 한다. 아이들이 아직 이렇게는 못 하기 때문에 몇 가지 예를 들어주었다.

1. 혹독한 환경에서 살아가는 동물을 우리 모습과 연결해서 글을 쓰자.
2. 겉으로는 환경이 혹독해 보이지만 우리가 모르는 아름다움이 감춰져 있다. 그게 뭘까 생각하고 글을 쓰자.
3. 쇄빙선 타고 들어가 연구하면 도움이 될까? 차라리 그냥 신비한 모습 그대로 개발하지 않고 놔두는 게 어떨까? 논술을 쓰자.
4. 우리나라는 남극과 북극을 연구하기 위해 쇄빙선(아라온호)을 만들고 과학 기지를 세웠다. 개발되지 않은 지역을 탐사하고 연구하는 일은 우리를 행복하게 한다. 찬성하는가, 반대하는가?
5. 우리가 나눈 이야기를 재료로 자유롭게 글을 써보자.

책을 개인의 경험과 연결하면 감상문이다. 타당한 근거와 주장에 연결하면 독서 논술이다. 『아라온호 극지 대탐험』은 글을 쓰지 않고 책 내용을 더 이야기하고 끝내도 괜찮았을 것으로 생각한다. 평소에 관심 없던 과학책을 읽고 남극과 북극에 대한 배경지식을 갖게 된 것만으로도 만족한다. 그러나 연결하기를 가르쳤기 때문에 아랫글을 만났다.

옛날 우리와 오늘날 우리는 매우 다르다. 우리는 옛날처럼 초가삼간에서 가마솥에 밥 짓고 농사일을 하고 직접 베를 짜지 않는다. 요즘 우리는 아파트에 전등, 냉장고, 에어컨 모든 것을 기계로 해결하려 한다. 심지어 남극과 북극에도 파고들어가 개발하려 한다. 이렇게 개발한다고 우리가 행복할까? 우리는 개발되고 발전된 세상에 살고 있다. 덕분에 편안하고 안락한 생활을 하고 있다. 하지만 우리가 어울려 웃고 행복해하는가? 다시 한 번 생각해 보아야 한다.

요즘 아이들은 학원에 간다. 학원에 가는 이유는 돈을 벌어 잘살길 바라는 학부모들 때문이다. 이런 부모들은 이걸 생각해 보아야 할 것이다. 잘산다고 해서 행복한 것일까? 행복은 무엇보다 중요하다. 부귀영화를 누린다고 해서 행복을 얻을 순 없다. 그런 행복은 학원에 간다고 오지 않는다. 오히려 학원에서 행복을 잃는다. 학원에 가는 아이들 모습을 보면 보는 이 역시 침울해진다.

이 책에는 이누이트가 나온다. 북극에 사는 이누이트들은 개발되기 전이 더 행복했다. 또 우리들도 가난했던 예전이 더 행복했다. 비록 가난하고 배고프긴 했지만 그땐 공부 걱정이 없었고 전기는 물론 석유조차 없었지만 아이들은 순수했다. 과연 옛날과 오늘날 중 언제가 더 행복한 것일까? 우린 잘산다고 해서 행복한 것이 아니다. 잘사는 삶보단 행복한 삶을 살자. – 권서진 (6학년, 여)

함께 읽으면 좋은 책

『콘티키 전설을 찾아서』 이병철 지음, 지성사 (5학년 이상)

『알래스카의 썰매타는 아이』 조안 벨 지음, 박미낭 옮김, 파라주니어 (4학년 이상)

『이누이트가 되어라!』 이병철 지음, 지성사 (5학년 이상)

『호시노 미치오의 알래스카 이야기』 호시노 미치오 지음, 햇살과 나무꾼 옮김, 논장 (3학년 이상)

『알래스카, 바람 같은 이야기』 호시노 미치오 지음, 이규원 옮김, 청어람미디어 (중학생 이상)

『남극 탐험의 꿈』 장순근 지음, 사이언스북스 (5학년 이상)

3 토론을 잘 이끌려면 : 질문을 미리 준비하자

『사자왕 형제의 모험』
아스트리드 린드그렌 글, 일론 비클란트 그림, 김경희 옮김, 창비, 2000

어쨌든 꼭 해야만 하는 일이 있는 법인데, 만일 그걸 하지 않으면
쓰레기처럼 하잘것없는 사람이 되는 거야. (202쪽)

　독서토론은 질문이 절반이다. 질문을 잘하면 토론이 술술 풀린다. 질문을
잘 못하면 꽉 막힌 도로에서 운전하는 것처럼 답답하다. 그래서 토론하는 책
을 읽을 때는 질문을 생각하며 읽어야 한다. 전체 흐름을 알려주는 내용이 나
오면 책에 표시한다. 주제에 영향을 주는 사건이나 배경이 나오면 질문을 적
는다. 좋은 문장에 줄을 그어 놓았다가 토론할 때 인용한다.

　책을 다 읽은 뒤에 표시한 내용, 적은 내용을 보면서 발문한다. 내용을 알
아보는 질문, 내용을 분석하여 새롭게 해석하는 질문, 아이들 생활이나 사회

와 관련된 질문을 만든다. 관련된 책과 기사나 영상을 질문에 포함하기도 한다. 마지막으로 독서 논술에 맞는 논제가 있으면 글감을 제시한다. 이렇게 하면 한 권 발문하는 데 두세 시간이 걸린다.

발문을 잘하려면 책을 깊이 읽고, 아이들을 잘 알아야 한다. "왜 그랬을까? 어떻게 할까? 옳을까, 그를까? 이게 우리 이야기라면 어떨까?" 물어야 한다. 교사가 정해놓은 특정한 대답을 요구하는 질문은 피해야 한다. '알려주겠다'가 아니라 '듣겠다'는 마음을 가져야 한다. 애매하고 어려운 질문도 피해야 한다. 아이들을 고민하게 하는 무거운 질문은 괜찮지만 무얼 묻는지 알아듣기 어려운 질문은 하지 말아야 한다.

독서토론 연수에서 교사들 대부분이 발문을 어려워했다. 간단하게 정답 찾는 질문, 흐름을 깨뜨리는 엉뚱한 질문, 아이들 경험과 수준을 벗어난 질문, 교사의 생각을 강요하는 질문을 많이 했다. 질문만 봐도 독서토론을 해본 교사인지 알 수 있었다. 독서토론을 한 경험이 적다면 우선 쉬운 내용, 일상에서 나눌 만한 내용으로 시작하자.

흐름에 따라
질문을 바꾸자

『강아지똥』으로 질문을 만들어보자. 먼저 강아지똥과 관련된 낱말을 찾는다. 많은 사람이 인정하는 낱말이 좋지만 책을 읽으며 자신에게 좋았던 내용을 낱말로 바꾸어도 괜찮다. 아이들에게 알려주고 싶은 내용도 찾는다. '우정, 희망, 꿈, 자존감, 가치'처럼 주제와 관련된 낱말이 좋다. '똥, 강아지, 민들레'처럼 책 내용과 관련된 낱말도 괜찮다.

희망을 주제로 질문해보자. 토론 시작하자마자 "네 희망이 뭐야?"라고 물으면 아이들이 당황한다. 아이들이 쉽게 대답할 질문, 책 내용과 자연스럽게 연결되는 가벼운 질문부터 시작해야 한다.

무슨 소원이건 다 들어준다면 무얼 원해?

너희 친구들이 가장 바라는 소원이 뭐야?"

진로 교육 시간에 뭐했어?

책 내용과 관련 있지만 책을 읽지 않아도 대답하는 질문을 배경지식에 대한 발문이라 한다. 배경지식으로 시작하면 토론에 대한 부담이 줄어들어 토론자가 편안한 마음으로 토론에 참여한다. 배경지식을 나눈 뒤에 책 내용에 대한 아이들의 생각을 묻는다.

강아지똥이 어떤 일을 겪었지? 강아지똥은 무얼 바랐을까?

진흙 덩어리가 수레에 실려 떠난 뒤에 혼자 남은 강아지똥은 마음이 어땠을까? 절망이라고 표현해도 될까?

이어서 책 내용을 개인의 삶이나 사회 현상과 연결해서 질문한다.

혼자 남은 강아지똥의 마음을 느낀 적 있어?

너희도 절망하니? 너희를 절망하게 하는 건 뭐야?

절망이 몰려올 때 어떻게 해? 어떻게 하면 절망을 이겨낼까?

네 희망이 뭐야? 무얼 바라며 살아가니?

이렇게 질문하면 '10억이 있으면 좋겠다, 게임을 실컷 하고 싶다'던 아이들이 강아지똥의 희망과 절망을 말하고, '경쟁에 지쳐 힘들다, 형제자매와 비교당해서 싫다'는 이야기를 한다. 가벼운 소원 이야기로 시작해 어느덧 토론 주제를 다루는 단계까지 자연스럽게 이어진다. 이 과정이 깊어지면 마음이 회복되는 일도 일어난다.

심각한 이야기나 어려운 이야기를 하고 싶다면 가벼운 이야기부터 차근차근 질문해야 한다. 책 내용을 묻고 아이들 경험을 끌어내거나, 배경을 질문한 뒤에 책 내용으로 연결해야 한다. 심각한 질문(1, 2, 3, …)을 하기 위해 가벼운 질문(1-1)부터 점점 무거운 질문(1-2, 1-3, 1-4, …) 순으로 토론해야 한다. 관련된 질문으로 생각과 마음을 열면 감춰둔 이야기도 꺼내 놓는다.

교사가 준비한 질문이 아이들 수준에 맞지 않는다면 질문을 바꾸어야 한다. 질문보다 참가자가 중요하다고 생각한다. 교사가 준비한 질문에만 매이면 아이들 생각을 듣기 어렵다. 아이는 '주제에 맞는' 내용을 생각해야 한다는 말을 선생님이 원하는 정답을 말해야 한다는 뜻으로 받아들이기 때문이다. 준비한 질문을 밀어붙이면 무겁고 답답한 분위기에서 곁다리 생각만 주고받다 끝난다.

아이가 예상 밖의 이야기를 한다면 주제에서 벗어난 '그 말'을 주제와 연결해서 다시 물어야 한다. 아이들 마음과 의미 있는 이야기 사이에 길을 내는 질문을 해야 한다. 이건 토론을 자주 해야 가능하다. 처음에는 엉뚱한 곳으로 끌려가지만 꾸준히 토론하면 좋은 질문이 떠오를 것이다.[*]

토론을 처음 시작할 때는 내 생각을 많이 내세웠다. 아이들이 대답하지 않을 때 다른 질문을 통해 원래 질문에 대한 대답을 찾으려 하지 않고 대답을 강요했다. 몇 번이나 '이러면 안 되는데……' 하는 일을 겪고 나서 차근차근 이끌어가게 되었다. 중학생 독서반에서 『그리스인 조르바』를 읽고 '조르바가 자유로운 사람인가? 이기적인 사람인가?'라는 논제를 제시했다. 토론하면서 조르바가 살았던 시대와 현재에 조르바에 대한 평가가 달라졌다는 결론에 이르렀다. 그래서 논제를 '문화가 바뀌는 걸까? 발전하는 걸까?'로 바꾸었다. '문화진화론'이나 '문화순환론'이라는 낱말을 쓰진 않았지만 같은 질문이다.

토론하는 도중에 크레타 사람들의 민족성이 다 조르바와 비슷한지, 조르바 홀로 독특한 사람인지 궁금해져서 '조르바는 크레타 사람과 어떻게 다를까?'를 토론했다. 이런 방식으로 관련된 여러 이야기를 한 뒤에 조르바가 자유로운 사람인지 다시 토론했다. 나는 여덟 가지 주제를 준비했지만 아이들은 90분 내내 한 가지 주제로 폭넓게 토론했다. 아이들이 스스로 길을 찾아가는 모습을 지켜보기만 해도 좋았다.

토론의 기초는 뭐니 뭐니 해도 발문이다. 책을 읽고 질문을 만든 뒤에는 흐름에 맡기자. 진행자가 선장이 되어 이끌지만 선원들 의견을 무시하면 안 된다. 모비딕을 지나치게 쫓다가 자신뿐만 아니라 선원까지 죽게 하는 에이허브 선장이 되지 말자.*

---

* 토론 주제와 관련하여 아이들과 더 깊은 이야기를 나누기 위해 즉흥적으로 질문을 던진 사례는 〈4부 2장. 자기 이야기로 읽고 흐름을 따라가자〉 중 '인생 내 마음대로 되지 않을 때'와 관련한 이야기(180쪽)와 〈4부 3장. 문제를 해결하려 들지 말고 공감하자〉 중 '젊은 선생님이 좋아, 나이 든 선생님이 좋아?' 이야기(203쪽)다. 특히 『샬롯의 거미줄』 책으로 토론한 〈5부 1장〉에, 상황에 따라 질문을 변경했던 경험을 자세히 기록했다.
* 허먼 멜빌의 『모비딕』에 나오는 에이허브 선장은 흰 고래 모비딕을 쫓다가 자신을 망친다.

배경지식을
묻기 위한 질문

이제 『사자왕 형제의 모험』으로 토론 발문을 해보자. 책을 읽지 않아도 대답하는 가벼운 질문으로 시작하자. 아이들이 긴장을 풀고 토론이라는 중압감을 이겨내도록 돕는 질문이다. 토론할 때 준비한 질문을 다 할 필요는 없다. 시간과 상황에 따라 더하거나 덜해도 된다.

1. 여러분이 아는 가장 용감한 사람을 소개해보자. 왜 용감하다고 생각하는지 한 일을 예로 들어 말해보자.
2. 여러분이 가장 용감하게 행동한 적은 언제인가? 그때 기분이 어땠나?
3. 여러분에게 굉장히 큰 용기가 생긴다면 무엇을 하고 싶은지 말해보자.
4. 꼭 이기고 싶은 상대가 있다면 누구이며, 왜 이기고 싶은지 말해보자.
5. 모험을 떠나고 싶다는 생각을 해본 적이 있나? 진짜 모험을 떠날 수 있다면 누구와 함께 어디로 가고 싶은지 말해보자.

대상 도서 내용과
삶을 연결하는 질문

배경지식을 나눈 뒤 본격적으로 토론을 해보자. 책 내용을 아이들의 생활과 연결해서 물어보자. 형 요나탄은 사자처럼 용감해서 사자왕이라는 별명이 어울린다. 동생 카알은 겁쟁이인데도 형 덕분에 사자왕 형제라 불린다. '별명'을 주제로 이야기해보자.

1. 자기 별명 중에 가장 마음에 드는 별명을 소개해보자. 왜 그 별명이 마음에 드는지 말해보자.

1-1. 요나탄이 왜 겁쟁이 동생을 스코르빤(딱딱하게 구운 과자)이라고 부를까?

1-2. 카알은 형이 불러주는 스코르빤이라는 별명을 어떻게 생각했나?

1-3. 스코르빤 외에 다른 별명이 있을까?

1-4. 스코르빤과 사자왕이라는 별명은 카알에게 어떤 의미가 있을까?

1-5. 사자왕은 겁쟁이 카알에게 어울리지 않는다. 그래도 사자왕이라고 불러주어야 할까? 카알에게 어떤 별명을 붙여주면 좋을까?

별명 이야기라 아이들이 편하게 말한다. 책에 나오는 별명을 말하면서 자연스럽게 자기 별명을 말했다. 나도 별명을 말하고 아이들도 맞장구를 치며 별명과 관련된 경험을 떠올렸다. 책과 자신의 경험을 자연스럽게 연결해서 말했다. 1-4, 1-5는 마지막 질문(1-6)을 하기 위해 준비했다.

1-6. 카알은 사자왕에 어울리지 않는 겁쟁이다. 그러나 결정적인 순간에 사자왕처럼 행동한다. 전혀 사자왕처럼 보이지 않는 사람을 칭찬하고 격려하면 정말 사자왕처럼 변할까?

겁쟁이처럼 행동하는 아이를 격려하면 정말 용감해질까? 자신감이 없는 아이를 칭찬하면 숨겨진 능력이 드러날까? 정도의 차이는 있지만 아이는 자신을 믿고 기대하는 사람을 만나면 변한다. "지금 여러분이 가진 능력(성적, 외모, 재능 등)이 사람의 미래를 결정한다. 찬성하는가? 반대하는가?"와 같은 질문이다. 별명으로 편하게 시작한 이야기가 '무엇이 사람의 미래를 결정하는가?'로 이어졌다.

저자인 아스트리드 린드그렌이 삐삐를 만들어낸 시대에 어른들은 아이들을 어리석고 미숙한 존재로 보았다. 아스트리드 린드그렌은 아이들이 사자왕처럼 멋진 존재라고 생각했다. 그래서 어른들 눈에 이상해 보이는 아이, 어른보다 힘이 세고 용감한 아이 '삐삐'를 만들었다. 사자왕 형제가 권력에 물든 독재자 텡일을 몰아내는 이야기도 같은 뜻으로 만들어냈다고 본다.

2. 요나탄이 죽은 뒤에 낭기열라에 가는 과정을 설명해보자.

2-1. 차라리 몸이 아픈 카알이 낭기열라에 가는 게 낫지 않을까?

2-2. 카알은 아픈 데다가 형이 없어서 낭기열라에 가고 싶어 했다. 요즘 사람들은 어떤 일 때문에 다른 곳으로 가고 싶다고 생각할까?

2-3. 여러분은 사는 곳을 떠나고 싶은 생각을 한 적이 있나? 언제, 무엇 때문에 그런 생각을 했나?

2-4. 낭기열라에 가는 것과 낭길리마에 가는 건 어떻게 다를까?

2-5. 두 형제가 낭길리마에 가는 장면을 설명해보자. 낭길리마에 가는 것은 자살일까? 낭길리마에 가는 것과 자살의 공통점과 차이점을 찾아보자.

2-6. 성적과 친구들의 괴롭힘 등의 이유로 자살하는 청소년이 많아졌다. '너무 힘들면 어쩔 수 없이 스스로 목숨을 끊을 수밖에 없다.' 찬성인가? 반대인가?

요나탄이 카알을 살리려다가 죽는다. 아파서 엄마에게 짐이 되는 카알은 남고 엄마를 도우며 힘이 됐던 요나탄이 죽자 이웃 사람들이 수군댄다. 요나탄이 살고 카알이 죽었더라면 더 좋았을 거라고. 이런 말을 들을 때마다 카알은 괴로워하며 형이 있는 낭기열라(죽은 뒤에 가는 곳)로 가고 싶어 한다. 가끔 지금 살아가는 곳에서 어려운 일을 겪기 때문에 다른 곳으로 가고 싶어 하는 아이가 있다. 이 마음을 견디지 못해 자살을 생각하기도 한다.

연수할 때 교사들은 이 내용이 아이들에게 자살을 부추기지 않을까 염려했다. 낭기열라에서 카알이 요나탄을 안고 골짜기로 뛰어내리는 장면이 자살하는 것처럼 보이기 때문에 교사들의 우려를 충분히 이해한다. 그래도 토론하는 게 낫다. 정말 힘들어 자살을 생각하는 아이가 있다면 회피하지 말고 이야기를 꺼내는 게 좋을 것 같다. 자살 이야기를 할 상대가 있다면 오히려 자살하지 않으리라 생각한다. 그래서 '자살'을 질문했다. 독서반 아이들은 이 장면을 자살이 아니라 용기로 받아들였다. 우리가 알지 못하는 세상에 대한 기대로 받아들이기도 했다.

3. 황금 수탉은 어떤 곳인가? 그곳에서 일어난 일을 말해보자.

3-1. 카알은 휘베트가 배신자라고 의심한다. 왜 그런 의심을 할까? 이유를 사소한 것까지 빠짐없이 찾아보자.

3-2. 카알이 쓴 '누군가 꿈속에서 나를 부르기에 그를 찾아 먼 길을 떠나네. 까마득한 저 산 너머로.', '붉은 수염이 흰 말을 원합니다. 그리고 너무 많이 알고 있으니 조심하세요.'가 무슨 뜻일까?

3-3. 요시는 전혀 배신자처럼 보이지 않았다. 나쁜 마음을 감추고 위장했기 때문이다. 겉모습만 보고 잘못 판단하면 어떤 일이 생길까? 책 내용이나 자신이 겪은 일을 바탕으로 말해보자.

3-4. 악당처럼 보였지만 도움을 준 휘베트, 잘해주는 것 같지만 악당이었던 요시 같은 사람을 만난 경험이 있다면 소개해보자.

3-5. 어떤 사람과 친해질까 거리를 둘까 결정할 때 가장 중요한 기준은?

3-6. 여러분은 누군가에게 휘베트와 요시가 된 적이 있나?

소식을 전하는 비둘기가 화살에 맞아 죽자 카알은 활을 잘 쏘는 휘베트를 의심한다. 그러나 진짜 배신자는 의심할 부분이 하나도 없던 요시였다. 한순간의 잘못된 판단으로 사람을 오해하기가 얼마나 쉬운지 모른다. 오해 때문에 좋은 사람과 멀어지고 나쁜 사람과 가까워져서 힘들어지기도 한다. 많은 사람이 이렇게 판단하기 때문에 심리학 용어도 생겼다.

'확증편향'은 생각이 한쪽으로 치우쳐 공정하게 선택하지 못하는 성향을 말한다. 확증편향은 개인의 선택뿐만 아니라 단체와 국가의 운명을 좌우하기도 한다. 사람을 함부로 판단하지는 않은지 돌아보자는 뜻으로 질문했다.

4. 책 71쪽에 나오는 아래 내용을 읽고 "나는 (   )답게 살고 싶다. 왜냐하

면 (　　　) 때문이다."를 완성해보자.

> 나는 무엇 때문에 요나탄 형이 그처럼 위험한 일을 해야 되느냐고 물었습니다. 기사의 농장 벽난로 앞에 앉아 편안히 살면 안 될 까닭이 뭐란 말입니까? 그러나 형은 아무리 위험해도 반드시 해내야 되는 일이 있다고 말했습니다.
>
> "어째서 그래?" 내가 다그쳤습니다.
>
> "사람답게 살고 싶어서지. 그렇지 않으면 쓰레기와 다를 게 없으니까."

4-1. 위험을 무릅쓰고라도 꼭 해야 하는 일을 해내지 않으면 쓰레기나 다름없다던 형의 말이 생각난 것입니다. 그래서 나는 결심했습니다. "난 해내고야 말 거야! 해내고말고! 난 결코 쓰레기 따위는 아니니까.(78쪽)" 이 말에 대해 어떻게 생각하는지 말해보자.

4-2. 책 202쪽에 나오는 아래 내용을 읽고 찬반 토론을 해보자. 쓰레기란 말을 듣더라도 살아있는 게 나을까? 사자왕이란 말을 들으면서 잡혀가는 게 나을까?

> "비겁한 패르크를 왜 살려줬어? 그게 잘한 일이었을까?"
>
> "그게 잘한 일인지 아닌지는 나도 몰라. 어쨌든 꼭 해야만 하는 일이 있는 법인데, 만일 그걸 하지 않으면 쓰레기처럼 하잘것없는 사람이 되는 거야."
>
> "그렇지만 형이 바로 사자왕이란 걸 패르크가 알아차렸더라면 어쩔 뻔했어? 그가 형을 붙잡아 갔을 게 뻔하잖아?"
>
> "글쎄, 그랬다면 텡일의 부하들은 쓰레기가 아닌 사자왕 요나탄을 잡아간 셈이었겠지!"

좋은 책은 문장을 남긴다. 훌륭한 작가는 줄거리만큼이나 문장에 정성을 들인다. 훌륭한 독자는 문장을 기억한다. 편안하고 안전하게 살아갈 수 있지만 쓰레기가 아니라 사자왕으로 살아가는 모습을 표현한 문장이 정말 좋았다. 아이들이 어떻게 살아야 할지 고민하지는 않더라도 나답게 산다는 게 무엇인지 이야기하고 싶었다. 그래서 세 문장(71쪽, 78쪽, 202쪽)을 연결해서 질문했다.

마음에 드는 문장을 만나면 토론에 활용하라고 권한다. 좋은 문장 하나만으로도 몇 시간이나 토론할 수 있다. 그러기 위해서는 교사가 먼저 느껴야 한다. 토론이 끝나면 아래 5번처럼 가장 마음에 남은 내용을 낱말로 표현한다. 그 낱말이 '주제'다. 이 낱말로 문장을 만들고 글을 쓴다.

5. 토론 내용을 생각하며 글을 써보자.

5-1. 가장 마음에 남은 내용을 낱말로 표현하자.

5-2. 위에서 표현한 낱말이 들어가는 문장을 만들어보자.

5-3. 5-1과 5-2를 이야기하고 글을 써보자.

중학생과 『사자왕 형제의 모험』을 토론할 때는 아래 질문을 추가했다.

6. 여러분이 아는 사람 중에서 최고 악당은 누구입니까?

6-1. 텡일(책에 등장하는 악당)이 한 나쁜 짓을 모두 말해보자. 텡일은 왜 그렇게 나쁜 짓을 할까?

6-2. 텡일이 나쁜 짓을 할 수 있었던 이유는 무엇 때문일까?

6-3. 텡일은 죽어 마땅하다. 찬성인가? 반대인가?

토론하던 중학교 여학생이 눈물을 글썽이며 자신을 성추행했던 교사에게 저주를 퍼부었다. 생각지도 못한 '악당'을 이야기했다. 교육청에 신고했지만 가볍게 징계 받고 끝났다고 한다. 깜짝 놀랐다. 등장인물에 감정을 투사했기 때문일까? 토론 자리에서 꺼내기 어려운 일을 솔직하게 말했다.

6-1, 6-2는 6-3을 나누기 위해 물었다. 곧바로 6-3을 물으면 고민하지 않고 죽어 마땅하다고 대답한다. 책 내용으로 이야기를 나누면서 6-3을 물으면 달라진다. 6-3은 착한 사람에게 일어나는 불행, 악한 사람이 잘사는 현실에 대한 이야기로 이어졌다.

교사들과 토론 연수를 할 때는 다시 아래 질문을 추가했다.

6-4. 카알의 말이 과연 이루어질까?

> "하지만 나는 사람을 죽이지 못한다는 걸 당신도 알잖아요."
> "자네 자신이 죽느냐 사느냐는 문제인데도 적을 못 죽인단 말인가?"
> "아무튼 목숨을 빼앗는 것만은 못 하겠어요."
> "하지만 사람들이 모두 자네 같다면 죄악은 영영 사라지지 않을 텐데."
> 나는 반대로 모든 사람이 요나탄 형 같다면 죄악 따위는 아예 생기지도 않았을 거라고 말했다. (259쪽)

6-5. 요나탄은 사자왕이지만 사람을 죽이지 않는다. 전쟁에서 마티아스 할아버지를 비롯한 많은 사람이 죽는데도 바라보기만 한다. 전쟁에서 사람을 죽이는 건 정당한 일일까? 친구들이 죽어가는데도 가만히 있는 요나탄의 행동을 어떻게 봐야 할까?

6-6. 아이히만은 1962년 5월 31일에 처형되었다. 아이히만을 처형한 것은 정당할까?

> 아돌프 오토 아이히만은 홀로코스트(유대인 대학살)의 전범으로 독일의 나치 친위대(SS) 중령(최종 계급)으로서 유대인 문제에 대한 '최종 해결', 즉 유대인 박해의 실무 책임자였다. 제2차 세계대전 직후 국제 전범으로 수배 중에 아르헨티나로 도피하여 이름을 바꾸고 15년 동안 살았다. 1960년 이스라엘 정보기관 모사드에 체포돼 이스라엘에서 공개 재판 후에 1962년 5월 31일에 처형되었다. 재판 당시 그는 자신이 유대인을 박해한 것은 상부에서 지시해서 어쩔 수 없었다고 변명했다.

6-7. 후에 사회학자 한나 아렌트는 실험을 통해 부당한 명령이라도 한번 받아들이면 생각 없이 부당한 명령을 수행하게 된다는 연구 결과를 내놓았다. 즉 세상에 악이 존재하는 것은 인간의 도덕성이 모자라서가 아니라, 인간의 가치와 권리를 억압하는 사회·정치적 구조 악에 대한 저항이 없기 때문이라는 사실을 밝혀낸 것이다. 교사로 우리는 어떻게 살아가야 할까?

6-8. 이 문장을 학교 현장에 어떻게 적용할 수 있을까?

> 파란 하늘에는 새하얀 구름들이 흩어져 있고 우리가 누워 있는 풀밭에는 갖가지 꽃과 풀이 자라고 있었습니다. 캬틀라 동굴 위에서도 꽃이 피고 풀이 자란다니 여간 이상스럽지 않았습니다. (214쪽)

교사들이 토론을 배우려고 모였다는 걸 잊어버릴 정도로 토론에 빠져들었다. 웃고 울며 학교에서 겪은 일과 교사로서의 삶, 우리 사회의 과거와 현재,

미래를 나누었다. 참가한 교사 모두 이제부터 독서토론을 해보겠다고 다짐했다. 헤어지며 두 가지를 당부했다. "아이들이 멍하게 있다면 질문을 잘못한 거라고 생각하세요. 질문을 바꾸면 아이들이 반응합니다. 또 하나, 강요하지 말고 마음을 끌어내세요. 마음을 끌어내는 가장 좋은 방법은 질문입니다."

함께 읽으면 좋은 책

* 아스트리드 린드그렌이 쓴 책 모두 좋다. 특별히 몇 권을 추천한다.

『에밀은 사고뭉치』 아스트리드 린드그렌 글, 비에른 베리 그림, 햇살과나무꾼 옮김, 논장
　　(초등학생 이상)

『산적의 딸 로냐』 아스트리드 린드그렌 글, 일론 비클란드 그림, 이진영 옮김, 시공주니어
　　(5학년 이상)

『라스무스와 방랑자』 아스트리드 린드그렌 글, 호르스트 렘케 그림, 문성원 옮김, 시공주니어
　　(4학년 이상)

『외톨이 보쎄와 미오왕자』 아스트리드 린드그렌 글, 오동 그림, 김라합 옮김, 우리교육
　　(3학년 이상)

『내 이름은 삐삐 롱스타킹』 『삐삐는 어른이 되기 싫어』 『꼬마 백만 장자 삐삐』 아스트리드
　　린드그렌 글, 롤프 레티히 그림, 햇살과나무꾼 옮김, 시공주니어 (4학년 이상)

『나의 린드그렌 선생님』 유은실 글, 권사우 그림, 창비 (5학년 이상)

* 이 책은 린드그렌을 좋아하는 소녀의 이야기로 린드그렌의 다양한 책을 소개하고 있어 어떤 책을 읽을지 정하는 데 도움이 된다.

애야, 난 그 애가 아니라 네 얘기를 하고 있다.

난 당사자 얘기만 하지.

　　－『말과 소년』(C. S. 루이스)

4부

독서토론을 어떻게 할까?

"당연하게 받아들이지 마라.
생각하고 또 생각하라.
그리고 들어라. 듣고 기록해라."

1 아이들 수준을 파악하고 생각을 넓혀가자

『우물 파는 아이들』
린다 수 박 지음, 공경희 옮김, 개암나무, 2012

불씨가 없는 가운데 희망을 간직하기란 어려웠다. (90쪽)

『우물 파는 아이들』은 『사금파리 한 조각』을 쓴 한국계 미국인 린다 수 박이 실화를 바탕으로 쓴 책이다. 원제가 '물을 향한 긴 여정(A Long Walk to Water)'이다. 수단 소녀 니아가 사는 마을에 우물을 파주기 위해 살바가 얼마나 먼 길을 걸었는지 소개한다. 물의 소중함, 전쟁의 참상, 생명의 가치, 가족의 의미, 화해와 용서에 대해 생각하게 한다.

수단에 사는 살바는 열한 살이던 1985년에 학교에서 공부하다가 갑자기들이닥친 반군을 피해 숲으로 도망갔다. 살바는 가족이 살았는지 죽었는지도모른 채 무작정 에티오피아 난민 캠프까지 걸어갔다. 그렇지만 에티오피아에서도 내전이 벌어져 다시 수단으로 돌아왔다가 케냐로 도망쳤다. 죽을 위기를 몇 번이나 넘긴 끝에 미국에 입양되었다.

그로부터 23년 뒤인 2008년, 살바의 고향 마을에서 열한 살인 니아는 물을 긷기 위해 하루에 여덟 시간씩 걷는다. 고생하며 떠온 물조차 오염되어 질병을 일으키고, 때로는 사람이 죽지만 달리 방법이 없다. 물을 긷느라 학교에도 가지 못한다. 아프리카 여러 나라의 현실이다. 이곳에 딩카족 기술자가 와서 우물을 판다. 딩카족은 수백 년 동안 물 때문에 니아가 속한 누어족과 전쟁을 했다. 딩카족인 살바가 원수지간으로 지내던 누어족을 위해 우물을 판다.

『우물 파는 아이들』에는 살바와 니아가 겪는 일이 번갈아 나온다. 살바가 도망가는 이야기가 나오다가 니아가 물 길으러 가는 이야기가 나온다. 다시 살바 이야기와 니아 이야기를 번갈아 되풀이한다. 살바 이야기는 검은색으로, 니아 이야기는 갈색으로 인쇄해서 서로 다른 이야기로 구분해놓았다.

미국에서는 두세 사람의 이야기가 번갈아 나오는 형식의 책이 종종 나온다. 『트루먼 스쿨 악플 사건』『엄마가 사라졌다』『꼭 일기를 써야 하는 날이 있다』가 이런 형식이다. 우리나라에서는 전성희 작가가 『거짓말 학교』를 이렇게 썼다.

행복한 독서토론, 이렇게 준비했어요

첫째 시간 : 내용을 파악하기 위한 질문

1. 살바와 형제들이 소 떼를 보살필 때 진흙으로 한 놀이는 무엇인가?

2. 딩카족과 누어족은 서로를 어떻게 구별하는가?

   2-1. 딩카족과 누어족은 서로를 어떻게 생각하는가? 왜 그렇게 대하나?

3. 전쟁을 피해 도망가며 굶주림에 허덕이던 살바가 어느 날 꿀을 실컷 먹는다.
일행 중에 한 사람만 꿀을 못 먹는데 무슨 일이 일어난 걸까?

   3-1. 살바와 함께 걷던 마리알은 어떻게 되었을까?

4. 살바 아버지가 망고를 운반하는 독특한 방법은 무엇인가?

5. 살바와 함께 가던 삼촌이 더 이상 살바와 함께 있을 수 없다며 살바를 난민
촌에 데려다준다. 삼촌은 그 뒤에 무얼 하려고 했나?

   5-1. 살바는 무리를 이끌 때, 삼촌이 자신에게 했던 말을 사람들에게 하며 어려
움을 이겨낸다. 힘들 때마다 살바가 기억한 이 말은 무엇인가?

6. 살바가 아버지를 만났을 때 아버지는 살바 머리에 물을 뿌린다. 무슨 뜻으로
그랬을까?

7. 살바가 지나간 나라를 모두 적어보자.

8. 물이 얼마나 소중한지 나눠보자.

   8-1. 물을 먹지 않고 지낸 경험, 목이 너무 말랐던 경험을 말해보자. 사람은 얼
마 동안 물을 먹지 않고 살 수 있을까?

   8-2. 물이 없어 고생한 사람들 이야기를 나누어보자.

   8-3. 수도를 틀면 물이 나온다. 이 물은 어떻게 우리 집까지 올까?

8-4. 살바와 니아가 물을 대하는 태도와 우리가 물을 대하는 태도가 어떻게 다를까?

9. 책에서 가장 기억나는 장면은 무엇인가?

9-1. 그 장면과 관련해서 생각나는 경험이나 책, 영화, 음악이 있나?

10. 앞의 내용을 한 문단으로 써보자.

둘째 시간 : 내용을 깊이 이해하기 위한 질문

1. 살바와 니아가 겪은 어려움을 모두 찾아보자.

1-1. 두 사람씩 짝을 지어 살바가 겪은 어려움과 니아가 겪은 어려움을 모두 찾아보자.

1-2. 살바와 니아가 겪은 일 중에 가장 큰 어려움은 무엇일까?

1-3. 살바와 니아가 육체와 정신의 고통 중에 무엇을 더 힘들어했을까?

2. 우리가 겪은 어려움을 나눠보자.

2-1. 여러분이 겪은 가장 큰 어려움은 무엇인지 말해보자.

2-2. 여러분이 겪고 있는 어려움은 육체의 고통인가 정신의 고통인가?

2-3. 어떻게 하면 어려움이 사라질까?

2-4. 사람은 대부분 자기가 겪는 어려움이 가장 힘들다고 생각한다. 찬성하나 반대하나?

2-5. 살바와 니아가 한국에서 산다면 무엇에 감사할지 열 가지 찾아보자.

3. 딩카족과 누어족은 왜 싸울까? 싸움이 얼마나 치열할까?

3-1. 이 싸움을 말릴 방법은 무엇일까?

3-2. 수단에서는 무엇 때문에 전쟁이 일어났을까? 두 명씩 짝을 지어 책을 보고 찾아보자.

3-3. 여러분이 찾은 답이 전쟁을 일으키는 이유로 합당할까?

3-4. 여러분이 본 싸움 중에 가장 치열했던 건 무엇인가?

3-5. 아주 유치한 이유로 사람이 다른 사람을 죽일 만큼 미워하고 싸울 수 있다고 생각하나?

3-6. 교실과 집에서 사람들은 왜 싸울까?

3-7. 사람이 싸우지 않고 살 수 없을까?

셋째 시간 : 독서 감상문을 쓰기 위한 질문

1. 〈지식채널ⓔ〉 영상을 함께 보고 독서 감상문을 어떻게 쓰는지 알아보자.

1-1. 거지 독서 감상문 : 책 + 나 – 나 = 책

1-2. 군대 독서 감상문 : 책 + 억지스러운 나

1-3. 비빔밥 독서 감상문 : 책 + 나

1-4. 주제 독서 감상문 : 책(주제) + 나

2. 독서 감상문으로 쓸 내용을 이야기하며 자기만의 주제를 찾아보자.

3. 〈지식채널ⓔ〉 '물 좀 주소!' 영상을 보고 독서 감상문을 써보자.

넷째 시간 : 글쓰기

독서토론을 처음 하는
아이들을 위해

지금까지 토론한 아이들을 중등 독서반으로 보내고 새로운 아이들과 초등반을 시작했다. 몇 아이가 갈색으로 쓰인 글이 뭐냐고 묻는다. 서로 다른 이야기를 구분하려고 갈색과 검은색으로 쓰였다는 사실을 당연히 알 것으로 생각했기 때문에 아이들이 무얼 묻는지 몰랐다. 똑같은 질문을 몇 번이나 되풀이해서 들은 뒤에야 비로소 살바와 니아가 번갈아가며 이야기하는 형식을 아이들이 모른다는 걸 알았다.

이걸 모르고 어떻게 책을 읽었을까? 당황스럽다. 색깔이 달라질 때마다 제목 옆에 살바가 옮겨 다닌 장소와 연도가 표시되어 있고 니아가 2008년 남수단에서 겪은 일을 썼다는 안내도 나온다. 색깔까지 두 가지로 구분해 놓았는데 이걸 모르다니 깜짝 놀랐다. 3년 동안 함께한 아이들이 책을 잘 이해했기 때문에 새로운 아이들도 쉽게 이해할 거라고 지레짐작했다. 독서토론을 하려면 아이들이 책을 어떻게 읽었으며, 무엇을 알고 있는지, 어디에 관심을 두고 사는지 알아야 하는데 이걸 잊었다.

『우물 파는 아이들』은 물 부족과 아프리카 내전 문제를 다룬다. 학교에서 이런 내용을 배우기는 하지만 초등학생이 관심을 두지 않는 주제다 보니 정확하게 기억하지 못한다. 그래서 아이들이 어떻게 읽었는지 알아보려고 느낀 점을 100자로 쓰도록 했다. 절반가량은 살바와 니아가 불쌍하다고 썼다. 초등학생이 쓴 일기와 독서 감상문에도 불쌍하다는 표현이 자주 나온다.

아이들은 안타까운 일을 보면 불쌍하다고 말한다. 누가, 무엇 때문에, 얼마나 힘들게 사는지 제대로 모르면서 불쌍하다는 말 한마디로 지나치는 것 같다. 가뭄과 기근, 질병과 전쟁으로 고통당하는 아이들에 대해 불쌍하다는 말 한마디로 끝내면 안 된다. 동정만 하지 말고 무엇 때문에, 어떻게 고통당하는지, 우리가 어떻게 해야 하는지 생각해야 한다.

왜 불쌍하냐고 물으니 '그냥' 불쌍하다고 한다. 무엇을 불쌍하게 생각하는지 내용을 넣어 말해보라 하니 물이 없어 불쌍하다, 힘들어서 불쌍하다고 한다. 살바는 영문도 모른 채 가족과 헤어졌다. 사자가 친구를 잡아먹었다. 사람들이 강을 건너다 악어에게 잡아먹히고, 군인들이 쏜 총에 죽는 모습을 보았다. 이 모두를 불쌍하다 한마디로 끝내다니, 아이들이 살바와 니아가 겪은 일을 실감하지 못하고 있다.

문제를 풀면서 관련된 내용을 알아보려 했다. 그러나 두 아이가 겪은 일이 번갈아가며 나온다는 걸 모르기 때문에 몇 문제나 맞히는지 알아봐야겠다고 마음을 바꾸었다. 열 문제를 냈는데 하나도 모르는 아이가 둘, 딱 한 문제 아는 아이가 한 명, 절반은 서너 개 맞혔다. 제대로 읽은 아이가 세 명뿐이다. 낯선 형식으로 쓰였고, 물 부족과 내전을 다루기 때문에 어렵긴 하지만 그래도 심각하다. 130쪽이 안 되는 짧은 내용인데도 이렇다.

살바의 딩카족과 니아의 누어족이 물 때문에 서로 싸우고 죽인다. 싸우는 이유, 부족 싸움이 가족에게 끼치는 영향이 책에 나와 있다. 싸움을 끝낼 방법도 책에 있다. 그러나 아이들은 이런 내용이 책에 있는지 전혀 모른다. 책 내용과 상관없이 이미 알고 있는 상식으로 대답한다. 의견을 물어도 "불쌍하다. 도와주어야 한다." 정도로 대답한다.

책을 종이 안에 갇힌 이야기로 읽으면 '불쌍하다'로 끝나고 만다. 그러면 책이 일으킨 파도가 생각의 해변에 닿지 않는다. 함께 이야기하며 생각하고 또 생각해야 한다. 혼자 파도를 일으키지 못하기 때문에 독서반이 필요하다. 서로의 생각이 부딪쳐 갖가지 물결을 일으키는 모습이 얼마나 아름다운지 볼 때까지 몇 번이고 넘어졌다 일어서야 한다.

서로 손잡고
천천히 함께 가보자

딩카족과 누어족이 물을 차지하기 위해 싸운다. 자원은 부족한데 원하는 사람이 많아서 다툼이 생긴다. 4학년 사회 경제 단원 내용이다. 두 부족은 이마에 자기 부족을 나타내는 표시를 하고 표시가 다른 상대를 죽인다. 아이들도 서로 다르다고 다툴 때가 있다. 딩카족과 누어족의 싸움은 약과다. 수단은 남북으로 나눠 싸운다. 우리나라 남북 관계를 생각할 수 있겠다. 할 이야기가 너무 많다.

그러나 아이들이 책을 제대로 읽지 않았기 때문에 토론하지 못한다. 책 내용을 잘 모르기 때문에 물이 얼마나 소중한지 알아보려고 준비한 질문을 건너뛰었다. 가장 기억나는 장면으로 글을 쓰는 것도 포기했다. 대신 살바가 겪은 일을 차례대로 찾아보았다. 중요한 내용을 내가 묻고 아이들이 책에서 찾아가며 같이 이해했다. 처음부터 이렇게 해야 했다.

지난 독서반 아이들도 처음에는 부족했다. 다시 마음을 가다듬고 차근차근 내용을 알려주었다. 나는 토론하기 위해 내용을 말하는데 아이들이 정답을 열심히 적는다. 왜 적느냐고 물으니 당연한 걸 왜 묻느냐는 듯 본다. "다음에 볼 것도 아니잖아. 여긴 정답 찾는 학원이 아니야. 이야기를 나누기 위해 책을 읽잖아. 정답이 아니라 나와 다른 생각을 적어라. 무엇보다 책 읽는 태도를 바꾸는 게 더 중요해." 했더니 다음에는 책을 자세하게 읽겠다고 대답한다. 이 아이들도 조금씩 변할 것이라는 기대가 생긴다.

둘째 시간에는 욕심을 버리고 세 가지만 나누었다. 쉬운 내용이라 금방 끝날 거라는 생각은 버려야 한다. 얘들은 초보라서 내가 생각한 것보다 천천히, 힘들게, 버둥거리며 갈 것이다. 살바가 겪은 어려움, 니아가 겪은 어려움, 수단에서 전쟁이 일어난 까닭을 찾아보았다. 혼자 하면 정답 찾기만 할 테고 다 같이하면 누군가 설명해주기를 기다릴 것이다. 그래서 두 사람씩 짝을 지어 찾게 했다.

▮ 살바와 니아가 겪은 어려움은 무엇인가? (질문 1)

살바는 가족을 잃고 어디로 갈지 모른 채 계속 걸었다. 며칠씩 굶었고 사막을 건널 때는 갈증에 시달렸다. 발톱이 빠져도 걸어야 하고, 악어가 득실대는 강을 건넜다. 삼촌이 총살당하는 모습을 봐야 했다. 안전하다고 찾아간 곳에서 갑자기 쫓겨났다. 살바가 희망을 품을 때마다 절망이 덮쳤다. 사랑하는 사람의 죽음, 의지했던 사람에게 배신당하는 아픔을 겪었다.

니아는 날마다 두 시간 걸어 호수에 간다. 물통에 물을 채워 두 시간 다시 걸어서 집으로 돌아온다. 오후에 물을 뜨러 다시 갔다 온다. 당연히 학교에 가지 못한다. 더럽고 오염된 물을 먹어 동생이 아프다. 잠시 동안이 아니라 계속 이렇게 살아야 한다. 니아에게는 희망이 없다.

▎ **살바와 니아가 겪은 일 중에 무엇이 가장 힘들었을지 세 가지 고르자.** (질문 1-2)

두 조가 육체의 고통을, 한 조가 정신의 고통을, 마지막 조는 양쪽에서 힘든 점을 골랐다. 희망을 가질 수도 없는 막막함을 견디기가 얼마나 어려웠을까!

살바와 니아가 겪은 어려움을 생각하며 각자 지금까지 살아오면서 겪은 어려움을 말했다. 사고당한 이야기도 하고, 가끔 머리가 깨질 것처럼 아프다고도 한다. 자기 마음을 이해하지 않는 가족 때문에 힘들다고 한다. 정도의 차이는 있지만 우리 아이들도 육체의 고통과 정신의 고통을 겪고 있다. 우리 이야기를 나누며 살바와 니아가 겪은 일도 조금씩 실감하는 것 같다.

독서반에 참가한 내 딸은 아빠가 화낼 때 마음이 힘들다고 한다. "아빠 화내는 거 아니라고 하지만 저는 화내는 거로 들려요."라고 한다. 들으며 찔렸다. 독서반에 오지 않았다면 들을 기회가 없었을지도 모른다. 아이들 앞에서 내 허물을 말했지만 괜찮다. 감추지 않고 꺼낸다는 건 상처가 깊지 않다는 뜻이니까. 아직은 아빠가 들어줄 거라는 믿음이 있다는 뜻으로 받아들였다.

▎ **사람은 대부분 자기가 겪는 어려움이 가장 힘들다고 생각한다. 찬성 하나 반대 하나?** (질문 2-4)

한 아이는 자신이 직접 겪지 않았기 때문에 살바가 겪은 일이 그냥 힘들겠구나 하는 정도라고 말한다. 민감해서인지, 책을 많이 읽었기 때문인지 모르겠지만 나는 책 내용이 생생하게 느껴진다. 살바와 니아가 얼마나 힘들었을지 마음이 아려온다. "너희들도 나처럼 느껴야 한다."라고 말하고 싶다. 그러나 사람은 저마다 다르다는 걸 알기에 우리나라처럼 좋은 환경에서 사는 걸 감사하라고 강요하지 않았다. 살바와 니아가 지금 한국에 와서 산다면 무엇에 감사할지 열 가지 찾아보자고 했다. 금세 찾는다. 밥을 먹는 것만으로도, 다리 아프게 물 길으러 가지 않는 것도, 친구가 많고 가족과 함께 지내는 것도 감사하다고 말한다. 신발 신고 다니고, 병원 가깝고, 학교에 가는 것도 좋다고 한다. 아이들이 감사한 내용을 나누며 고개를 끄덕이는 모습이 아름다웠다.

평소에 감사하며 사느냐 물으니 그렇다고 한다. 아이들이 감사하는 마음 없이 주어진 것을 당연하게 받아들이며 살 거라 생각했는데 아니다. 아이들이 감사하는 모습을 보며 도리어 내가 감사했다. 아빠가 화내서 힘들다고 말한 딸은 아빠와 엄마가 좋아서 감사하다고 한다. 내용을 이해하고, 생각하고 느끼며, 내 상황에 적용하니 아이들도 재미있나 보다. 찾고 이야기하고 듣고 함께 웃고 즐거워한다. 욕심내지 않고 강요하지 않아서 다행이다. 지금은 책 읽는 법도, 내용도, 느낌도, 이야기하는 것도 잘 모르지만 차근차근 손잡고 끌어주면 된다. 생각의 폭을 넓혀가도록 질문을 잘해야겠다는 생각을 다시 한다.

글쓰기도 차근차근
한 문단부터

셋째 시간이다. 독서반에 와서 처음 글을 쓰는 날이다. 〈지식채널ⓔ〉에 나온 '어느 독서광의 일기'를 보며 독서 감상문 쓰는 방법을 알려줬다.* 그래도 쓸 내용을 생각하지 못할까 걱정이 돼서 〈지식채널ⓔ〉에서 '물 좀 주소' 편을 더 보여주었다. 350자 분량을 쓴 아이부터 1,420자를 쓴 아이까지 내용이 모두 다르다. 아이들이 쓴 글을 읽으며 앞으로 갈 길이 멀다는 생각이 들지만 두근거리는 마음이 더 컸다. 배워야 할 게 많지만 글에서 느껴지는 아이들 마음이 따뜻해서 좋았다.

　사람은 누구나 희망을 갖고 산다. 사람들은 꿈이 있고 그 꿈에 대한 희망을 갖고 살고, 사람들은 슬플 때나 힘들 때나 희망을 갖고 산다. 이 책의 주인공 살바도 갑자기 전쟁이나 가족도 없고 아는 사람도 없었을 텐데도 불구하고 살바는 희망을 가졌을 것이다. 또한 살바를 찾지 못하고 있는 가족들도 아마 살바를 찾을 수 있다는 희망을 가졌을 것이다. 살바가 희망을 가지고 있었기 때문에 같은 딩카족과 함께 19년 동안 걸을 수 있었던 것 같다. 또 그 사이에서 걸을 수 있고 뒤처지지 않을 거라는 희망을 가졌을 것이다.

　걸어가는 중에도 벌에 쏘였지만 그 덕분에 배고픔에 시달렸지만 먹을 수도

---

* 필자의 책 『책벌레 선생님의 행복한 책이야기』(우리교육) 145~182쪽에 소개한 방법.

있었고 나중엔 딩카족과 함께 걷다가 마리알이라는 친구도 생겼고 살바의 삼촌
도 만났지만 마리알이 잡혀가고 삼촌도 죽고 했을 때 무척이나 슬펐겠지만 희망
을 가졌기 때문에 나중에라도 아빠를 만날 수 있다는 희망을 가졌기 때문에 나
는 살바가 훌륭하다고 느껴지고 나도 살바처럼 힘든 일이 있을 때는 희망을 갖
고 살아야겠다는 것도 느꼈다. - ○○○ (5학년, 여)

글을 쓴 아이는 같은 말을 되풀이해서 썼다. 문장을 길게 써서 앞뒤 내용
이 연결되지 않는다. 2문단은 전체가 한 문장이다. 글을 쓸 때는 말하는 투
(구어체)가 아니라 글로 쓰는 방법(문어체)으로 표현해야 한다는 걸 아직 모른
다. 그래도 괜찮다. 차근차근 가면 된다. 살바가 희망을 품었기 때문에 19년
동안 걸을 수 있었다는 생각이 예쁘다.

『우물 파는 아이들』 내용을 그대로 읽기만 해도 찬반 토론을 할 수 있는 좋
은 논제가 있다.

1. "마을 족장인 니아의 숙부는 며칠 거리에 있는 병원을 알았다. 숙부는 아키
르(니아의 동생)를 거기 데려갈 수 있다면 의사들이 치료제를 줄 거라고 말했
다. 하지만 병원에 가는 길이 아키르에게는 몹시 힘들 터였다. 호숫가에서
지내면서 아이가 알아서 낫도록 내버려 둬야 할까? 아니면 도움을 얻으리라
는 소망을 안고 멀리 힘든 길을 떠나야 할까?(45~46쪽)" (책에 나온 문장 자
체가 찬반 토론 논제다.)

2. 사막을 지나가다가 여러 사람이 쓰러졌다. 살바는 뜨거운 모래밭에 쓰러진

사람들의 퀭한 눈과 갈라진 입술을 바라보았다. 그러자 입안이 말라서, 목이 메어서 침이 삼켜지지 않았다. 아낙네에게 소리치던 사내가 다시 말했다. "물을 저들에게 주면 당신이 마실 물이 없어진다고! 소용없는 짓이오. 어차피 저들은 죽는데 당신도 같이 죽고 만다니까!(61~62쪽)" 이럴 때 물을 주어야 할까 말아야 할까?

3. "불씨가 없는 와중에 희망을 간직하기란 어렵다.(90쪽)" "희망을 잃지 않으려고 애썼다. 동시에 너무 많은 희망을 갖지 않으려고 애썼다. 때때로 희망과 절망으로 몸이 나뉘는 느낌이었다.(93쪽)" 어떤 상황에서라도 희망을 품어야 한다. 찬성하는가? 반대하는가?

세 논제 모두 토론하면 좋겠다. 그러나 지금은 아니다. 책을 꼼꼼하게 읽는 마음을 갖고 차근차근 생각의 폭을 넓혀갈 때까지 기다려야겠다.

『우물 파는 아이들』을 토론하는 동안 우리가 공부하는 건물 1층에서 '월드비전과 함께하는 아프리카 우물 파기 자선 카페'가 열렸다. 오민섭(6학년)이 자선 카페가 뭐냐고 묻기에 누군가를 돕기 위해 잠시 여는 카페라고 알려줬다. "음료수와 음식을 판 수익금으로 가난한 사람을 돕는 거지. 누군가를 돕기 원하는 사람은 기꺼이 비싸게 사먹는 거고." 하니 이번에는 누굴 돕느냐고 묻는다. 아프리카에 우물 파주는 행사라 하니 "『우물 파는 아이들』에 나온 것처럼 말인가요?" 해서 그렇다고 했다.

다음 날 민섭이는 성경을 사려고 모아둔 용돈 23,000원을 자선 카페 후원함에 모두 넣었다. 소식을 들은 사람들이 민섭이 대단하다고 말하는데 나는

『우물 파는 아이들』이 생각났다. 책이 사람을 움직이는 모습, 독자가 살아 있는 책을 만나는 모습을 보고 가슴이 뛰었다. 용돈을 털어 아프리카 우물 파는 일에 참여하게 하는 책을 읽어서 행복했다.

힘들고 어렵게 사는 사람을 보고 불쌍하다고 생각하지만 아무것도 하지 않는 책읽기, 정답을 잘 찾지만 아프리카 친구들의 고통에 관심을 두지 않는 책읽기가 무슨 소용이 있으랴! 책을 지식의 도구로, 자신의 미래를 위한 수단으로 여기는 수많은 사람들 속에서 빛나는 진주 하나를 발견한 마음이다. 비록 책 내용을 제대로 모르고, 조리 있게 말하지 못하고, 글을 잘 쓰지 못하지만 이런 아이를 계속 만나고 싶다. 독서토론하면서 책과 아이들의 삶을 꾸준히 연결해야겠다.

함께 읽으면 좋은 책

『사금파리 한 조각 1, 2』 린다 수 박 글, 김세현 그림, 이상희 옮김, 서울문화사 (5학년 이상)

『선생님이 들려주는 분쟁 이야기』(전 3권) 박신식 · 차은숙 글, 조성덕 · 정지원 그림, 생각하는책상 (4학년 이상)

『아프리카 수단 소년의 꿈』 앨리스 미드 지음, 김상희 옮김, 내인생의책 (5학년 이상)

『거짓말 학교』 전성희 글, 소윤경 그림, 문학동네어린이 (5학년 이상)

『트루먼 스쿨 악플 사건』 도리 힐레스타드 버틀러 지음, 이도영 옮김, 미래인 (중학생 이상)

『엄마가 사라졌다』 수 코벳 지음, 고정아 옮김, 생각과느낌 (중학생 이상)

『꼭 일기를 써야 하는 날이 있다』 마거릿 버피 지음, 윤보라 옮김, 뜨인돌 (중3 이상)

2 자기 이야기로 읽고 흐름을 따라가자

『나의 라임오렌지나무』
J. M. 바스콘셀로스 글, 최수연 그림, 박동원 옮김, 동녘주니어, 2003

이미 시작했어요. 벅 존스의 권총으로 빵 쏘아 죽이는 그런 건
아니에요. 제 마음속에서 죽이는 거예요. 사랑하기를 그만두는 거죠.
그러면 그 사람은 언젠가 죽어요. (232쪽)

　『나의 라임오렌지나무』는 필독서로 꼽히는 뛰어난 성장소설이다. 주인공 제제(조제의 애칭)는 솟구치는 장난, 견디기 어려운 가난, 가깝고도 멀게 느껴지는 가족과의 관계로 힘들어한다. 아빠는 순진한 제제를 이해하지 못하고 순간적인 감정에 휘둘려 제제를 때리고 후회한다. 직장을 잃고 무능력하다는 자괴감 때문에 잘못된 자존심을 내세운다. 어디 제제 아빠뿐이랴! 많은 어른들이 자기감정을 아이들에게 풀어서 상처를 준다.

누구에게나 약점이 있다. 약점은 성장하지 못하도록 발목을 붙잡는다. 약점을 알고 극복하려 노력해도 이겨내기 힘들다. 하물며 자신에게 어떤 약점이 있는지도 모르면 자기뿐만 아니라 다른 사람 발목까지 잡아챈다. 형과 누나는 제제를 돌보지는 못할망정 제제 몫을 빼앗아간다. 동생을 위협하기까지 한다. 제제를 사랑하고 아껴주는 엄마는 너무 바쁘다. 『나의 라임오렌지나무』는 힘들고 어려운 일을 겪는 사람이 곁에 있을 때 어떻게 대할지 생각해보라고 말한다.

 행복한 독서토론, 이렇게 준비했어요

첫째 시간 : 내용 파악을 위한 질문

1. 제제가 글로리아 누나를 가장 좋아하는 이유를 두 가지 적어보자.
2. 제제가 작은 악마의 유혹에 넘어가서 한 장난 두 가지를 적어보자.
3. 제제가 슬픈 크리스마스를 보낸 까닭은 무엇일까?
4. 제제가 아빠를 슬프게 하는 말을 한 뒤에 미안해서 아빠에게 준 선물은 무엇일까?
5. 망가라치바와 라디스라우 아저씨 사이에 어떤 일이 일어났나?
6. 담임선생님을 위해 꽃을 가져온 날 제제는 교실에 따로 남아야 했다. 무슨 일 때문인가?

  6-1. 누군가를 위해 무언가 주는 건 좋은 일이다. 여러분은 누구를 위해 무얼 해

주고 싶은가?

7. 아리오발두는 누구인가?

8. 아이들을 흥분시키는 박쥐 놀이란 무엇일까?

9. 제제가 돈을 버는 방법을 두 가지 써보자.

10. 제제는 일주일에 하루, 꼭 기다리는 날이 생겼다. 어느 요일인가? 무엇 때
　　문에 그날을 기다릴까?

11. 까를로따 여왕은 무엇을 말하는가?

12. 제제가 겪은 가장 기쁜 일과 슬픈 일을 하나씩 적어보자.

　　12-1. 여러분이 가장 기뻤던 때와 슬펐던 때를 소개해보자.

13. 제제가 루이스를 데리고 어떤 놀이를 하는지 말해보자.

　　13-1. 이 놀이에 대해 어떻게 생각하나?

14. 빌라스 보아스의 아들 세르지뉴와 제제 사이에 어떤 일이 일어나는가?

　　14-1. 세르지뉴가 제제에게 한 행동에 대해 어떻게 생각하는가?

　　14-2. 만약 여러분이 세르지뉴라면 어떻게 행동할까?

　　14-3. 여러분 주위에 세르지뉴의 손길을 기다리는 제제가 있다면 누구일까?

15. 제제에게 소원 한 가지를 들어줄 수 있다면 제제는 어떤 소원을 말할까?

　　15-1. 여러분은 제제에게 무얼 해주고 싶나?

둘째 시간 : 자기 이야기로 받아들이기

1. 다음 문장이 무엇을 뜻하는지 말해보자. "아저씨는 아내와 다섯 자녀들과 헤
　　어져 혼자 살고 있었다. 홀로 사는 데다가 걸음도 아주 느렸다. 아저씨가 천
　　천히 걷는 게 혹시 자식들에 대한 그리움 때문은 아닐까? 아저씨의 자녀들
　　은 아저씨를 만나러 온 적이 한 번도 없었다.(23쪽)"

1-1. 느리게 걷는 대신 '빨리 걸으면, 먼 산을 보고 있으면, 책을 읽고 있으면, 공부 시간에 창밖을 보고 있으면' 어떨까?

1-2. 주위에서 아저씨를 가장 많이 닮은 사람을 찾아 그렇게 생각하는 까닭을 행동이나 사건을 들어 설명해보자.

2. 다음 문장이 어떤 상황을 나타내는지 말해보자.

> 우리를 바라보았다. 하지만 누나는 그 순간 그 자리에는 더는 아이들이 없다는 것을 알고 있었다. 모두가 어른이었다. 그것도 아주 슬픈 어른, 슬픔을 조각조각 맛보아야 하는 어른들뿐이었다. (70쪽)

2-1. 왜 이렇게 생각했을까?

2-2. 왜 아이들이 없다고, 어른뿐이라고 표현했을까? 어른과 아이는 뭐가 다를까?

3. (   )에 다른 말을 넣어 문장을 만들어 보자. "아침을 먹지 않았는데도 배가 고프지 않았다. (괴로움)에 비하면 배고픔은 아무것도 아니다."

4. 다음 문장에서 작은 새는 무엇을 말할까?

> 작은 새는 어린애들이 여러 가지 일들을 배우는 걸 도와주려고 하느님이 만드신 거예요. 그래서 더는 필요하지 않을 때 그걸 하느님께 돌려 드려야 해. 그러면 하느님은 그 새를 너처럼 영리한 다른 꼬마에게 넣어 주시지. 아주 멋진 일 아니니?
>
> (102쪽)

4-1. 여러분에게 작은 새가 있나?

5. 제제는 슬프거나 마음이 답답할 때 라임오렌지나무에 털어놓는다. 친구가 되어준 라디스라우 아저씨에게도 마음을 털어놓는다. 이런 친구가 있는가?

셋째 시간 : 어른이 된다는 것이 무엇인지 생각해보기

1. 제제가 아빠와 누나에게 무지막지하게 맞은 날이 있다. 왜 맞았을까?

    1-1. 여러분이 부모나 교사라면 제제처럼 욕하고 노래하는 아이에게 어떻게 하겠나?

    1-2. 어떤 일이 일어나는지 잘 모르고 나쁜 짓을 벌인 경우 처벌해야 할까? 용서해야 할까? (과실치상) 예를 들어 체육 시간에 공을 잘못 차서 지나가던 아이가 맞아 손가락이 부러졌다면 어떻게 해야 할까? 공에 맞아 넘어졌는데 신경이 손상되어 하반신 마비가 되었다면 같은 방식으로 처벌할까?

2. "쎄실리아 빠임 선생님은 네가 학교 밖에서 못된 짓을 저지르고 다닌다는 것을 믿지 않는다고 그랬지. 네 동생이나 글로리아랑 있을 때도 넌 아주 착해. 그런데 어떻게 사람이 그렇게 변하지?" "저도 모르겠어요. 집에서는 아무 생각 없이 하는 일도 장난이 돼 버려요. 내가 나쁜 짓을 저지른다는 걸 온 동네가 다 알아요. 악마가 내 귀에다 대고 나쁜 일을 불어넣나 봐요." 실제로 제제처럼 행동하는 사람이 있을까? 있다면 왜 이렇게 행동할까?

3. 제제는 자라면서 여러 가지를 잃어간다. 무엇을 잃었을까?

4. 어른이 되면서 얻는 것도 있고 잃는 것도 있다. 무엇을 얻고 무엇을 잃을까?

5. 글을 써보자.

넷째 시간 : 글 완성하고 고치기

자기 이야기로
읽어야 한다

『나의 라임오렌지나무』가 아무리 명작이라고 해도 제제의 마음을 느끼지 못하면 그저 그런 책이다. 제제의 마음을 느끼려면 먼저 제제의 행동을 알아야 한다. 제제의 행동을 이해하는지 물었더니 세 명만 이해한다고 말한다. 제제는 이해하지 못할 행동을 많이 한다. 장난이 어찌나 심한지 사건이 터지면 동네 사람 모두 제제를 의심한다. 학교를 빼먹고 아빠에게 욕을 한다. 다섯살 꼬맹이가 혼자 나다니며 구두닦이를 해서 돈을 번다. 우리나라에서 일어나기 어려운 일이라 공감하기 어렵다.

아이들이 슬프다거나 감동적이라고 말은 하지만 제제의 마음을 제대로 이해하지 못했다. 제제가 고통과 슬픔을 겪으며 어떻게 성장하는지, 곁에 있는 사람들이 제제에게 어떤 영향을 주는지 관심을 두지 않는다. 등장인물 이름이 헛갈려서 내용을 이해하기 어려웠다고 한다. 제제에게 친절을 베푼 아저씨 이름을 모르고 망가라치바가 기차인지도 모른다. 낯선 포르투갈 이름이라 힘들긴 하겠다.

등장인물이 가깝게 느껴져야 나눌 이야기가 많아진다. 형과 누나, 아빠는 제제 마음을 모른다. 이웃 대부분도 제제를 악마 같은 장난꾸러기 녀석이라 생각했다. 어려서 제대로 판단하지 못하는데도 주위 사람들은 제제를 나쁘게만 보았다. 어린아이의 실수라 생각하지 않고 제제를 죄인 취급했다. 독서반 아이들도 제제를 이해하지 못했다.

그러나 글로리아 누나는 제제를 이해했다. 뽀르뚜가 아저씨, 에드문두 아저씨는 제제가 하는 말을 자기 일처럼 들어주었다. 상대를 이해하면 마음을 받아들이고 말을 들어준다. 독서반 아이들이 『나의 라임오렌지나무』를 제대로 이해하려면 제제를 자기 이야기로 읽어야 했다. 제제가 자신과 다를 바 없는 아이라는 걸 느끼게 하려고 물었다.

"몇 살쯤 되면 옳고 그름을 가려낼까?" 4~6학년쯤이라 한다. 반 친구들을 보니 철이 없어서 중학생이 되어야 옳고 그름을 분별한다고 대답한다. 그러자 5학년 아이가 "우리 반 남자애가 선생님을 발로 찼어요. 선생님이 자주 울어요. 그래서 교감선생님이 수업 시간에 들어와요." 한다. 제제가 5학년이 되면 우리 아이들보다 더 괜찮아질 것 같다. 그래도 아이들은 제제가 현실을 벗어난, 책에나 나오는 아이라 생각한다.

"너희가 제제보다 더 심하네. 제제처럼 장난한 적 있지?" 하니 차에 돌 던졌다, 돌잔치 때 입 속에서 폭죽을 터트렸다, 다섯 살 때 멀리 떨어진 유치원에서 집까지 혼자 걸어왔다고 한다. "너희도 제제랑 다를 바가 없네." 했더니 그제야 자기들이 제제와 비슷하다고 인정한다. 이제는 제제를 다르게 볼 거라는 생각이 든다.

제제가 밍기뉴랑 대화한 것처럼 사물과 대화하는지 물었다. 거울을 보며 거울 안의 자신과 이야기를 나눈다고 한다. 구름에게 말하는 아이, 식물과 바람, 해, 인형에게 말하는 아이도 있다. 여기서는 말할 수 없다며 대화하는 대상을 감추는 아이도 있다. "제제랑 정말 비슷하네! 제제가 밍기뉴랑 이야기 나누는 걸 '자기 성찰'이라고 해. 아니?" 안다고 한다. "너희가 자기 성찰을 하는구나! 너희 모두 제제네! 이거 너희 이야기다."라고 말해줬다.

작가는 누군가의 이야기, 우리가 기억해야 하는 이야기로 글을 쓴다. 독자들이 책을 읽고 작가의 마음을 느끼며 자신과 사회를 돌아보기 원한다. 그러나 아이들은 글을 이렇게 읽지 않는다. 줄거리 읽고 재미있느냐 없느냐 정도만 생각한다. 책을 많이 읽어도 기억나는 문장을 말하지 못한다. 나는 작가가 무슨 의도로 글을 썼는지, 책에 나온 내용이 현실에서 어떻게 드러나는지 깨닫게 하고 싶다. 이를 위해 책 내용을 각자의 생활과 연결 지어 읽고, 문장을 살피고, 고민거리를 나눈다.

제제가 우리와 비슷하다고 생각하게 되었으니 제제 마음을 이해하며 느낄 수 있겠다. 제제가 언제 기뻐했는지 물었다. 뽀르뚜가 아저씨 만날 때, 뽀르뚜가 아저씨가 치료해줄 때, 돈 받을 때, 밍기뉴랑 이야기 나눌 때라 한다. 돈 받을 때라는 대답은 웃어넘겼지만 다른 내용은 모두 마음으로 느끼는 기쁨이다. '너희들도 느끼는구나!'

제제가 슬펐을 때를 나누었다. 환상이 깨졌을 때, 아저씨가 죽었을 때, 아빠에게 맞았을 때, 동생에게 크리스마스 선물로 장난감을 챙겨주지 못했을 때, 정성껏 만든 종이풍선을 찢었을 때 슬프다고 한다. 어릴 때 장난치고 자유롭게 지냈는데 점점 그러지 못하는 게 슬프다고 말한다. 슬픈 일을 겪은 것도 슬프지만 철든 것도 슬픈가 보다.

『나의 라임오렌지나무』를 '내 이야기'로 느끼기 전에는 돈 받을 때 기쁘고 혼날 때 슬프다 정도만 말했다. 자기 이야기로 받아들인 뒤에는 '나를 이해하는 대상에게 마음을 털어놓을 때 기쁘고, 내가 가치 있게 여기는 대상(동생,

종이풍선, 아저씨, 철들기 전 자기 자신)을 만나지 못하거나 마음을 알아주지 못할 때 슬프다'고 말한다. 제제가 자신과 비슷하다는 마음을 가지면 느낌이 달라진다.

『나의 라임오렌지나무』는 우리가 슬픔을 겪을 때마다 밍기뉴처럼 친구가 되어준 존재를 떠올리게 한다. 참 좋은 책이다. 모두 제제를 만나고, 제제 안에서 자신을 찾고, 자기만의 밍기뉴를 생각하며 자라면 얼마나 좋을까! 한 아이가 토론하는 내내 거의 말을 하지 않고, 질문하면 기억이 안 난다고 한다. 글을 억지로 쓰기에 아이에게 말해주었다.

"네가 쓴 글이 가치 있으려면 친구 한 명 소개하는 거로 끝나면 안 돼. 왜 진정한 친구에 대해 글을 쓰고 싶었는지 말해야 해. 언제부터 친구에 대해 고민하기 시작했어?" 4학년 때부터라고 한다. "제제 주변에는 친구가 없어. 마음이 통해야 진짜 친구잖아. 『나의 라임오렌지나무』에는 제제 또래 친구가 거의 나오지 않아. 학교에 친구가 많지만 학교는 제제가 글을 잘 읽는다고 자랑하는 곳으로만 나오잖아. 제제 마음을 알아주는 상대는 밍기뉴, 글로리아 누나와 어른 몇 명이야. 네 마음과 같잖아. 책을 네 이야기로 읽으면 달라질 거야. 토론할 때 할 말이 생길 거야. 그냥 줄거리 알아야 하는 책으로 읽으면 교과서처럼 다가오지. 독서반도 재미없을 거야. 네 이야기로 읽어야 재미나고 기억도 난단다!"라고 말해주었다.

이야기 흐름을
따라가라

둘째 시간에 문장을 살폈다.

▌ 다음 문장이 무엇을 뜻하는지 말해보자.

"아저씨는 아내와 다섯 자녀들과 헤어져 혼자 살고 있었다. 홀로 사는 데다가 걸음도 아주 느렸다. 아저씨가 천천히 걷는 게 혹시 자식들에 대한 그리움 때문은 아닐까? 아저씨의 자녀들은 아저씨를 만나러 온 적이 한 번도 없었다.(23쪽)" (질문 1)

'느리게 걷는다'는 문장이 노년의 외로움, 자식을 향한 그리움, 지나온 세월에 대한 회한을 보여준다. 아이들은 이 문장이 무엇을 뜻하는지 모른다. 어른들도 책을 읽을 때 각 문장의 의미를 깊이 생각하지 않는다. 우리가 언제 느리게 걷는지 살펴보고, 사람들의 행동이 마음과 생각을 보여준다는 이야기를 한참 나눈 뒤에야 이 문장이 아저씨의 삶을 나타낸다고 깨달았다.

▌ 느리게 걷는 대신 '빨리 걸으면, 먼 산을 보고 있으면, 책을 읽고 있으면, 공부 시간에 창밖을 보고 있으면' 어떨까? (질문 1-1)

성격이 급한 사람, 할 일이 많은 사람, 활발한 사람이 빨리 걷는다고 한다. 멍할 때, 답답하거나 우울할 때 먼 산 본다고 한다. 무엇 때문에 이렇게 행동하는지 찾아보고, 마음이 어떤 행동으로 드러나는지 짧게 글로 썼다. 대부분 '운동장에서 공 차는 아이들이 부러워 창밖을 본다.'라고 단순하게 썼지만 두 명은 묘사를 이해하고 썼다. 지금은 묘사를 이해하기 어렵겠지만 나아지리라 생각한다.

내 친구는 쓸데없는 걱정이 많다. 생각이 많은 데다 먼 산도 자주 본다. 내 친구가 먼 산을 보는 게 많은 걱정과 생각 들을 털어버리고 싶은 게 아닐까? 내 친구는 단 한 번도 걱정을 하지 않은 적이 없다. - ○○○ (6학년, 여)

▌ 주위에서 아저씨를 가장 많이 닮은 사람을 찾아 그렇게 생각하는 까닭을 행동이나 사건을 들어 설명해보자. (질문 1-2)
초상 당한 사람, 불법체류자, 장애인, 독거노인을 든다. 아저씨가 느끼는 외로움과 괴로움에만 초점을 맞추었다. 아저씨가 제제를 돌봐주는 모습은 눈에 들어오지 않는 모양이다. 누군가 제제를 도와주었다고 생각하기 어려운가 보다.

▌ 다음 문장은 어떤 상황을 나타내는가? 왜 그렇게 생각하는가? (질문 2)
"우리를 바라보았다. 하지만 누나는 그 순간 그 자리에는 더는 아이들이 없다는 것을 알고 있었다. 모두가 어른이었다. 그것도 아주 슬픈 어른, 슬픔을 조각조각 맛보아야 하는 어른들뿐이었다.(70쪽)"
가난해서, 안 좋은 일을 만나서, 아저씨가 죽어서, 아빠에게 맞았기 때문이라 한다. "슬픈 일을 겪는다고 어른이 될까?"하고 물어보니 힘들고 어려운 일을 겪으면 순수함을 더 빨리 잃고 어른이 된다고 한다. 나쁜 습관이나 문화를 일찍 만나도 순수함을 잃는다고 한다. 제제가 어른 친구를 만나고, 애어른처럼 행동한 것도 어려운 일을 많이 겪어서라고 대답한다.

제제는 크리스마스에 동생과 함께 공짜로 선물을 나눠주는 곳을 찾아간다. 동생을 달래가며 고속도로를 건너는 위험까지 무릅쓰고 갔지만 선물은 이미 다 나눠준 뒤였다. 거리엔 찢어진 포장지밖에 남지 않았다. 제제는 실망한 동생을 데리고 지친 마음으로 돌아온다. 이런 일을 많이 겪어서일까? 제제는 나이에 맞지 않게 어른처럼 생각한다. 슬픔은 아이에게서 아이다움을 빼앗아간다.

▎ 왜 아이들이 없다고, 어른뿐이라고 표현했을까? 어른과 아이는 뭐가 다를까? (질문 2-1)

"어른은 포기할 줄 안다. 어른은 꿈과 기대가 없다. 어른은 현실을 안다." 라는 대답을 들으면서 갑자기 '인생 내 마음대로 되지 않을 때'라는 말이 떠올랐다.

준비한 질문(3, 4번)을 하지 않고 다음과 같이 물었다.

▎ 제제가 인생 내 마음대로 안 된다고 생각했던 때가 있을까?

"돈이 없을 때, 장난을 그만두려 해도 안 될 때, 형과 누나에게 밀려 선택권이 없을 때, 아빠에게 맞을 때, 뽀르뚜가 아저씨에게 가고 싶어도 못 갈 때, 아저씨 죽었을 때"를 말한다.

제제는 자기 인생을 자기 마음대로 하지 못했다. 그럴 나이도 아니었고 감당하지 못할 일을 많이 겪었다. 그런데도 상실을 이겨내고 자랐다. 인생 내 마음대로 되지 않는데 어떻게 어른으로 자라날 수 있을까? 이게 『나의 라임오렌지나무』의 주제다. 아이들은 제제가 감당하지 못하는 일을 겪었다는 것까지는 이해하지만 이겨냈다는 사실은 모른다. 그저 시간이 해결해준다고만 한다. 곁에서 도와준 '친구'는 찾지 못한다.

글로리아 누나, 에드문두 아저씨, 뽀르뚜가 아저씨, 노래 같이 하는 아저씨, 밍기뉴, 꾸중하던 이웃까지 모두 제제가 온전하게 자라도록 도와주었다. 아이들은 이걸 모르고 좋은 사람, 나쁜 사람만 따진다. 한마디로 정리해서 알려주고 싶지만 그러면 안 된다. 내가 설명하면 오래 기억하지도, 깊이 받아들이지도 않는다. 직접 깨달아야 짜릿하다. 아이들 생각을 바탕으로 여기까지 왔으니 내 뜻대로 끌고 가지 말아야 한다.

▌제제는 슬프거나 마음이 답답할 때 라임오렌지나무에 털어놓는다. 친구가 되어준 라디스라우 아저씨에게도 마음을 털어놓는다. 이런 친구가 있는가? (질문 5) 대부분 있다고 한다. 또래 친구가 많고 가족도 있다. "그 사람 정말 소중하다. 귀하게 여겨라. 대신 친구가 딱 한 명이라면 조심해라. 요즘은 절친을 단번에 바꾸기도 하더라." 하니 이미 생각해봤다며 고개를 끄덕인다. 우리 아이들도 제제처럼 어려움을 겪으며, 어려움을 이겨내며 어른이 되어가고 있다.

어른이 된다는 건
무엇일까?

셋째 시간에 몇 가지 이야기를 더 나누고 글을 썼다.

▌ **제제가 자라면서 얻은 것과 잃은 것을 찾아보자. (질문 3)**

순수함을 잃었다는 말에는 곧바로 동의한다. 동생과 동물원 놀이하던 상상력도 사라졌다. 상상력은 곧 창의성이다. "무엇이 너희들의 창의성을 방해해?" 전자기기라고 대답한다. 알고는 있지만 전자기기를 멀리할 생각은 없다. 아빠에 대한 기대도 잃어버렸다. 언제 그랬느냐 하니 '처맞았을 때'라고 한다. '처맞을 때'인지 '쳐 맞을 때'인지 의견이 분분하다. 덕분에 한참 웃다가 소중한 사람을 잃었다는 의견까지 나누었다.

소중한 사람을 잃는다는 말을 죽거나 헤어져서 잃는다는 뜻이라고만 생각하기에 사람에게 실망할 때도 잃었다는 말을 한다고 알려줬다.

▌ **누군가를 잃었다고 생각할 정도로 실망한 적 있니?**

대부분 있다. 누군지 자세하게 말하지 않는 거로 봐서 '소중한 사람을 잃는다'는 말의 의미를 느끼고 있다. 자신에게 실망한 적이 있는지 물었더니 절반이 있다고 한다. 어리게만 보이는 아이들이 사람에게 실망하는 게 무엇인지 알다니……. 얘들도 제제처럼 조금씩 어른이 되어가나 보다.

잃는 것이 있으면 얻는 것도 있는 법! 제제는 소중한 친구를 얻었다. 장난이 심하고 예의 없는 질문을 하는 제제에게 친절하게 대답해준 에드문두 아저씨, 기차와 충돌해서 죽었지만 마음에 영원히 남은 뽀르뚜가 아저씨, 슬플 때마다 이야기 상대가 되어준 밍기뉴, 함께 노래하며 추억을 만든 아리오발 두 아저씨를 얻었다.

'추억'도 얻었다. 어른이 되어가면서 많은 사람이 추억을 잃는다. 어른이 되면 동생 손 잡고 공짜 선물 받으러 가지 않는다. 나무 끌어안고 이야기를 나누지도 않고 장사꾼 아저씨를 쫓아다니지도 않는다. 자기 앞가림은 잘하게 되지만 무언가 자꾸 잃는 것 같다. 추억은 슬픔을 이겨내는 뿌리가 되어준다. 제제는 슬프지만 추억을 간직하게 되었다.

사람은 누구나 탈출구, 감정의 해방구가 있어야 한다. 제제에게는 밍기뉴가 있다. 형과 누나가 좋은 나무를 다 가져가서 어쩔 수 없이 고른 나무지만 그래서 더 마음이 쓰인다. 학교에서는 선생님이 믿어준다. '글을 잘 읽기 때문'이다. 동네 아저씨들은 제제의 장난에 넌더리를 내면서도 사랑한다. 그들 역시 비슷한 추억을 가졌기 때문이다.

글로리아 누나는 가장 좋은 후원자다. 작가는 누나와 제제만 금발에 하얀 얼굴이라고 썼다. 검은 피부이건, 곱슬머리이건 상관없다. 동질감을 느끼는 대상이 있어야 한다. 밍기뉴도 그랬고 뽀르뚜가 아저씨와도 추억을 나누었다. 우리 아이들도 물건에 마음을 털어놓고 친구와 가족에게 고민을 말한다. 사람은 인격이라 마음을 나누지 않으면 영혼이 병든다. 아이들이 자기만의 밍기뉴를 잃지 말고 건강하게 어른이 되면 좋겠다.

아저씨가 죽고 밍기뉴가 꽃을 피운다. 어른이 되고 철이 들면서 지난날이 소중하다는 걸 느끼지만 다시 그리로 돌아가지 못하는 현실을 슬퍼한다. 무언가를 깨달으면 한발 더 나아갔다는 뜻이지만 하나를 두고 가야 하기 때문에 슬프다. 한발 앞으로 나간 곳에서 뒤를 돌아보면 우리 모습이 그립기 때문이다. 그때 모습이 아무리 아름답다고 해도 다시 돌아가지 못한다는 사실을 비로소 알기 때문이다. 깨달음은 나아지는 것이지만 후회를 쌓는 것이기도 하다.

'어른이 된다는 건 무엇일까?'에 대해 글을 썼다.

어른이 된다면 행복이 줄어들 것 같다. 모든 어른들이 불행하지는 않지만 어른들이 웃는 것보다 아이들이 웃는 것을 더 많이 보았다. 아이들은 작은 일에도 즐거워하고 기뻐한다. 어른들은 작은 일에 감사하지 않는 것 같다. 무언가 큰일과 이익을 보지 못하면 기뻐하지 않는다. – 이예찬 (6학년, 남)

순수를 잃은 아이에게 순수함을 되찾아주는 일은 정말 힘든 일이다. 나도 옛날에 비해서 순수를 많이 잃은 편이다. 전에는 달에 토끼가 있다고 믿었는데 지금은 내가 어린애들한테 '달에 토끼가 있다. 보름달이 되면 토끼들이 우리나라에는 떡을 보내주고 다른 나라에는 맛있는 걸 보내준다'고 거짓말을 한다. 이런 거 속는 애들을 보면 정말 재밌고 귀엽다. 그리고 과거와 미래를 넘나들 수 있다는 것도 만화나 텔레비전에서만 볼 수 있는 일이라는 걸 깨달았다. 엄마는 나보고 공부를 열심히 하라 하면서 옛날에는 공부만 했다고 말하는데 이제는 그것조차도 못 믿겠다.

난 초등 아이까지는 순수한 게 좋다고 생각한다. 말하자면 세상일들을 늦게 아는 게 좋다고 생각한다. 요즘 우리 학교 애들을 보면 1학년 때부터 욕을 달고 산다. 내 친구들은 짜증 나거나 심지어 신날 때도 욕을 한다. 나는 욕하는 애들보다 논리적으로 말하는 애들이 더 무서운데 욕을 달고 사는 애들은 못 느끼는 것 같다.

주변에 나쁜 영향을 미치는 사람이 많아도 순수함을 잃을 것이다. 예를 들어 언니와 오빠가 있는 사람이라면 나쁜 것을 빨리 배워 순수함을 빨리 잃는 사람이 많다고 생각한다. 욕을 방언처럼 하는 애들을 보면 대부분 언니나 오빠, 또는 순수함을 잃은 친구가 주변에 많다고 느꼈다. 또는 힘들거나 어려운 일을 빨리 겪어도 순수함을 잃을 것이라고 생각한다. 제제는 여섯 살이라는 어린 나이에 자기와 친구처럼 지냈던 뽀르뚜가 아저씨가 죽어서 정말 슬퍼했고 힘들어했다. 이런 것처럼 초등 아이까지는 순수한 게 좋다고 생각한다. - 장채영 (6학년, 여)

제제는 동심을 내어주고 마음이 통하는 친구를 얻었다. 가장 사랑하는 사람과 슬픔을 견뎌내는 능력을 맞바꾼다. 어른이 된다는 건 이런 거다. 한 사람이 고통을 이겨내고 어른이 되기 위해서는 친구가 있어야 한다. 비록 순수함, 창의성, 상상력을 잃고 사람에게 실망하며 소중한 사람이 죽는 것도 봐야 하지만 사람에 대한 기대가 없다면 나이를 먹어도 어른이 되지 못한다. 사람이 희망이다. 현실에서는 사람을 하찮게 여기는 모습이 많이 보이지만 그래서 더욱 사람이 꽃보다 아름답다고 노래한다.

아이들과 『나의 라임오렌지나무』를 읽으며 동화는 어린이만 읽는 책이 아니라는 걸 다시 한 번 느꼈다. 아이들보다 내가 더 많이 느끼고 생각했다. 동화는 어른을 아이들 세상으로 데려가서 '당신은 제대로 어른이 되었습니까?' 묻는다.

홍은미 선생님이 『나의 라임오렌지나무』 토론 원고를 읽고 메일을 보내왔다. "두 번을 읽었어도 책을 건성으로 읽었구나! 싶었어요. 이렇게 생각할 거리가 많은 작품이구나! 아이들과도 나눌 거리가 이렇게 풍성하구나! 하고 놀랐습니다. 독서토론을 배우기 전에 제가 먼저 책을 제대로 읽고 의미를 발견하는 게 중요하다는 생각이 들었습니다. 저도 아이들과 책을 읽는 수준이 비슷한 것 같아요. 책 읽고 원고를 살펴보니 어떻게 책을 읽어야 할지 아주 조금 감이 오는 것 같아요."

중학교 때 읽었던 『나의 라임오렌지나무』를 다시 읽었다. 어린 제제는 지독하게 가난했고 '라임오렌지나무'와 친구가 되어 떠드는 내용이라는 것밖에 기억이 나지 않는 상태에서, 그래도 워낙 명작이라고 많이 읽는 책이라 친근감과 기대감으로 책을 펼쳤다. 그런데 사실 책을 다 읽은 후에도 이 책이 왜 명작이 되었는지 이해할 수 없었다. 포르투갈 이름과 지명 들이 낯설어 내용이 잘 들어오지 않았다. 어린 제제의 가난하고 짓궂은 삶의 이야기들이 그다지 공감되지도 재미있지도 않았다. 지독히 가난한 이들의 외로움과 슬픔을 조금 공감한 것 외에 크게 다가오지 않았다.

누나와 아빠에게 지독한 매를 맞는 장면부터 충격으로 다가왔다. 아동 폭력도 이런 폭력이 없다. 무능력하면서도 무지한 어른들의 만행을 이렇게 자극적으로 표현한 작품이 왜 명작인지? 의아했다. 그러다 책의 후반부에서 제제를 진심으로 인정하고 이해해주는 어른이자, 마음의 아빠인 뽀루뚜가가 죽고 제제가 온몸으로 슬픔을 겪는 부분에서는 울지 않을 수 없었다. 가장 사랑하는 사람이 죽는 고통의 깊이를 짐작할 수 있기에, 그것도 다섯 살 난 제제에게 유일한 삶의 희망이었던 뽀르뚜가의 죽음은 얼마나 괴로운 것인지…….

"이제는 아픔이 무엇인지 알 것 같았다. 매를 많이 맞아서 생긴 아픔이 아니었다. 병원에서 유리 조각에 찔린 곳을 바늘로 꿰맬 때의 느낌도 아니었다. 아픔이란 가슴 전체가 모두 아린, 그런 것이었다. 아무에게도 비밀을 말하지 못한 채 모든 것을 가슴속에 간직하고 죽어야 하는 그런 것이었다. 팔과 머리의 기운을 앗아가고, 베개 위에서 고개를 돌리고 싶은 마음조차 사라지게 하는 그런 것이었다."

어린 제제의 고백들이 가슴 아프게 밀려왔다. 그리고 어느새 잊힌 슬픈 기억들! 오늘도 사랑하는 이를 잃어버린 상실의 고통 속에 삶의 의미를 빼앗긴 사람들의 한과 아픔들이 떠올랐다.

책을 읽고 나서 한참을 생각한 끝에 내 동심이 무뎌질 대로 무뎌진 것을 발견했다. 한번 철이 든 어른은 다시 동심의 세계로 돌아갈 수 없다. 이해는 할 수 있겠지만! 그래서 동심을 잃어버리는 것은 참으로 슬픈 것이다. 다시 책을 읽었다. 그래도 두 번째 읽을 땐 꼬마 시인 제제의 아름다운 동심의 세계가 조금 다가온다.

"얼마나 아름다운 강이었는지 모른다. …… 진정으로 삶을 노래하는 시는 꽃이 아니라 물 위에 떨어져 바다로 떠내려가는 수많은 이파리들과 같은 것이었다." 강에 떨어져 흘러가는 나뭇잎을 바라보며 고백하는 천재 시인 제제를 보며 아름다운 가을을 깊이 노래하지 못하는 것이 동심을 상실한 병이로구나! 깨닫는다.

"이미 시작했어요. 벅 존스의 권총으로 빵 쏘아 죽이는 그런 건 아니에요. 제 마음속에서 죽이는 거예요. 사랑하기를 그만두는 거죠. 그러면 그 사람은 언젠가 죽어요." 사랑하는 것을 배울 나이에 이미 마음으로 아빠를 죽이는 것을 배우며 점점 철이 들어가는 제제의 모습을 보는 것은 너무나 안타깝다.

나이가 들어 몸과 마음이 자라면 자연스럽게 동심이 사라지는 줄 알았다. 그러나 동심은 아이들의 생명이고 아이들을 아이들답게 하는 신비인 것을 이제야 알게 되었다. 교사라는 사람이 아이들의 세계를 이해하지 못하고 개구쟁이, 말썽쟁이, 사고뭉치라며 아이들을 혼내며 나무란 행동들이 얼마나 부끄러운 것인지 깨닫는다.

"당신이랑 같이 있으면 아무도 저를 괴롭히지 않아요. 그리고 내 가슴속에 행복의 태양이 빛나는 것 같아요." 이 땅의 수많은 나의 제제들에게 행복의 태양을 비출 수 있는 뽀루뚜가와 같은 사람이 되기를 꿈꾸며 두 번째 읽기를 마쳤다. 그리고 이제는 말할 수 있다. 이 책은 동심을 잃어버린 어른들이, 아이들의 동심을 지켜주어야 하는 어른들이 꼭 읽어야 하는 명작이라고!

– 홍은미 (인천 용현초 교사)

함께 읽으면 좋은 책

『새피의 천사』 힐러리 매케이 지음, 전경화 옮김, 책과콩나무 (6학년 이상)

『저 하늘에도 슬픔이』 이윤복 글, 이희재 그림, 주니어김영사 (5학년 이상)

『저 하늘에 이 소식을』 이윤복 글, 김세현 그림, 산하 (5학년 이상)

『밉스 가족의 특별한 비밀』 인그리드 로 지음, 김옥수 옮김, 주니어랜덤 (5학년 이상)

『마틸다』 로알드 달 지음, 김난령 옮김, 시공주니어 (4학년 이상)

3 문제를 해결하려 들지 말고 공감하자

『얼굴 빨개지는 아이』
장 자끄 상뻬 글·그림, 김호영 옮김, 열린책들, 2009

어린아이 시절엔 하루하루가 미처 알아차리기도 전에 흘러가 버린다.

한 달 한 달도 마찬가지이고…… (85쪽)

　　마르슬랭은 얼굴이 빨개지는 병에 걸렸다. 아무도 고치지 못하는 데다가 얼굴이 빨개지는 순간을 예상할 수도 없어 점점 외톨이가 된다. 르네 라토 역시 이유 없이 재채기하는 희한한 병에 걸렸다. 다르다는 이유로 외톨이가 된 두 사람이 만나면 어떨까? 마르슬랭이 르네 라토를 만난 날 둘 다 밤새 잠을 이루지 못했다. 둘은 서로에게 좋은 친구가 된다. 시간이 흘러 마르슬랭과 르네 라토는 부모가 된다. 마르슬랭과 르네 라토의 자녀들도 같은 병에 걸렸다는 걸 알지만 낙심하지 않는다. 자기들처럼 잘 이겨낼 거라 믿는다.

독서반에도 얼굴 빨개지는 아이가 있다. 떨려서, 틀릴까 봐, 생각이 안 나서 말하기 두려워한다. 말할 때는 괜찮다가 글 쓸 때만 재채기를 해대는 아이도 있다. 글 쓰자는 말만 들어도 마음 졸이고 힘들어한다. 마르슬랭과 르네 라토가 이런 아이들에게 친구가 되어줄 수 있겠다. 『얼굴 빨개지는 아이』는 121쪽으로 짧다. 그림이 많아서 30분이면 읽는다. 그렇지만 짧아서가 아니라 여백이 많아서 좋은 책이다. 사람들과 달라서, 눈에 띄는 어려움을 갖고 있어서 힘들어하는 사람에게 좋은 책이다.

행복한 독서토론, 이렇게 준비했어요

첫째 시간 : 배경지식 파악을 위한 질문

1. 줄거리를 간단하게 줄여 써보자.
2. 마르슬랭이 겪은 일을 순서대로 적어보자. 적은 내용을 보며 무얼 알 수 있을까?
3. 마르슬랭이 르네 라토와 친구로 지낸 까닭을 한 문단으로 써보자.
4. 아이들이 중요하게 여기는 것과 어른들이 중요하게 여기는 것은 많이 다르다. 어떤 점이 다른지 각각 적어보자.
5. 지금 우리가 심각하게 여기는 일을 어른들이 별것 아니라고 말한다. 우리가 어른이 되어서 어린 시절을 돌아본다면 "그때 참 별것 아닌 일로 괜히 고민했네."라고 말할 수도 있다. 어떤 일에 대해 이런 생각을 할까?

6. 마르슬랭은 얼굴이 빨개졌다. 르네는 어디에서나 재채기했다. 사람들은 둘의 행동을 이상하게 생각했다. 여러분과 친구 중 이상하게 보이는 행동을 하는 경우를 찾아 소개해보자.

7. 장 자끄 상뻬는 '꼬마 니꼴라'라는 유명한 시리즈를 지은 작가다. 『얼굴 빨개지는 아이』처럼 단순한 이야기다. 이런 이야기를 책으로 내는 까닭이 무엇일까?

둘째 시간 : 내용 파악하고 깊이 생각하기

1. 그는 자신에게 몇 가지 질문을, 아니 그보다는 항상 똑같은 내용의 질문 하나를 던지곤 했다. "왜 나는 얼굴이 빨개지는 걸까?(12~13쪽)" 여러분은 스스로에게 자주 던지는 질문이 있나?

2. "마르슬랭은 외톨이가 되어 갔다. …… 아이들이 자기 얼굴 색깔에 대해 한 마디씩 하는 것이 점점 견디기 힘들어졌기 때문이다.(19쪽) 그래서 그는 혼자 노는 것을 더 좋아하게 되었다.(20쪽)"

    2-1. 여러분이 가장 듣기 싫은 말은 무엇이며, 그때 어떻게 반응하는가?

    2-2. 혼자 있고 싶은 때가 있나? 언제인가?

    2-3. "사람에겐 혼자 있는 시간이 필요하다. 왜냐하면"에 이어질 말을 100자 내외로 써보자.

3. 마르슬랭과 르네가 친해진 까닭을 자세하게 찾아보자.

4. 마르슬랭은 어릴 적에 친구를 잘 사귀지 못했다. 그러나 시간이 흐른 뒤에는 친구를 쉽게 사귀는 것처럼 보인다. 어떻게 된 일일까?

    4-1. 친구를 사귀는 데 필요한 기술이 있을까? 특별한 방법이 있어야 할까?

    4-2. 꼬마 때 친구를 사귀는 방법과 나이가 들면서 친구를 사귀는 방법이 달라질까?

4-3. 어떤 친구가 좋은 친구일까?

4-4. 한번 친구는 영원한 친구이다. 찬성하는가? 반대하는가?

4-5. 멋진 친구가 나오는 책을 읽거나 이야기를 들은 적이 있으면 소개해보자.

5. 마르슬랭과 르네는 헤어졌다가 한참 뒤에 다시 만났다. 그때 둘은 어떻게 행동했나?

5-1. 여러분이 어른이 되었을 때는 지금과 많이 다를 것이다. 초등학교 친구들과 헤어지고 부모님을 떠나 다른 곳에서 살고 있을 것이다. 삼척이나 강원도를 떠나 살 수도 있다. 그때 여러분이 '아, 다시 만나고 싶다. 다시 보고 싶다'고 말한다면 누구를 그리워할지, 또는 무엇을 그리워할지 생각해보자.

6. 장 자끄 상뻬는 왜 이 책을 썼을까? 무얼 말하고 싶어서 썼을까?

셋째 시간 : 우리 이야기로 확장하기

1. "이봐, 자네 혹시 알아차리지 못했나? 우리 큰아들 로베르 말야. 정확히는 모르겠는데 그 애도 별 이유 없이, 그렇게 재채기를 하는 것 같아. 그것도 꽤 자주. 이상하지?" "그러게. 이상하네. 그 애가 왜 그러는지 나도 궁금하군. 근데 미셸도 마찬가지야. 가끔 얼굴이 빨개지거든. 아주 빨개져. 참 이상하지." "잘 이겨낼 거야." "그럼 잘 이겨내겠지."

1-1. 마르슬랭과 르네의 자녀는 어떤 고민을 하며 살아갈까?

1-2. 그때 마르슬랭과 르네는 어떻게 도와줄 수 있을까?

1-3. 만약 마르슬랭과 르네가 자녀의 고민을 한 번도 겪어보지 않았거나 모른다면 어떻게 될까?

1-4. 여러분은 고민을 누구와 이야기하나? 부모님은 여러분 고민을 듣고 함께 해결해나가는 분인가?

1-5. 살아가면서 지금, 또는 미래에 여러 가지 어려운 일을 겪을 것이다. 그때 어떻게 해결할까? 누구에게 도움을 요청할까?

2. 『얼굴 빨개지는 아이』에서 어른들과 아이들이 중요하게 여기는 것이 다르다. 무엇이(예 : 혼자 있는 시간, 친구(친구 사귀기, 좋은 친구), 그리워하게 될 것, 고민) 어떻게 다른지 나누어보자.

3. 우리가 나눈 이야기 중 한 가지를 골라 글을 써보자.

작가가 책을 쓴
의도를 알아보자

책을 읽은 소감을 나누었다. 우정, 친구, 만남을 생각했다고 한다. 내용이 짧지만 쉽게 생각할 책은 아닌 것 같다고 한다. 맞다. 짧다고 가볍게 보면 안 된다. 『얼굴 빨개지는 아이』는 『어린왕자』처럼 여백이 많은 책이다. 읽기 쉽지만 생각할 내용이 많다. 어린이를 위한 책인 것 같지만 어른이 읽어도 만만찮은 책이다. 이런 책은 작가의 의도가 중요하다. 짧고 쉬운 이야기 안에 작가가 어떤 생각을 담으려 했는지 알아야 한다. 시를 읽듯 천천히, 책에 담긴 의미를 생각해야 한다.

책은 재미로 읽고 의미로 읽는다. 의미만 따져도 안 되고 재미만 생각해도 안 된다. 재미있지만 의미가 없는 책이 있다. 잠시 사람들 눈을 사로잡지만 금방 사라지는 책이다. 가볍고 재미있어서 읽기 편하지만 깊이 생각할 게 없는 책이다. 돈 주고 살 필요가 없는 책이지만 사람들이 많이 사는 책이다.

깊은 의미를 담았지만 재미없는 책도 있다. 뜻이 깊어서 거듭 읽을수록 맛이 우러나지만 사람들이 읽지 않는다. 재미가 없거나 어려워서 책을 좋아하는 몇몇 사람들 입에만 오르내리는 책이다. 곁에 두고 꾸준히 읽어야 할 책이지만 사람들이 사지 않는 책이다. 재미있으면서 의미도 깊다면 금상첨화일 것이다. 『얼굴 빨개지는 아이』가 이런 책이다.

나는 줄거리 쓰기를 시키지 않는다. 핵심내용을 찾기 위해서 한두 문장으로 요약할 때가 있지만 책 내용 전체를 요약하는 줄거리는 쓰지 않는다. 독서 감상문에 줄거리를 쓰는 습관을 버리게 하기 위해서이다. 그러나 『얼굴 빨개지는 아이』는 내용이 짧아서 부담이 적기 때문에 줄거리를 썼다. 아이들의 줄거리 요약 실력을 알아보고 싶기도 했다. 아이들 모두 줄거리를 잘 요약했다.

『얼굴 빨개지는 아이』는 작가의 의도가 잘 드러난 책이다. 작가가 책을 쓴 까닭을 알아보려고 마르슬랭이 겪은 일을 순서대로 적었다. 내용이 쉽고 짧아서 잘 찾는다. '얼굴이 빨개지는 마르슬랭이 친구 없이 지내다가 재채기하는 르네를 만나 친구가 되고, 르네가 이사해서 슬퍼하고, 어른이 되어서 우연히 르네를 다시 만나고, 함께 자녀를 키우며 계속 좋은 친구로 지낸다.' 줄거리만 봐도 작가의 의도가 드러난다.

작가의 의도를 알아보려고 마르슬랭이 겪은 일을 통해 알 수 있는 사실을 찾아보았다. '비슷한 사람끼리 친구가 된다. 특별한 만남이 있다'고 대답한다. 우리는 모두 부족하기 때문에 서로 이해하고 친구로 살아가야 한다. 얼굴 빨개지는 아이 마르슬랭과 재채기하는 아이 르네가 친구가 되는 과정은 의미가 깊다. 외로움을 아는 친구가 서로를 보듬어주는 이야기, 도움이 필요한 사람을 대하는 태도, 친구를 사귀는 과정에 대해 생각하게 한다.

한 아이가 마르슬랭과 르네가 헤어졌다가 어른이 된 뒤에 다시 만난 일을 말하며 세상 좁다고 한다. 다른 아이들도 예상치 못한 곳에서 우연히 친구를 만났던 이야기를 한다. 아이들 경험을 들으면서 신기했다. 아이들이 늘 비슷한 공간을 오가는 것 같지만 뜻밖에 여러 가지 일을 겪고 있다. 마르슬랭과 르네가 현실에서 만나기 어려운, 책에나 나오는 사람이 아니었다. 아이들 주변에도 마르슬랭과 르네를 닮은 친구가 많다고 한다. 왕따를 당하는 친구, 이해 못 할 행동을 하는 친구…….

아이들이 말한 내용을 정리해서 다시 물었다. "우리와 다르지만 피해를 주지 않는 친구, 피해를 주지만 자기도 모르게 그러는 친구, 피해 주는 줄 알면서도 괴롭히는 친구가 있다고 하자. 어디까지 이해할 수 있어?" 남자아이들은 피해 주지 않는 친구만 인정한다. 여자아이들은 일부러 그러는 게 아니라면 피해를 줘도 받아주겠다고 한다. 어른은 어떨까 하니 때로는 일부러 피해 주는 사람도 받아준다고 한다. "설마? 일부러 그러는데 어떻게 가까이 지내냐?" 하니 자기 부모님이 그렇다고 대답한다.

남자는 현실적인 판단을 중요하게 여긴다. 마음에 들지 않으면 안 만나면 그만이다. 여자는 다르다. 관계를 중요하게 생각하기 때문에 끙끙대면서도 만난다. 어른은 아이보다 성숙했고, 사회생활을 하다 보면 쉽게 맺고 끊지 못한다. 그래서 아이들과 달리 피해를 주는 사람도 만난다고 대답한다. 어른과 아이가 다르다는 말을 하다가 자연스럽게 부모와 자녀가 생각이 달라 갈등이 생긴다는 이야기로 넘어갔다.

"너희들은 무엇을 중요하게 생각해?" 친구 관계, 휴대폰, 미래가 중요하다고 한다. "미래라고? 부모가 너희들 미래를 걱정해줘도 너희는 당장 오늘 즐거우면 좋다고 하잖아. 그런데도 너희가 미래를 중요하게 생각한다는 거야?" 하니 미래를 준비하는 문제를 걱정하지는 않지만 미래 자체는 중요하게 생각한다고 말한다. 아이들이 보기에 어른들은 돈, 성적, 직장, 결혼을 중요하게 여긴다고 했다.

"부모와 자녀가 중요하게 생각하는 게 다르잖아. 너희들이 심각하게 생각하는 일을 부모는 별것 아니라고 말하지. 그래서 마음이 맞지 않는 거잖아. 너희가 어른이 되면 '별로 중요하지도 않은 일로 괜히 고민했네!'라고 할 만한 대상이 있을까?" 하니 휴대폰을 말한다. 시간이 지날수록 후회할 물건이라고 인정하지만 지금은 휴대폰 없이 못 산다고 말한다. 이 문제는 부모와 함께 토론하면 좋겠다. 부모가 자녀의 말에 귀를 기울이고 '우린 같은 고민을 하고 있다'고 말해준다면 부모와 자녀 역시 마르슬랭과 르네처럼 함께 문제를 해결할 수 있지 않을까!

부모와 자녀가
함께 고민할 수는 없을까?

둘째 시간이다.

▌ "그는 자신에게 몇 가지 질문을, 아니 그보다는 항상 똑같은 내용의 질문 하나를 던지곤 했다. '왜 나는 얼굴이 빨개지는 걸까?'(12~13쪽)" 여러분은 자신에게 자주 던지는 질문이 있나? (질문 1)

고민과 걱정이 있으면 그 문제를 되풀이해서 생각하기 마련이다. 부모는 자녀의 성적을 걱정하고 자녀는 친구 관계를 걱정한다. 부모와 자녀가 자기 생각을 앞세워 서로의 생각을 무시하면 『얼굴 빨개지는 아이』의 고민을 누가 해결해줄까?

▌ "마르슬랭은 외톨이가 되어 갔다. …… 아이들이 자기 얼굴 색깔에 대해 한마디씩 하는 것이 점점 견디기 힘들어졌기 때문이다.(19쪽) 그래서 그는 혼자 노는 것을 더 좋아하게 되었다.(20쪽)" 여러분이 가장 듣기 싫은 말은 무엇인가, 그 말을 듣고 어떻게 반응하는가? (질문 2-1)

"공부해라, 키가 작다, 뚱뚱하다 살 좀 빼라."라고 대답할 줄 알았는데 아침에 일어나라고 깨우는 소리가 가장 듣기 싫다고 한다. 문득 오래전에 제자가 쓴 시가 생각났다. 시를 쓴 1998년이나 20여 년이 지난 지금이나 아침마다 전쟁이다. 시를 읽어주니 정말 그렇다고 좋아한다. 이런 건 공감하지 않아도 되는데…….

아침마다 전쟁

최현숙 (삼척남초등학교 6학년)

우리 집은 아침마다 전쟁!

언니들은 조금이라도 늦으면 난리가 난다.

엄마가 조금이라도 늦잠을 자면 자는 엄마를 흔들어 깨운다.

다 나가서 '끝났구나!' 하면

저 멀리서 "엄마!" 하는 소리가 들린다.

시계 찾으러 오고 도시락 가지러 온다.

그러면 전쟁은 끝난다.

▌ 마르슬랭처럼 혼자 있고 싶을 때가 있나? (질문 2-2)

짜증 날 때, 슬플 때, 피곤할 때라고 한다. 그때 부모가 곁에 있다면 더 짜증 난다고 대답한다. '혼자'를 방해하는 가장 큰 원인이 부모라고 한다.

▌ "사람에겐 혼자 있는 시간이 필요하다. 왜냐하면"에 이어지는 문장을 쓰자.

(질문 2-3)

장채영 : 피곤하기 때문이다. 내 자유를 위해서 혼자 있어야 한다.

유어진 : 혼자만의 휴식이 필요하기 때문이다.

최윤정 : 복잡한 마음과 머리를 정리하기 위해서다.

부모는 자녀가 자라면서 부모에게서 멀어지기 때문에 점점 외톨이가 된다. 자녀가 자기들만의 세계로 떠나고 부모만 남는다. 자녀도 마음을 몰라주는 부모 앞에서 외톨이다. 서로 관심사가 다르고 상황을 대하는 방식이 다르다. 부모와 자녀 모두 행복한 미래라는 같은 문제를 고민하지만 상대방이 관심을 두지 않는 걸 묻는다. 얼굴이 빨개지는 현상(친구 관계)과 재채기하는 현상(성적)이 같은 고민이라고 생각하면 서로 도와주며 친구가 될 텐데 부모와 자녀 사이에는 이게 어려운가 보다.

▌ 마르슬랭과 르네가 어떻게 친해졌을까? (질문 3)

얼굴 빨개지고 재채기하는 약점이 같아서, 같은 아파트에 살아서, 르네가 황달과 홍역을 앓을 때 그걸 먼저 앓은 마르슬랭이 도와줘서, 같이 다녀서, 비슷한 궁금증을 갖고 있어서……. 아이들의 대답을 다섯 가지(①동질감 ②가까이 사는 것 ③도움 ④같이 다님 ⑤같은 고민)로 정리하고 무엇이 가장 중요한지 물었다. 대부분 동질감, 같이 다님을 선택했다. 좋아하는 연예인이 같거나 게임을 같이 하면 친구가 된다. 그럼 부모와 자녀가 서로를 이해하기 정말 힘들겠다. 동질감을 느끼지 못하고 같이 다니지도 않으니까.

"어른들은 어떻게 친해질까?" 물었더니 도움을 주고받아야 친구가 된다고 말한다. 나는 친구를 그렇게 만나지 않았다. 다른 어른도 도움을 주고받으며 친구가 되기보다 동질감 때문에, 같은 일(직업이건 취미건)을 하기 때문에 친구가 된다. 부모도 똑같은 사람인데 자녀는 부모가 자신들과 다른 방법으로 친구를 사귀리라 생각한다.

"마르슬랭이 꼬마였을 때는 얼굴 빨개지는 현상이 친구 관계에 크게 영향을 끼치지 않았어. 꼬마들은 금방 친해지잖아. 그런데 커지면서 친구가 줄어 들었어. 너희는 독서반에서 만난 지 6개월이 지났잖아. 친해? 서로 편하게 말해?" 아니라고 한다. 꼬맹이 때는 아무 생각 없이 그냥 놀면 친구가 되는데 지금은 어색하다고 한다. 꼬맹이 때는 '놀이'가 중심이고 열세 살은 '공감'이 중심이다. 서로 공감하지 않으면 친구가 되기 어렵다.

▌ 마르슬랭이 꼬마였을 때는 친구가 많았지만 점점 친구가 줄어든다. 그러다가 다시 어른이 되면 친구가 많아진다. 어떻게 된 일일까? (질문 4)

르네와 친구가 되면서 친구 사귀는 방법을 알았다. 나이가 들면서 서로 이 해하는 마음이 늘었다고 한다. 어떤 친구가 좋은 친구일까? "공통점이 많은 친구, 서로 이해하는 친구"라고 말한다.

『베니스의 상인』에서 안토니오와 바사니오는 진정한 친구의 대명사로 꼽 힌다. 그러나 셰익스피어는 둘이 어떻게 친구가 되는지 알려주지 않는다. 알려준다고 해도 각자 친구를 사귀며 직접 겪지 않으면 소용없다. 부모와 자녀가 서로를 이해하는 일도 직접 겪어야 한다.

▌ 장 자끄 상뻬가 왜 별것 아닌 이야기를 책으로 냈을까? (질문 6)

흥미로운 이야기도 아니고 20분이면 읽는 짧은 책에 전 세계 독자들이 빠 져든 까닭을 적었다.

- 친구의 중요성과 소중함을 알리고 싶어서 쓴 것 같다. 나와 달라도 이해하라 고 책을 썼다.

- 그도 그만한 놀림을 받았고 외톨이였지만 친구를 만나 극복하고 작가가 되었 다. 사람들에게도 희망이 있다는 걸 말해주려고 책을 썼다.

– 사람은 마음이 맞는 진정한 친구를 만들어야 한다. 누구에게나 단점이 있고 문제가 있다. 그 문제 때문에 관계와 믿음이 깨질 수 있다. 그렇지만 서로의 단점을 이해하고 감싸주는 진정한 친구 한 명만 있으면 자신의 단점을 보고도 상처 입지 않을 수 있게 된다.

만약 자녀에게
같은 문제가 생긴다면?

셋째 시간이다. 마르슬랭과 르네는 왜 자기들에게만 이런 일이 생기는지 계속 고민했을 것이다. 친구 관계에 크게 영향을 주는 일이어서 힘들고 괴로웠을 것이다. 이겨내기는 했지만 과정이 쉽지 않았다. 그런데 마르슬랭과 르네의 자녀에게 같은 문제가 생겼다. 둘 다 그리 심각하게 생각하지 않는다. "잘 이겨낼 거야." "그럼 잘 이겨내겠지."(120~121쪽)

잘 이겨낼 거라는 반응을 어떻게 생각하는지 물었더니 모두 동의한다. "겪지 않은 일이라도 도와줄 수 있다. 어른은 그냥 나이 먹는다고 되는 게 아니다. 여러 가지 일을 겪은 후 생각하는 능력을 길러서 겪지 않은 일이라도 판단할 수 있다."라고 말한다. 맞는 말이지만 안타까워하는 부모의 마음을 깊이 생각하지 않고 쉽게 대답하는 것 같다. 더 깊이 이야기를 나누고 싶었다. 순간 엉뚱한 질문이 팍 떠올랐다.

선생님 젊은 선생님이 좋아? 나이 든 선생님이 좋아?

아이들 젊은 선생님이 잘 통해서 좋아요.

선생님 그럼 나이 든 선생님은 뭐가 부족해?

아이들 우리 말 안 들어요, 고리타분해요, 실습 같은 거 할 때 정해진 대로만 해요, 새로운 걸 안 해요, 규칙대로만 해요.

선생님 젊은 선생님은 친구 같아서 좋다는 거지. 마음이 통해서 좋다고 한 젊은 선생님에겐 단점이 없을까?

한 아이가 5학년 때 신규 선생님을 만난 경험을 말한다. 아이들이 말을 안 들어서 공부를 제대로 못했다고 한다. 아이들 때문에 선생님이 자주 울었다고 한다.

선생님 친구 같아서 좋지만 문제가 생길 때 해결할 능력이 없는 거잖아. 나이 든 선생님이 담임이라면 어땠을까?

아이들 문제 해결은 잘하는데 마음이 안 통해요.

아이들에게 "경력이 많은 모든 선생님이 문제를 잘 해결하고 젊은 선생님이 공감을 잘한다는 말은 아니야. 부모와 자녀의 관계를 생각하기 위해 하는 말이지 이걸 일반화하지는 말자."라고 당부하고 다시 물었다.

선생님 여러분이 어떤 일을 벌이면 부모님이 받아들이지 못할까? 그런 일이 뭐가 있을까?

아이들 ……

선생님 가출은 어때?

아이들 이해하실 거예요.

나는 부모가 가만있지 않을 거라는 대답을 예상했는데 그렇지 않다. 물론 내 자녀가 가출해도 문제를 해결하려고 애쓸 것이다. 왜 가출하게 되었는지 원인을 찾고, 원인이 내게 있다면 고치려 할 것이다. 아이들 말을 듣고 보니 그렇다. 겪지 않은 일이나 심지어 예상치 못한 일이라도 해결해주려고 노력하겠지. 그러나 해결해주려는 마음만으로는 일이 해결되지 않는다. 정말 중요한 하나가 더 필요하다.

▌ 마르슬랭과 르네가 겪어보지 않은 일을 자식이 고민한다면 어떻게 될까?

(질문 1-3)

어떻게든 해결 방법을 찾으려 할 거라 한다. 부모라면 해결해주려고 노력할 거라고 한다.

선생님 맞아. 어른들은 배우거나 겪지 않아도 해결 능력이 있어. 젊은 선생님, 나이 든 선생님 이야기를 기억해보자. 해결 능력이 중요하다면 나이 든 선생님을 원해야 하잖아. 안 그런 이유가 뭐지?

아이들 공감 능력이요.

선생님 겪어본 사람과 그렇지 않은 사람은 다른 사람이 고민하는 문제를 해결해주려 할 때 공감하는 정도가 다를까?

아이들 ……

선생님 여러분은 고민이 있어? 걱정은 있어?

아이들 시험이요.

선생님 시험 앞두고 부모님이 뭐라고 해?

아이들 평상시처럼 하면 된다고 해요

선생님 그건 공감이야? 문제 해결이야?

아이들 문제 해결이요.

선생님 도움이 돼? 문제 해결 방법을 들었으니 문제를 해결할 수 있어?

아이들 잔소리하지 않고 평상시처럼 하라는 말만 해도 다행이지만 여전히
걱정돼요.

선생님 '평상시처럼 해라, 미리 준비하면 된다, 차분히 해라, 문제를 두 번
씩 꼼꼼하게 읽어라.' 모두 좋은 해결 방법이야. 하지만 문제를 해
결하지 못해. 뭐가 필요하지? 문제 해결 능력으로 걱정을 없애지
못한다는 내 말을 들으니 어때?

아이들 좋아요.

선생님 왜?

아이들 우리 마음을 알아주니까요!

아이들은 '평상시처럼 해라. 문제를 두 번 읽어라.' 이런 말이 도움이 안
된다는 말만 들어도 좋다고 한다. 나는 부모가 하는 말이 좋은 해결책이 아니
라는 말을 했을 뿐인데 아이들이 공감한다. 비록 어떤 일을 먼저 겪어서 문제

를 해결할 수 있다고 해도 공감하지 않고 자기 생각을 내세워 문제를 해결하려 들면 상대방이 듣지 않는다. 비록 문제 해결 능력이 부족하다고 해도 공감하며 다가가면 듣는다. 부모는 전자처럼 하고 친구는 후자처럼 한다. 그래서 아이들은 고민이 생기면 친구를 찾아간다.

선생님 이 책이 왜 이렇게 많이 팔렸는지 첫째 시간, 둘째 시간 계속 물었지? 친구 사귀는 법을 알려주기 때문일까? 아니지. 공감 능력이야! 어떤 친구가 좋아?
아이들 마음이 통하는 친구요.
선생님 지난 시간에도 말했잖아. 부모님은 어떤 친구 사귀라고 하셔?
아이들 공부 잘하고, 모범생이고…….
선생님 그래서 갈등이 일어나는 거지. 마음이 통한다고 아무 친구나 사귀면 안 된다는 건 알잖아. 마음이 통한다는 건 정말 중요해. 음악, 그림, 영화 모두 마음이 통하기 때문에 보잖아. 글도 마찬가지야. 마음이 통하는 글이 좋은 글이야. 문제를 해결하는 방식이 아니라 읽는 사람이 공감하도록 글을 써야 해.

그리고 글을 썼다. 예찬이 글 첫 문장에 반했다. '누구에게나 고민은 있다.' 공감한다. 아이들에게 첫 문장만 읽어주었더니 "와!" 한다. 예찬이는 같은 내용을 되풀이해서 썼다. 개요짜기를 배우면 고쳐진다. '~수 있다'는 표현이 많다. 고쳐쓰기를 하면 문장이 깔끔해진다. 공감이 중요하다는 말이 잘 전해지려면 예찬이 경험을 써야 한다. 글을 많이 써보면 된다. 예찬이는 글을 잘 쓸 것이다. "누구에게나 고민이 있다."라는 문장으로 글을 시작하는 마음을 잃지 않는다면…….

　　누구에게나 고민은 있다. 사람들은 고민을 해결하려고 다른 사람을 찾아다닌다. 이때 고민을 두 가지로 나눌 수 있다. 해결할 수 있는 고민, 해결할 수 없는 고민. 해결하지 못할 문제는 할 수 없는 것을 알면서도 사람을 찾는다. 위로받고 싶어 하기 때문이다. 위로를 받으려면 서로 공감해야 한다. 공감하려면 문제를 겪어봐야 한다. 겪어보지 못한 사람은 문제를 해결하려고만 하지 사람을 잘 이해해주지는 못하기 때문이다.

　　사람들은 공감하는 사람들끼리 친구가 된다. 서로 공감하면 잘 이해하고 잘 알아주기 때문이다. 책에 나오는 마르슬랭은 얼굴이 빨개지는 병에 걸리고 르네는 이유 없이 재채기를 한다. 서로 친구가 없는 아픔을 겪기도 하고 친구들이 자신을 싫어하는 것을 느낄 때가 있었다. 서로 겪어보았기 때문에 이해하고 공감해서 친구가 되었다. 이해하지 못하는 사람들은 친한 친구가 되기 힘들다. 사람들은 자신을 위로해주고 격려해주는 사람과 친구가 되고 싶어 하고 친해지고 싶어 한다. 그렇다면 서로 공감해야 한다. 나도 서로 공감하는 애들과 친구가 되어 있다. 서로 공감하는 것이 있으면 같은 마음이 되고 같은 생각을 해서 친해지기 때문이다.

　　나이가 다르더라도 친구가 될 수 있다. 내가 읽었던 『나의 라임오렌지나무』에서는 제제와 뽀르뚜가는 서로 나이 차이가 크게 났지만 서로 공감해서 친구가 될 수 있었다. 아이의 고민을 들어주고 더 많은 경험과 위로를 해주고 문제를 더 잘 해결해줄 좋은 친구가 될 수 있다.

사람은 서로 공감하는 사람들끼리 친구가 된다. 나이가 달라도 성별이 달라도 서로 공감만 한다면 친구가 될 수 있다. - 이예찬 (6학년, 남)

함께 읽으면 좋은 책

『점』 피터 H. 레이놀즈 글·그림, 김지효 옮김, 문학동네어린이 (1학년 이상)

『느끼는 대로』 피터 H. 레이놀즈 글·그림, 엄혜숙 옮김, 문학동네어린이 (1학년 이상)

『어린 왕자』 앙투안 드 생텍쥐페리 지음, 김경미 옮김, 책만드는집 (5학년 이상)

『자전거를 못 타는 아이』 장 자크 상뻬 글·그림, 최영선 옮김, 열린책들 (4학년 이상)

『꼬마 니콜라』(전 5권) 르네 고시니 글, 장 자크 상뻬 그림, 문학동네어린이 (고등학생 이상)

『우리 아빠는 엉뚱해』 파트릭 모디아노 글, 장 자크 상뻬 그림, 이세욱 옮김, 열린책들
    (5학년 이상)

『좀머씨 이야기』 파트리크 쥐스킨트 글, 장 자크 상뻬 그림, 유혜자 옮김, 열린책들
    (고등학생 이상)

4 책 내용을 삶에 적용하자

『위험한 비밀 편지』
앤드루 클레먼츠 지음, 이원경 옮김, 비룡소, 2011

애비는 편지를 들고 일 분 넘게 그대로 앉아 있었다. …… 이건 옆집이 로켓에 맞아 폭발하고, 밤에는 눈사태 소리가 울려 퍼지는 곳에 사는 여자애가 보낸 편지다. 애비에게는 전혀 새로운 경험이었다. (87쪽)

아이들이 『위험한 비밀 편지』 제목을 보고 탐정소설, 추리소설이냐며 즐거워한다. 새 책을 정할 때마다 아이들은 재미를 따진다. 그래서 『위험한 비밀 편지』를 밝은 얼굴로 대한다. 그동안 읽은 책 분위기가 무거웠나보다. 가벼운 책이라고 해도 아이들 삶이나 사회 현상과 연결해서 고민을 끌어내려고 했으니 무겁게 느꼈을 것이다. '위험한 비밀'을 다루는 내용이라면 무조건 좋다고 한다.

일주일 뒤, 잔뜩 기대했던 아이들이 실망한 표정으로 모였다. 추리소설이 아닌 건 참을 만하지만 내용이 너무 허무하다고 한다. 바로 앞서 읽은『책벌레들의 비밀 후원 작전』에 나오는 아이들은 아프리카 아이에게 보낼 후원금을 모으려고 아기를 돌보고 샌드위치를 판다. 위기를 맞기도 하지만 결국 아프리카에 가서 아이를 만난다. 그러나 '위험한' 이 책은 편지 네 번 쓰고 끝이다. 직접 찾아가기는커녕 아무 일도 일어나지 않는다. 황당한 게 맞다. 아이들 기대에 어긋난 책을 어떻게 토론할까?

 행복한 독서토론, 이렇게 준비했어요

첫째 시간 : 내용 파악을 위한 질문

1. 애비가 어떤 운동을 좋아할까? 왜 이 운동을 좋아할까?

   1-1. 애비가 이 운동을 하면서 마지막으로 무엇에 도전할까?

2. 애비가 상담실에서 들은 최악의 소식이 무엇일까?

3. 애비가 최악의 소식을 극복하기 위해서 해야 할 일 두 가지를 말해보자.

4. 애비가 받은 특별 과제가 무엇일까?

   4-1. 애비가 특별 과제에서 선택한 내용에 나오는 세 나라는 어디인가? 그 나라를 고른 까닭을 써보자.

5. 애비의 가족과 사디드의 가족을 비교해보자.

6. 사디드가 처음 편지를 보내며 그린 그림은 무엇일까?

7. 애비가 교실 게시판에 붙여놓은 것들을 모두 써보자.

8. 애비가 두 번째 편지를 두 통 받은 까닭은 무엇일까?

9. 사디드와 애비가 서로에게 보낸 물건을 소개해보자.

10. 사디드가 집으로 돌아가면서 편지 때문에 겪은 어려움은 무엇일까?

　10-1. 위의 사건 이후 마을회의에서 어떤 결정을 내리는가?

11. 애비가 게시판에서 아프가니스탄 국기를 떼어낸 이유가 무엇일까?

12. 애비가 특별 과제 마지막 발표를 할 때 아이들 대부분은 지겨워한다. 그러다가 애비가 '부즈카시'라는 전통 스포츠를 소개할 때 관심을 보인다. 어떤 스포츠일까?

13. 애비가 사디드의 마지막 편지를 받고 혼자 몰래 한 일은 무엇일까?

14. 사디드의 마지막 편지에서 사디드는 무엇을 했다고 썼나?

15. '신의 미소'가 무엇일까?

둘째 시간 : 내용 이해를 위한 찬반 토론

1. 사디드와 애비가 사는 곳의 차이점을 최대한 많이 찾아보자. (두세 명씩 짝 지어 조사하기)

　• 기준 : 종교, 전쟁, 기후, 경제, 성차별, 정치 형태, 전자기기, 인구밀도, 인종, 언어, 산업, 음식, 화폐, 지형

2. 찬반 토론을 해보자.

　2-1. 유급제도가 필요하다 : 애비는 과제를 제대로 하지 않고 시험 결과가 좋지 않아 유급을 당할 위기에 처한다. 유급제도가 필요할까?

　2-2. 사디드가 몰래 편지를 보낸 일은 정당하다 : 사디드가 편지를 보낸 일은 바른 행동일까? 마을 어른들 회의 결과로 보면 잘못된 일이고, 애비 입장에서 보면 잘된 일이다. 여러분은 어떻게 행동하겠는가?

2-3. 애비가 아미라의 편지만 게시판에 걸어놓는 것은 정당하다 : 애비가 사디드에게 받은 편지를 감추고 동생 아미라의 편지만 게시판에 걸어놓는다. 이것은 선생님과 약속한 원칙에 맞는 일일까?

셋째 시간 : 내용을 깊이 이해하기 위한 질문

1. 사디드와 애비가 쓴 편지의 차이점을 이야기해보자.

    1-1. 우리가 누구와 편지를 하면 위험한 비밀 편지가 될까? 그럴 만한 상대가 있을까?

2. 애비의 편지를 받고 아프가니스탄 마을에서 회의가 열린다. 아미라가 편지를 쓰기로 하고 사디드는 번역만 도와주기로 한다. 그러나 사디드는 아미라의 편지 외에 다른 편지를 보낸다. 왜 다른 편지를 보냈을까?

3. 지금까지 여러분이 가장 소중하게 간직하는 편지는 무엇인지 소개해보자.

4. 사디드와 애비는 다른 문화에서 자랐기 때문에, 서로 이해하려면 각자의 문화를 이해해야 한다. 사디드와 애비는 서로를 이해할 수 있을까? 서로 이해하고 있다는 사실이 편지에 어떻게 나타날까?

5. '빠르고 차가운 이메일, 손편지로 바꿔드려요' 기사와 책 190~192쪽을 읽고 이런 서비스가 필요한지, 필요하다면 이유를 말해보자. (글은 본문에 제시)

넷째 시간 : 글쓰기

1. 독서 감상문을 써보자.

2. 독서논술 : 손글씨로 편지를 써주는 서비스가 필요하다. 사디드와 애비의 편지를 예로 들어 논술해 보자.

작품의 배경을 알면
더 깊이 이해한다

애비가 공부를 제대로 하지 않아 유급을 당할 위기에 처하자 선생님이 특별 과제를 준다. 미국에 사는 애비는 아프가니스탄에 대해 전혀 모르면서 편지 한 장 보내면 되겠거니 하는 마음에 펜팔을 과제로 선택하고 편지를 보냈다. 그러나 아프가니스탄에서는 마을 어른들이 애비의 편지를 놓고 심각하게 회의를 한다. 적대국인 미국에서, 여학생이 편지를 보냈으니 당연하다. 아프가니스탄에서는 남녀가 함부로 편지를 주고받으면 안 된다. 사디드가 영어를 가장 잘하지만 남자이기 때문에 여동생 아미라 이름으로 편지를 쓰기로 한다.

애비는 아프가니스탄에서 어떤 일이 일어나는지 전혀 몰랐다. 아프가니스탄이 멀리 떨어진 나라일 뿐이고, 아프가니스탄 사람들도 자신과 비슷하게 살아갈 것으로 생각했다. 그렇기 때문에 자기가 보낸 편지가 '위험한 비밀 편지'가 되리라고는 꿈에도 몰랐다. 그저 편지 한두 번 보내서 유급을 피하면 된다고 생각했다. 그래서 아프가니스탄이 어떤 곳인지 알아보지도 않고 대충 편지를 썼다.

대한민국에 살면서 미국과 아프가니스탄 아이가 서로에게 쓴 편지를 읽는다면 이해하기 더 어렵다. 우리는 미국과 달리 유급제도가 없고, 실내체육관에 암벽 타기 시설이 되어 있지도 않다. 애비가 사는 곳처럼 넓은 평야도 없다. 아프가니스탄처럼 폭탄이 터지지 않으며, 편지를 쓸 때 마을 어른의 허락을 받지 않아도 된다. 애비가 아프가니스탄을 모른 것보다 우리 아이들이 책의 배경을 더 모른다. 그래서 『위험한 비밀 편지』가 전혀 위험하게 느껴지지 않았다.

미국과 아프가니스탄을 모르면 『위험한 비밀 편지』는 위험도 없고 비밀도 없는 이상한 편지가 된다. 두 나라의 역사, 외교 관계, 사람들이 살아가는 모습을 알아야 책을 이해한다. 책을 제대로 읽으려면 배경을 알아야 한다. 작가가 살았던 시간과 공간을 알면 책 내용을 더 깊이 이해할 수 있다.

등장인물의 마음을 느끼며
읽어야 한다

첫째 시간에는 책을 어떻게 읽었는지 확인했다.

▍ 애비가 어떤 운동을 좋아할까? 왜 이 운동을 좋아할까? (질문 1)

애비가 사는 일리노이 주에는 산이 없다. 아이들은 미국에 산이 없는 주가 있다고는 상상도 못 했다고 한다. 애비는 산이 없는 곳에 살기 때문에 산에 가고 싶어 한다. 그래서 암벽 타기를 연습한다. 갖지 못하고, 보지 못하기 때문에 더 갖고 싶고 보고 싶은 대상이 있는지 물었다. 생각한 적이 없다고 한다. 가보지 못한 곳에 가는 꿈을 꾸며 노력하는 애비와 달리 우리 아이들은 생각조차 하지 않았다. 왠지 답답하고 슬프다.

▍ 사디드가 처음 편지를 보내며 그린 그림은 무엇일까? (질문 6)

사디드는 사진을 찍을 수 없어 그림 세 장을 그려 보냈다. 가족, 문밖의 풍경(염소 두 마리가 흙길 옆 풀밭에서 풀을 뜯고 여자 두 명이 걷는 모습), 눈 덮인 뾰족한 봉우리가 하늘 높이 치솟은 산맥. 사디드가 늘 보는 풍경이다. "만약 우리가 애비에게 그림을 보낸다면 무얼 그릴까?" 동해와 태백산맥을 보내겠다고 한다. 삼척의 유명한 관광지인 동굴(환선굴, 대금굴)과 계곡 사진도 좋겠다.

사디드가 보낸 그림은 사디드가 사는 곳을 설명한다. 아이들은 그림이 무얼 나타내는지 모르고 책을 읽는다. 배경이 줄거리에 영향을 준다는 사실을 모르고 읽으면 등장인물의 마음, 나중에 일어날 일에 대한 암시를 알아채지 못한다. 그러면 긴장해야 할 때 긴장하지 않는다. 안타까워하고 감탄해야 할 때도 놓친다. 위험한 상황에서 위험을 느끼지 못하고 비밀을 말할 때 비밀인지 모른다.

애비는 날마다 보는 들판을 따분하게 생각하지만 사디드는 신의 미소(122쪽)라고 말한다. 그런 들판 하나만 있으면 마을 사람과 동물이 너끈히 겨울을 날 수 있기 때문이다. 애비는 한 번도 이렇게 생각하지 않았다. 자기가 사는 곳을 다른 환경에서 사는 사람 눈으로 바라보지 않았다. 애비가 사디드와 편지를 주고받지 않았다면 생각조차 못 했을 것이다.

사디드가 산처럼 생긴 작은 돌조각을 봉투에 담아 보내자 애비는 답례로 들판의 흙을 보냈다. 흙을 넓게 펼쳐놓고 "이제 눈을 바짝 대고 이 흙 주위에 펼쳐진 넓은 들판을 상상해 봐. 이 흙이 그 들판의 일부라고 상상하는 거야.(158쪽)"라고 제안했다. 사디드는 애비가 시킨 대로 흙을 펼쳐놓고 동생 아미라에게 들판을 보여주려 했다. 그러나 아미라는 바보 같은 짓이라고 외면했다.

사디드는 애비가 보낸 흙에서 일리노이의 들판을 보고 감탄하지만 아미라 눈에는 아무것도 보이지 않았다. 애비가 보여주려 한 것을 보지 못하면 애비와 마음을 나누지 못한다. 애비가 보낸 편지를 직접 읽는 사디드의 마음으로 책을 읽어야 한다. 들판을 보여주려 한 마음을 느끼고, 흙에서 들판을 찾아내야 한다. 그렇지 않으면 봐야 할 것을 보지 못하고 눈에 보이는 것이 전부라고 단정해 버린다.

많은 아이들이 아미라처럼 책을 읽기 때문에 흙을 보고도 들판을 찾지 못한다. 배경이 되는 나라를 모르는 데다가 저자가 하려는 말을 생각하지 않고 책을 읽는다. 그저 재미있는지 없는지만 살핀다. 나는 아이들이 책에서 산을 바라보고, 들판을 거닐게 하려고 독서반을 한다. 책 한 권을 네 번씩, 여섯~여덟 시간 동안 나누는 까닭도 책을 깊이 읽게 하기 위해서다. 책을 읽을 때마다 분석하고 통찰할 필요는 없지만 어떤 책은 반드시 깊이 분석하고 넓게 바라봐야 한다. 등장인물의 마음을 이해하려고 애써야 한다.

▋ 애비가 두 번째 편지를 두 통 받은 까닭은 무엇인가? (질문 8)

아프가니스탄 마을 어른들이 결정한 대로 아미라가 불러주는 내용을 사디드가 영어로 적고 아미라가 서명해서 편지를 보내기로 했다. 그러나 아미라는 책 읽고 글 쓰는 데 관심이 없다. 애비가 무엇을 궁금해하는지 생각하지도 않는다. 아프가니스탄에 덜컥 편지를 보낸 애비처럼 아미라도 미국에 사는 아이에게 간단하게 편지 쓰는 거로 생각한다. 그래서 사디드가 편지를 거의 다 쓰다시피 한다.

애비는 사디드가 아미라 이름으로 쓴 편지를 받고 깜짝 놀란다. 자기가 대충 써서 보낸 편지에 어울리지 않는 답장이 왔기 때문이다. 애비 역시 마음을 담아 편지를 보낸다. 애비가 보낸 두 번째 편지를 받고 아미라가 으스대고 다닌다. 아프가니스탄에 사는 사람들에게 얼마나 놀라운 일이었을까! 자기가 쓴 편지에 숟가락만 얹어놓은 아미라가 으스대고 다니자 사디드는 기분이 상했다.

"자존심 그리고 욕심. 사디드는 자신이 그 편지를 쓴 장본인이라는 걸 미국 소녀에게 알리고 싶었다. 사디드 바야트가 편지 대부분을 썼다는 사실 말이다. 왜냐하면 그 미국 소녀는 그토록 훌륭한 영어 실력과 뛰어난 글솜씨의 주인공을 아미라로 오해하고 있기 때문이었다. 사디드는 그게 못마땅했다.(128쪽)"

그래서 사디드는 마을 어른들, 선생님, 부모님, 동생을 속이고 애비에게 따로 편지를 보낸다. 아프가니스탄 남자가 미국 여학생과 편지를 주고받으면 안 되기 때문에 애비가 쓴 답장에는 둘만 알 수 있는 내용을 비밀스럽게 담아야 했다. 그래서 '위험한 비밀 편지'가 된다. 적대국 미국 아이와 주고받는, 비밀스러운 내용을 담은 편지!

"아미라가 애비의 답장을 받고 잘난 척하지 않았다면 사디드가 비밀 편지를 보내지 않았을 것이다. 비슷한 일을 겪은 적이 있는가?" 물었다. 자기가 숙제를 도와줬는데 동생이 최고 점수 받았다고 자랑하는 것을 보면서 화가 났다고 한다. 친구 숙제 베껴 써서 좋은 점수 받은 친구가 우쭐대는 모습을 보면 짜증 난다고 한다. "멍청한 애가 어쩌고저쩌고⋯⋯." 하면서 흉을 본다. 시기심과 질투는 인류 공통의 언어인가 보다. 이제는 사디드가 편지를 보낼 수밖에 없었던 마음을 이해한다.

찬반 토론은 승부를 떠나
책 이해를 위해서 한다

둘째 시간이다. 책을 읽을 때뿐만 아니라 물건을 살 때나 여행할 때도 배경지식이 풍부해야 제대로 알고 느낀다. 배경을 잘 알수록 토론과 적용도 깊어진다. 배경을 이해하기 위해 사디드와 애비가 사는 곳의 차이점을 최대한 많이 찾기 시합을 했다. 두세 명이 함께 기준을 정하고 차이점을 찾았다.

아이들이 '종교, 전쟁 상황, 기후, 경제 여건, 성차별, 정치 형태, 전자기기 사용, 인구밀도, 인종, 언어, 산업, 음식, 화폐, 지형, 학교 모습'을 기준으로 정했다. 아프가니스탄은 이슬람만 인정한다. 오래도록 전쟁을 했기 때문에 가난하다. 험준한 산악지형이 많고 여성을 차별한다. 산업, 전자기기, 학교 모두 후진국의 모습이다. 미국은 정반대이다. 무엇 하나 아프가니스탄과 비슷한 게 없다. 너무 다르기 때문에 서로를 이해하지 못한다. 차이는 곧 다툼을 일으킨다.

차이점을 찾으면서 편지가 위험과 비밀을 담을 수밖에 없다는 사실을 이해한다. 그래도 두 나라를 멀게만 느끼기 때문에 아이들이 적용할 만한 내용으로 바꿔 물었다. "우리가 누구와 편지를 하면 위험한 비밀 편지가 될까? 그럴만한 상대가 있을까?" 북한 아이와 편지를 주고받는다면 위험한 비밀 편지가 될 것 같다고 대답한다. 애비와 사디드가 느낀 마음에 조금 더 다가갔다.

이어서 세 가지 논제로 찬반 토론을 했다.

1. 유급제도가 필요하다.
2. 사디드가 몰래 편지를 보낸 일은 정당하다.
3. 애비가 아미라의 편지만 게시판에 걸어놓은 것은 정당하다.

아이들이 유급제도가 마치 우리 이야기인 것처럼 열띠게 토론한다. 생각지도 못한 근거를 들어 상대를 설득한다. 애비는 밖에서 노느라 공부에 시간을 들이지 않았다. 숙제는 이미 아는 걸 왜 다시 해야 하는지 이유를 몰라서 안 했다. 애비는 공부에 관심이 없다. 머리는 좋지만 왜 공부해야 하는지 이유를 모른다. 그러다가 유급된다는 말을 듣고 억지로 공부를 했으니 유급제도가 필요하다고 주장한다. 반대편에서는 머리는 좋지만 공부에 관심이 없어서 기초미달이 된 친구를 근거로 든다. 일진이거나 핸드폰과 게임에 빠져서 공부하지 않는 친구도 말한다.

유급제도에 찬성하는 아이가 더 많다. 수업 내용을 모른 채로 학년이 올라가는 것보다 한 해 더 배워서 알고 가는 게 낫다는 의견에도 많은 아이가 동의한다. "동생들과 함께 공부하면 문제가 생기지 않을까?" 했더니 공부 못하는 아이들은 동생들과 잘 어울려 놀기 때문에 한 해 더 배워서 알고 가는 게 낫다고 한다. 알아야 할 내용을 모르고 올라가면 결국 좌절한다는 의견도 낸다.

반대편은 애비가 잘하는 것을 격려하지 않고 성적으로만 평가하는 건 잘 못이라고 말한다. 오두막을 만들고 바깥 놀이를 잘하는 장점을 살려주어야지 '이미 아는 것을 왜 다시 해야 하는지' 몰라서 숙제를 하지 않은 애비를 괴롭히지 말아야 한다고 말한다. 유급에서 시작한 토론이 진로 지도로 나아갔다. 삶에 적용하는 질문을 따로 하지는 않았지만 이미 책 내용이 책 밖으로 튀어나가 우리 이야기가 되었다.

'책 이야기'가 '내 이야기'가 되면 줄거리를 뛰어넘는 독서 감상문을 쓴다. 우리가 살아가는 사회를 반영해서 독서논술을 쓴다. 사디드와 애비의 이야기가 책을 튀쳐나와 고통당하는 아프가니스탄 아이와 북한 아이를 생각하게 했으니 좋다. 이제 우리가 나눈 이야기를 한 가지 주제로 엮어서 쓰면 정말 좋은 글이 나온다.

교사의 질문에 대답하는 것과 자신이 주제를 정해 글로 쓰는 건 다르다. 많은 아이들이 내 질문에는 대답을 잘하지만 왜 그걸 묻는지는 깨닫지 못했다. 찬반 토론에서 지더라도 내가 왜 그것을 토론 주제로 정했는지 알면 글을 잘 쓴다. 그러나 아이들은 대부분 내가 질문하는 까닭, 앤드루 클레먼츠가 『위험한 비밀 편지』를 쓴 까닭을 찾지 못했다. 그저 이기려고만 했다.

찬반 토론은 책을 이해하는 좋은 도구다. 찬성과 반대로 나눠 승자와 패자를 가르기 위해서가 아니라 책을 이해하기 위해서 찬반을 토론한다. 이기더라도 상대편 논리를 기억해야 한다. 지더라도 역시 상대편 논리를 들으며 배워야 한다. 무엇보다 우리가 나눈 이야기를 하나로 연결하는 주제를 찾아야 한다. 이걸 되풀이해서 알려주었다. 몇 년 뒤에 중학생이 된 아이들은 『파우스트』와 『그리스인 조르바』를 읽고 찬반을 토론할 때 내가 되풀이해서 말한 열매를 보았다.

삶과 연결되면
더 이상 허무한 책이 아니다

셋째 시간이다. 지금 글을 써도 되지만 '편지'에 대해 이야기를 더 나누고 싶었다. 그래서 지금까지 나눈 이야기를 간단하게 정리하고 가장 소중하게 간직하는 편지를 소개했다.

주로 가장 친한 친구와 주고받은 편지를 말한다. 한 아이가 잠깐 어학연수 갔을 때 만난 사람 이야기를 하자 몇 아이가 자기들도 같은 마음이었다고 맞장구를 친다. 아이들 눈빛이 빛난다. 잠깐이지만 아무도 모르는 곳에서 지낼 때 돌봐주고 마음을 나눠준 사람들을 잊지 못한다고 한다. 사디드와 애비가 일상을 벗어난 경험을 편지로 나눴듯이 아이들에게도 새로운 경험이 이런 마음을 일으키나 보다. '소중함'과 '따뜻함'을 이야기하는 아이들 표정과 몸짓에 나도 마음이 따뜻해졌다. '아이들이 이런 느낌을 알고 있구나!' 싶어 참 좋았다.

▌ 사디드와 애비는 다른 문화에서 자랐기 때문에 서로 이해하려면 각자의 문화를 이해해야 한다. 사디드와 애비는 서로를 이해할 수 있을까? 서로 이해하고 있다는 사실이 편지에 나타나고 있을까? (질문 4)

동생 아미라는 애비를 이해하지 못했다. 애비가 보낸 흙을 보고는 "바보 같아. 하나도 들판처럼 보이지 않잖아.(158쪽)"라고 했다. 나이가 어리기 때문이기도 하지만 상대의 마음을 느낄 만한 감수성이 부족하기 때문이다. 감수성은 다른 사람 마음을 내 마음으로 느끼는 감정이다. 책을 읽고 느끼려면 감수성이 풍부해야 한다. 이야기를 삶에 적용하기 위해서도 감수성이 예민해야 한다.

▌ '빠르고 차가운 이메일, 손편지로 바꿔드려요'라는 기사와 『위험한 비밀 편지』 옮긴이의 말(190~192쪽)을 읽고 이런 서비스가 필요한지, 필요하다면 왜 필요한지 말해보자. (질문 5)

> 이메일을 손글씨로 바꿔 전해주는 서비스가 미국에서 큰 호응을 얻고 있다. 미국 샌프란시스코에 거주하는 디자이너 아이반 캐시는 지난달 15일부터 오는 15일까지 한 달 동안 '스네일 메일 마이 이메일(snail mail my email)'이란 운동을 벌이고 있다고 CNN 방송이 4일 보도했다.
>
> '스네일 메일'이란 빛의 속도로 전달되는 전자우편에 견줘 달팽이(snail)처럼 느린 일반 우편에 담긴 정성을 되새겨보자는 뜻이다. 최대 100단어 이내의 이메일과 수신자 주소를 보내주면, 130여 명의 자원봉사자가 일일이 손글씨로 옮겨 써서 일반우편으로 배달해준다. 손글씨 편지의 감동과 실감을 높이기 위해, 예쁜 삽화나 낙서, 꽃잎 동봉, 향수 스프레이, 립스틱 입술 자국 따위의 부가서비스도 곁들여준다. (중략)
>
> 사람들의 호응은 기대 이상이다. 일주일에 기껏 5~10통이 될 것으로 예상했는데, 첫 2주 동안 무려 2,300여 통의 의뢰가 쏟아졌다. 이 운동이 주류 언론 보도로 널리 알려지면서, 손편지를 부탁하거나 직접 쓰는 사람도 급증할 전망이다.
>
> (조일준 기자, 한겨레신문, 2011년 8월 5일자)

아이들도 손으로 쓴 글씨가 더 좋다고 한다. 독서반 아이들은 학원에 많이 다니지 않는다. 대도시에서 사는 것도 부러워하지 않는다. 좋은 옷과 최신 스마트폰을 원하지만 따뜻한 이웃, 소중한 친구, 아름다운 추억의 가치를 안다. "스마트폰과 첨단 기술을 사용하지만 지금처럼 경쟁하는 사회, 스마트폰 없고 인터넷이 느리지만 경쟁하지 않는 사회가 있다고 하자. 둘 중에 어디에서 살고 싶어?"라고 물었다. 대부분 후자를 택했다.

『위험한 비밀 편지』는 '위험'과 '비밀'에 대한 기대에서 시작해서 '허무함'을 지나 '소중한 사람들과 나누는 따뜻함'으로 끝났다. 이런 이야기로 흘러올지 몰랐다. 책을 읽고 내용을 파악하기 위해 첫째 시간 질문을 준비하면서 토론이나 글쓰기 방향을 정하기는 한다. 그러나 내 의도와 다른 곳으로 흘러갈 때가 많다. 아이들과 이야기를 나누다 보면 준비한 질문을 접어 두고 아이들 흐름을 따라갈 때도 많다. 아이들은 내게 배우려고 독서반에 오지만 나는 아이들에게 배우려고 독서반에 간다. 책을 좋아해서 나를 찾아오는 아이가 있어 고맙다.

사람들은 매일매일 일상에서 보는 것을 지루하게 여긴다. 예를 들어 스마트폰이 거의 하루마다 신제품이 나오고 사람들은 트렌드에 맞춰가며 굳이 바꿔도 되지 않는 스마트폰을 바꾸고 또 바꾼다. 이 책에서도 애비는 자기가 사는 곳의 넓은 옥수수밭을 지루하게 생각하지만 사디드가 사는 곳의 높은 산을 신기하고 흥미롭게 생각한다. 사디드도 마찬가지로 애비가 사는 곳의 옥수수밭을 신기하고 '신의 미소'라고까지 생각한다.

사람들은 흥미롭고 새로운 일들을 원한다. 하지만 가장 중요한 사실을 모른다. 지금 자신의 곁에 있는 친구가, 가족이, 그리고 무심결에 지나친 작은 풍경이 얼마나 소중한지 모른다. 막상 자신의 곁을 떠나면 그때야 소중함을 깨닫는다. 소중한 것인지도 모르고 부수고, 깨뜨리고, 새로 개발하고……. 그로 인해 점점 기계화되는 사회에서 사람들의 따뜻함은 점점 사라지고 있다.

사람들은 사람과 사람 사이의 소중함을 모르고 있다. 넓은 인맥, 붙임성이 좋아서 주위에 늘 사람이 많으면 내 진심을 알아주는 단 한 사람의 소중함을 모른다. 그저 많은 사람들과 만나 포장된 마음만을 보여준다. 포장된 마음을 끝없이 보여주며 진심을 감추는 사람들. 그건 로봇이 아닐까 하는 생각이 든다.

사람은 사람이다. 자신의 감정을 그대로 드러낼 수 있으며 숨기지 않는다. 그러나 늘 새로운 것만을 원하는 이 사회에서 사람들도 새로운 것을 원하게 되었다. 그러다 보니 사람도 새로운 사람을 만나길 원해서 진심을 드러낼 수 있는 친구가 사라진 것이다. 늘 곁에 있던 친구에게는 '언제나 같이 있어 주겠지'라는 생각에 소중하지 않게 대한다. 하지만 새로운 사람들에게는 '언제 떠날지 몰라'라는 생각으로 더 예의 바르고 형식적으로 대한다.

왜 사람들은 진심을 드러내는 친구가 없으며 진심을 내보이지 않을까? 크리스마스 날 보내는 편지, 어버이날 보내는 편지, 형식적이지 않은 편지, 진심을 보일 수 있는 편지는 없는 걸까? 따뜻함이 사라지고 있는 사람들은 기계화된 사회에 인형처럼 맞춰지고 있다. – 이가진 (6학년, 여)

함께 읽으면 좋은 책

『받은 편지함』 남찬숙 글, 황보순희 그림, 우리교육 (5학년 이상)

『사랑하는 안드레아』 룽잉타이 · 안드레아 지음, 강영희 옮김, 양철북 (고등학생 이상)

『샘에게 보내는 편지』 대니얼 고틀립 지음, 김명희 · 이문재 옮김, 문학동네 (부모용)

* 앤드루 클레먼츠의 책을 출판사마다 한 권씩 추천한다.

『프린들 주세요』 앤드루 클레먼츠 글, 양혜원 그림, 햇살과나무꾼 옮김, 사계절 (3학년 이상)

『말 안 하기 게임』 앤드루 클레먼츠 지음, 이원경 옮김, 비룡소 (4학년 이상)

『성적표』 앤드루 클레먼츠 글, 나오미양 그림, 홍연미 옮김, 웅진주니어 (5학년 이상)

『지도박사의 비밀 지도』 앤드루 클레먼츠 글, 댄 앤드리슨 그림, 김난령 옮김, 열린어린이

　　 (4학년 이상)

학생들이 무엇을 '질문'하고 무엇을 '발견'할지
미리 다 알고 나서 진행하는 수업에서는
새로운 것을 발견할 가능성이 전혀 없다.
- 『교사로 산다는 것』(조너선 코졸)

독서토론 수업 사례

"책을 제대로 만나는 순간이 오면
학생들이 등산로를 벗어나 오솔길을 걷고 절벽을 기어오른다.
교사가 예상치 못한 순간에 하늘 높이 솟아오른다.
그때 아이들 눈빛이 살아서 빛난다."

이야기 독서토론 :
모두가 서로 배운다

『샬롯의 거미줄』
E.B. 화이트 글, 가스 윌리엄스 그림, 김하곤 옮김, 시공주니어, 2000

"왜 나에게 그렇게 잘해 주었니? 난 그럴 만한 자격이 없는데. 난 너에
게 아무것도 해 준 게 없어."
샬롯이 대답했다.
"너는 내 친구였어. 그것만으로도 굉장한 일이야." (215쪽)

'독서토론' 컨설팅 장학을 요청받았다. 첫날 발문하는 방법과 토론 진행
방법을 알려주었다. 다음 컨설팅 날에 아이들과 토론 수업을 해보라고 권했
지만 아무도 나서지 않았다. 아이들을 가르칠 때는 '가르쳐준 대로 해봐! 그
럼 알게 돼!'라고 하지만 교사 자신은 하지 않으려 한다. 배운다는 생각보다
여러 사람에게 보여준다는 부담이 더 컸나 보다.

어쩔 수 없이 내가 다른 학교 아이들을 데리고 독서토론 수업을 했다. 수학이나 과학처럼 정해진 내용을 가르친다면 모를까, 말하고 들으며 반응하는 토론 수업을 지켜보는 교사들 앞에서 하는 건 부담스럽다. 그런데도 '정답 찾기만 하지 말고 함께 이야기하라'고 외치고 싶어서 용기를 냈다. 토론이 얼마나 좋은지 알려주고 싶었다.

5학년이 여덟 명뿐인 한 반 아이들과 『샬롯의 거미줄』 교과서 내용으로 독서토론을 했다. 교과서에는 원작을 줄인 내용 일부만 실려 있다. 원작을 읽으면 좋겠는데 담임교사가 책을 읽게 하기 어렵다고 한다. 원작의 5퍼센트도 안 되는 내용만 읽고 독서토론이 될까 걱정했다. 아이들이 글을 읽고 얼마나 기억하는지, 친구 관계는 물론이고 아이들 이름도 모르기 때문에 마음이 불안하다.

독서토론은 책 내용을 바탕으로 자기 생각을 말하고 친구 생각을 듣는 수업이다. 상호작용이 잘 일어나야 한다. 교사가 유능해도 아이들이 말하지 않으면 소용없다. 담임교사가 "발표 잘하고 적극적으로 참여해라." 한다고 잘되는 게 아니다. 독서토론에서 책 내용 이해는 기본인데 책을 제대로 읽을지 모르겠다. 다른 학교 아이들이라 내가 준비시키지도 못한다. 도와주러 가는 입장에서 감 놓아라 배 놓아라 할 수 없어서 아무 말도 못 했다. 독서토론 할 수준이 안 되면 내용 이해 활동만 해야겠다고 생각했다.

책이 생각을
끌어낸다

미리 질문을 만들었다. 보통은 배경지식-대상 도서 내용-토론자와의 연관성을 연결해서 묻는다. 그러나 지금은 토론자를 모르기 때문에 내용을 얼마나 아는지 확인하고 질문을 조절해야겠다고 생각했다.

▌ 두 편으로 나눠 『샬롯의 거미줄』에 나오는 낱말을 번갈아가며 말해보자. (질문1)

모두 등장인물 이름을 말한다. 책에 없는 낱말로 말해보자고 하니 우정, 생명 등을 말한다. 윌버와 샬롯과 관련된 내용을 물었더니 토론해도 될 정도로 아이들이 대답을 잘한다. 긴장이 풀리며 즐길 수 있겠다는 생각이 든다. 윌버는 펀에게 소중한 돼지다. 펀이 윌버를 살리려 애썼기 때문에 윌버가 죽을 위기에서 살아났다. 거미 샬롯은 돼지 윌버에게 소중한 친구다. 샬롯이 윌버를 소중하게 대하지 않았다면 윌버는 죽었을 것이다. E. B. 화이트는 어려움에 처한 누군가에게 친구가 되어주는 일이 얼마나 귀한지 보여주려고 『샬롯의 거미줄』을 썼다. '소중한 것'을 이야기해야겠다.

▌ 펀은 윌버를 어떻게 만나게 되었을까? (질문3-1)

아빠가 무녀리를 죽이려 할 때 펀이 죽지 못하게 말려서 키우게 됐다고 대답한다. "여러분이 주인이라면 무녀리를 살릴까? 죽일까?" 다 살리겠다고 한다. 윌버도 살았는데 당연히 살려야 한다고 말한다. 그럼 『샬롯의 거미줄』은 죽을 수밖에 없는 어려움에서 살아난 이야기가 아니라 사랑받으며 사는 이야기가 된다. 이렇게 읽어도 괜찮다. 그러나 '윌버를 죽이려 한 아빠의 행동이 정당하다'고 인정하면 윌버가 살아가는 모습이 더욱 감격스럽다.

▌ 아빠가 무녀리 돼지를 죽이려 한 건 잘한 일이다. 찬반 토론하자. (질문 3-2)

무녀리를 죽일 수밖에 없는 당시 상황을 설명했다. "지금은 치료 기술이 발달해서 작고 약하게 태어나도 살 수 있지만 옛날에는 달랐어. 약하게 태어난 무녀리가 고통만 당하다가 죽는 게 안타까워서 편하게 해주려고 죽이는 거야." 그래도 아이들은 책 주인공을 죽이다니 말이 안 된다고 생각한다. 두 편으로 나눠 한쪽은 '어쩔 수 없이 윌버를 죽여야 한다'고 주장하게 했지만 내키지 않나 보다.

그래서 "모두 살려야 한다고 말하니 나는 죽여야 한다고 주장하겠다. 함께 나를 꺾어봐라." 했다. 여덟 명이 똘똘 뭉쳐 덤벼든다. 독서토론을 해보지 않은 아이들이라 논리 생각하지 않고 동네 싸움하듯 따진다. 이렇게 두면 계속 가벼운 논리에 감정만 실어 소리를 높이겠구나 싶어 다른 질문을 했다. 이쪽 길은 막혔으니 돌아가는 길을 찾아야지.

▌ 펀은 버스 안에 있는 아이들이 눈에 들어오지 않았다. 자리에 앉아 창밖만 내다보며 세상이 너무 아름답고 (   )를 혼자 차지하게 되어 정말 행운이라고 생각했다.(16쪽)" 빈칸을 채워보자. (질문 4)

윌버라고 한다. "맞아. 윌버지. 이게 너희들 이야기라고 생각해보자. 너희는 무얼 차지하면 세상이 아름답게 보일까?" 했더니 "세상을 다 갖고 싶다, 학교를 갖고 싶다"며 허황한 대답을 말한다. "아니, 실제로 이루어질 수 있는 것, 현실에서 가능한 걸 말해보자." 했더니 "최신 스마트폰을 갖고 싶다, 죽은 고양이 나비가 다시 살아오면 좋겠다, 강아지를 키우고 싶다, 고양이를 키우고 싶다"고 한다. 스마트폰을 갖고 싶다는 건 예상했지만 의외로 동물을 키우고 싶다는 아이가 많다.

죽은 고양이 나비 이야기를 듣는 순간, '소중한 것'을 토론할 수 있겠다는 마음이 들었다. 그래서 질문 순서를 바꾸었다.

▌ 정말 소중하게 여기는 것, 그걸 위해서라면 위험도 무릅쓸 수 있는 대상을 소개해보자. (질문 4-2)

지금 키우는 애완동물, 키우다 죽은 애완동물을 주로 말한다. 아파서 죽은 동물, 처음부터 약하게 태어나서 잘 먹지 못하다가 죽어간 동물도 있다. 일부러 이런 대답을 하는 건 아닐 텐데 내가 아이들을 잘 만났다.

무녀리 질문으로 다시 돌아왔다. "너희가 좋아하는 동물이 힘들어하고 고통당하는 걸 봤잖아. 너희도 마음이 힘들었을 테고. 그럼 태어날 때 죽는 게 낫지 않았을까? 동물도 고통당하지 않고 너희도 힘들지 않잖아!" 하니 그것도 괜찮겠다고 한다. "약하게 태어나서 고통당할 거라면 죽이는 게 낫지 않을까?"를 다시 물었다. 여섯 명이 동의한다.

아이들이 '죽는 게 낫다'고 말하도록 강요하지 않았다. 월버를 살리는 게 당연하다고 생각하는 아이들에게 왜 그래야 하는지, 죽는 게 나은 건 아닌지 생각할 기회를 주었다. 생각하지 못한 점을 짚어주며 다르게 생각하도록 도와주었다. 아이들이 '죽여야 한다'고 말했다면 반대로 '살려야 할 이유'를 생각하도록 자극했을 것이다. 무조건 한쪽만 옳다고 할 때 반대로 생각할 기회를 주었다.

토론은 누가 더 조리 있게 말하는지 따져 승자를 가려내는 경기가 아니다. 토론은 생각하게 한다. 독서토론은 다른 사람과 함께 책에 의미를 부여하는 활동이다. 토론해서 생각이 바뀐다면 정말 좋은 토론이다. '설득'이 아니라 '이해와 경청, 용납'이 더 중요하다. 나는 계속 "이건 어떨까? 저건 아닐까? 과연 그럴까?" 하며 미처 생각하지 못한 지점으로 떠밀었다.

여섯 명이 생각을 바꾼 걸 보고 다시 물었다. "우린 두 가지 상황을 이야기했어. 아프고 병들고 고통당하며 힘들어할 거라면 죽는 게 낫지 않을까? 아프고 힘들더라도 추억을 나누고 사랑하면서 고통을 나누는 게 낫지 않을까? 너희가 처음에는 월버를 살리는 게 당연하다고 말했지. 그러다가 자기가 키운 애완동물이 힘들게 죽어가는 걸 본 경험을 말하면서 생각이 바뀌었어. 생각이 바뀌었다는 점이 중요해. 우린 펀의 아버지 입장에서 죽이느냐 살리느냐를 고민한 거야."

선생님 『샬롯의 거미줄』을 쓴 작가는 죽을 수밖에 없는 돼지를 살리기 위한 대안이 있었어. 그게 뭐지?

아이들 힘들고 어려워도 친구가 도와주면 이겨낼 수 있어요.

선생님 누가 어떻게 도와줬어?

아이들 아빠가 월버를 죽이려 할 때 펀이 살려줬어요.

선생님 어떻게 살려줬는지 과정을 말해봐.

아이들 죽이지 말라고 말했어요.

선생님 아빠를 설득하려 했구나! 또? 말만 했어?

아이들 아빠 도끼 붙들고 못 죽이게 말렸어요.

선생님 그래, 행동도 했구나! 말만 하지 않고 행동도 했단 말이지! 다른 의
　　　견은 없을까?

아이들 샬롯은 거미줄을 만들어줬어요, 동물들이 윌버를 위해 회의를 했어
　　　요…….

계속 말한다. 독서토론이 잘되면 물이 바다로 흘러가듯 저절로 어떤 결론
을 향해 흘러간다. 나는 토론이 이렇게 흘러가리라고는 예상하지 못했다. 질
문도 이렇게 준비하지 않았다. 내가 준비한 마지막 질문은 "일찍 일어나는 사
람에게 어떤 행운이 생겼나?"이다. 다분히 교사다운, 열심히 하자는 대답을
이끌어내는 질문이다. 실제 토론에서는 이걸 묻지 않았다. 독서토론이 '삶에
서 무엇이 소중한가? 한 존재의 삶을 귀하게 하려면 무엇을 해야 하나?'로 흘
러가는데 '일찍 일어나는 사람' 이야기를 꺼내는 건 말도 안 된다.

선생님 그럼 작가가 윌버를 살리는 이야기를 통해 무얼 말하고 싶었을까?

아이들 친구들이 도와주면 윌버도 살 수 있어요.

이게 핵심이다. 고통, 상처, 상실이 크더라도 함께 추억을 나누고, 위로하
며, 행복한 기억을 갖게 해준다면 죽는 게 낫다는 생각 자체가 무의미해진다.

미리 정해놓은 결론은 중요하지 않다. 토론하면서 아이들이 만들어내는 과정이 중요하다.

　토론한 지 30분 만에 '삶을 가치 있게 만드는 것'이 친구의 관심, 추억, 우정이라고 말한다. "한 가지 묻고 싶어. 만약 왕따와 같은 일로 고통당하는 아이가 '차라리 죽는 게 낫겠다'고 생각할 때 어떻게 하지?" 망설임 없이, 곧바로 샬롯처럼 친구가 되어주면 된다고 대답한다. 상처와 상실을 추억과 기쁨으로 바꿔주면 죽을 수밖에 없는 돼지가 살아난다.

　모르는 아이들과 독서토론을 한다고 했을 때 걱정했다. 토론이 잘 안 되면 "아이들이 내용을 제대로 이해하지 못해서 토론이 안 됐다. 토론은 내용 이해가 우선이다."라고 말해야지 하는 생각도 미리 해왔다. 그러나 모르는 아이들과 토론하면서 독서토론에 대한 확신을 더 갖는다. 아이들이 친구 이야기에 귀 기울이고 마음을 잘 나누었기 때문에 자연스럽게 흘러갔다. 마지막 질문을 했다.

　"너희는 여덟 명뿐이라 서로 잘 알잖아. 5년 내내 같은 반이었잖아. 서로 싸우기도 하고 화해도 하고 좋아졌다 싫어졌다 하며 지내왔지?" 모두 고개를 끄덕인다. 이때 표정을 동영상으로 찍어놓아야 하는데 뒤늦게 후회했다. 수업을 찍지 못해 아쉽다. "그럼 우리, 서로에게 고백해볼까? 샬롯이 윌버에게 '대단한 돼지, 겸허한 돼지'라고 말한 것처럼 친구에게 어떠어떠한 친구라고 말해보자. 오른쪽에 있는 친구부터 말해보자." 했더니 "우리반을 즐겁게 만드는 ○○○, 비밀을 지켜주는 ○○○, 청소를 잘 도와주는 ○○○"라고 얘기한다. 차례로 칭찬한 뒤에 자유롭게 칭찬하라고 했더니 사랑 고백처럼 서로 칭찬한다. 참관하던 선생님들의 놀라는 표정이 보인다. 나도 아이들이 이렇게까지 말할 줄은 몰랐다.

"너희들이 토론을 너무 잘해서 글을 어떻게 쓰는지 알려줄게." 하니 완전 울상이다. 지금 글 쓰자는 줄로 알았나 보다. 글쓰기 이야기를 꺼내면 모두 이렇게 반응한다. "일단 들어봐. 토론 시작할 때 낱말로 표현하라 했더니 모두 등장인물 말했잖아. 책에 없는 낱말로 말하라고 해도 정답 말하듯 딱딱한 내용만 말했잖아. 토론하면서 너희들이 말한 내용은 완전히 달라졌어. 토론하지 않고 글을 쓰면 줄거리만 쓸 거야. '참 재미있었다, 감동적이다, 샬롯이 대단하다, 윌버가 멋지다' 이렇게 쓰겠지!"

'어떻게 알았지?' 하는 표정을 짓는다. "그건 못 쓴 글이야." 하니 '진짜요? 정말이요?' 하는 표정이다. 대부분 아이들은 글을 어떻게 쓰는지 모른다. 생각과 느낌을 쓰라는 잔소리는 많이 들었지만 생각이 무엇인지, 어떻게 생각해야 하는지 배운 적이 없다. 생각하는 과정까지 가르쳐야 한다. 그렇지 않으면 '재미있다. 감동적이다.'라고만 쓰고 끝낸다. "정말 좋은 글은 오늘처럼 깊이 생각하고 쓰는 거야. 친구가 얼마나 소중한지 윌버와 너희들 이야기를 함께 쓰면 돼. 살아가는 게 가치 있는 까닭은 고통과 슬픔을 이겨내게 하는 손길 때문이잖아. 이건 쓰기만 해도 대박이다." 하니 진지하게 바라본다.

"책을 읽으면 토론을 해! 지금 나와 한 것처럼 하진 못하겠지. 괜찮아. 친구와 이야기를 나눠. 나는 이렇게 생각하는데 너는 어떠냐? 하면서. 그런 뒤에 글을 써봐. 그게 정말 좋은 글이야!" 했다. 울상 짓던 표정이 '오호, 그래!' 하는 표정으로 바뀌었다.

토론을 끝내니 뿌듯하다. 아이들을 잘 만난 것 같다. 토론이 어땠는지 소감을 물었다. 소감을 말할 때 규칙이 있다. 다른 친구가 말한 표현은 쓰지 않기다. 누군가 '재미있다'를 말하면 '재미있다'는 말은 하면 안 된다. 빨리 말하면 아무 표현이나 해도 되지만 늦게 말하면 친구들이 말하지 않은 표현을 찾아야 한다. 그랬더니 먼저 말하겠다고 수선을 피운다. 어떤 반응이 나올지는 토론하고 아이들에게 직접 들어보시라! '이 맛에 토론하는구나!' 싶은 기분이 들 거다.

교사들과 나눈 이야기

수업 끝나고 참관한 교사들과 함께 수업에 대해 나누었다. 아이들이 말을 조리 있게 잘했다는 의견이 많지만 '잘 듣는다'를 더 많이 얘기한다. 교실에서 아이들이 말을 잘 듣지 않는다는 말에 "정말 말 안 듣는 사람은 교사입니다. 교사만큼 고집 센 사람이 없어요. 자기 마음대로 합니다. 누가 시키면 '웃기지 마시오. 난 내 마음대로 하겠소'라고 생각합니다." 했더니 웃으며 동의한다. 잘 듣는 게 중요하다는 의견 외에 세 가지를 물어서 대답해줬다.

질문자 토론수업 하고 싶어도 교과서 진도 때문에 어려워요.
선생님 오늘 토론한 아이들은 교과서에서 요구하는 걸 통째로 깨달았어요.
　　　　토론하면 교과서에 나온 문제 금방 풉니다. 등장인물 성격, 주제도 쉽게 찾지요. 토론 한두 시간 하고 교과서 문제 풀면 오히려 시간이 남습니다.

질문자 그런 것 같아요. 질문만 잘하면 진도는 문제가 아닐 거예요.

질문이 중요하다. 또한 토론을 자주 해봐야 한다.

질문자 수행평가는 어떻게 해요?

수업하기 2주 전에 참관한 선생님들에게 독서토론 발문 연수를 했다. 발문 방법을 알려주고 실습을 했는데 대부분 질문을 어렵게 만들었다. 게다가 정답을 찾는 '교사다운 질문'이 많다. 수행평가도 마찬가지다. '조리 있게 말하는가? 상대방 의견을 존중하는가? 책 내용을 바탕으로 말하는가? 자신 있게 발표하는가?' 등 여러 가지를 한꺼번에 평가하려고 한다. 욕심이다.

선생님 수행평가를 하려면 한 번에 하나씩만 보세요. '오늘은 잘 듣는지만 보겠다'거나 '논리에 맞는 근거를 드는지, 자세하게 설명하는지만 보겠다' 생각하세요. 욕심부려 이것저것 한꺼번에 보려고 하면 제대로 판단하지 못합니다. 그러면 평소 태도가 좋은 아이에게 점수를 잘 주게 됩니다. 토론을 오래 하면 한 번에 여러 가지를 보겠지만 처음에는 그렇게 못 합니다. 이번에는 '논리'를 보고 다음에는 '듣는 태도'를 보고 '상대방 의견에 어떻게 반응하는가?'는 나중에 보면 됩니다. 가장 좋은 평가는 '토론한 뒤에 글쓰기'를 하는 겁니다. 그럼 무얼 듣고 어떤 논리로 말하는지 한 번에 압니다.

질문자 형식적 토론과 비형식적 토론의 차이점은 뭐예요?

'형식을 갖춘 토론'만 배웠는데 오늘 본 토론이 다르다고 한다. 오늘 만난 아이들은 토론을 처음 한다.

선생님 토론의 즐거움을 모르는 아이가 형식적 토론부터 하면 승패에 집착합니다. 비형식적 토론은 이런 잘못에 빠지지 않게 합니다. 서로 이야기를 주고받으며 '책이 무얼 말하는가?', '내가 읽어내지 못한 내용을 친구는 어떻게 읽어냈는가?', '끝까지 내 생각을 주장할 만큼 내 의견이 옳은가?'를 생각해야 좋은 토론입니다. 토론을 처음 하는 아이에게 승부욕을 자극하고 이겼다는 희열감이나 졌다는 좌절감을 심어주면 안 됩니다.

토론 끝나고 마음이 뿌듯하고 따뜻했다. 아이들도 토론이 재미있다고 즐거워했다. 참관한 선생님들은 놀랐다. 처음 만난 아이들과 독서토론 한 경험 덕분에 다른 학교에 가서 수업하는 게 두렵지 않다. 다음해에 25학급 규모의 학교에서 4학년 아이 스물다섯 명과 독서 수업을 했다. 이때도 참 좋았다. 아이들은 나와 친구에게 배웠고, 나는 아이들에게 배웠다. 『수일이와 수일이』도 삼척중앙초등학교 5학년 아이들이 용기를 주었기 때문에 할 수 있었다.

독서토론 수업 후기

■학생 후기

『샬롯의 거미줄』을 읽고 독서토론 수업을 하였다. 막상 시작하려니 긴장이 많이 되었다. 그런데 토론이 토론같이 느껴지지 않고 그냥 대화하는 것 같았다. 게임처럼 돌아가면서 말하기도 했고 '무녀리'에 대해 이야기도 해 보았다. 난 무녀리를 무조건 살려야 된다고 생각했는데 이야기를 나누면서 상대편의 말을 듣고 무녀리에 대해 더 깊은 생각에 빠지기도 했다.

제일 재미있었던 것은 선생님 대 우리들로 찬반 토론을 했을 때 우리가 진 느낌도 들지만 선생님과 말하면서 여러 의견을 들으며 알게 되어 좋았다. 선생님이 독서기록장을 쉽게 쓰는 방법도 알려주셔서 더 고마웠다. 그래도 가장 인상 깊었던 것은 토론 도중에 내가 생각지도 못한 선생님과 친구들의 다양한 의견이 나와서 너무 놀라웠다. 앞으론 나도 더 넓게 생각하고 내 의견을 말할 줄 아는 사람이 되어야겠다. – 신승이 (5학년, 여)

■교사 후기 1

매해 컨설팅은 받지만 이번 컨설팅은 주제부터 특별했다는 생각이 든다. 독서토론은 공문에서나 독서토론대회를 한다는 안내문을 통해 본 적은 있지만 나와는 전혀 상관없는 이야기처럼 생각했는데 이번 컨설팅을 통해 독서토론이 좀 더 구체적인 형상으로 다가왔고 나도 할 수 있을 것 같은 자신감이 생겼다.

처음엔 독서토론이라고 해서 책을 읽고 토론을 한다는 단순한 구조를 생각했는데 권일한 선생님의 설명을 듣고 진행하는 사람의 발문 방법이 상당히 중요하다는 걸 알았다. 발문하고 답을 유도하는 과정에서 아이들은 책을 읽고 기억한 내용을 다시 한 번 구조화하고 거기에 자기 생각까지 더해서 답한다. 눈에 보이는 사실에 그치지 않고 한 단계 업그레이드된 사고를 할 수 있게 된다는 것도 알게 되었다.

(중략) 개구쟁이 아이들이라 걱정했는데 선생님의 자연스러운 수업 분위기 조성과 아이들의 수준을 고려한 적절한 질문으로 아이들은 자기들이 읽었던『샬롯의 거미줄』을 떠올리며 자신 있게 이야기를 펼쳐 나갔다. 단순한 용어 이해부터 줄거리를 파악하는 질문을 마친 후 '무녀리를 죽여야 할까'라는 주제로 토론했는데 아이들이 죽이면 안 된다는 의견이 많자 선생님이 혼자 죽여야 한다는 주장으로 이야기하고 나머지 모든 아이들이 죽이면 안 된다는 의견을 펼쳤다. 의도적으로 아이들에게 반하는 의견을 내 아이들이 생각을 논리적으로 이야기하도록 유도해 나가시는 모습이 역시 매우 능숙해 보였다.

독서토론은 듣는 것이 시작이고 가장 중요한 것이라고 한다. 아이들도 토론을 하면서 서로의 의견을 잘 들어야 하고 교사가 평가할 때도 다른 사람의 의견을 잘 듣는지를 살펴보아야 한다고 한다. 우리들이 사람과의 관계를 형성할 때도, 아이들과 수업을 할 때도 듣는 것은 참 중요하다. 그런 면에서 독서토론은 아이들에게 수업 이상의 것을 줄 거라는 생각이 들었고 앞으로 우리 아이들과도 독서토론으로 많은 시간을 가져야겠다고 결심했다. - 권정희 (당시 삼척중앙초 교사)

■교사 후기 2

우연히 권일한 선생님께서 5학년 읽기 교과서에 나온 『샬롯의 거미줄』로 처음 보는 시골 5학년 아이들 여덟 명과 함께한 토론수업을 보았다. 먼저 여덟 명의 아이들이 동그랗게 앉고 맨 앞 가운데에 선생님께서 앉으셨다. 처음 보는 아이들에게 선생님은 다정하고 친숙하게 이름을 부르며 얼굴과 이름을 서로 맞추어 보셨다. 먼저 두 팀으로 나누어서 책 속에서 인상 깊었던 단어 말하기, 책 속에 나오는 인물 말하기 등 책의 내용을 파악하는 질문들을 하셨다. 아이들은 한 팀 한 팀 번갈아 가며 게임하듯이 대답했다.

내용 파악 후 가치에 대해 질문하셨다. 『샬롯의 거미줄』에서 "윌버를 살려야 하나?"라는 질문에 모두 살려야 한다고 했다. 당연한 것을 왜 묻느냐는 듯 아이들은 선생님을 쳐다보았다. 토론에 노련한 선생님은 "그럼 여러분은 '윌버를 모두 살려야 한다'로 하고 나는 혼자 '윌버를 살리지 말아야 한다'고 하겠습니다. 지금부터 윌버를 살려야 하는 이유를 이야기해 보세요." 했다. 아이들은 나름대로 주장을 펼쳤고 선생님도 주장을 펼쳤는데 몇몇 아이들은 '윌버를 살리지 말아야 한다'로 생각이 바뀌었다. 이밖에도 찬성과 반대로 나뉠 수 있는 여러 질문을 하셨다.

아이들의 생각을 알아보는 방법으로는 수신호를 사용하셨다. 이 방법도 신선했다. 우리는 누군가에게 보여주는 수업에서는 수업 자료를 많이 쓴다. 화려한 수업에 좋은 평가를 주고 왠지 성의 있다고 생각한다. 평소 수업에서는 하기 힘든 이벤트성 수업도 한다. 이제는 공개수업용이 아닌 평소에도 적용할 수 있는 편안한 수업을 공개해서 일반화하는 방향으로 수업이 바뀌어야 한다. 수업 준비는 철저하게 하되 부수적인 것으로 교사가 지지치 않는 수업 말이다. 이런 관점에서 권일한 선생님께서 사용하신 수신호 방법은 참 좋았다. 별다른 준비 없이 수신호만으로 아이들의 생각을 살펴보는 방법이 참 인상적이었다.

앞으로 국어 수업은 권일한 선생님의 독서토론처럼 진행해야겠다고 생각했다. 이번 수업은 고학년 위주의 공부 잘하고 말 잘하는 아이들만이 독서토론이 가능하다고 믿었던 내 생각을 바꾸는 계기가 되었다. 권일한 선생님의 독서토론 방식이라면 저학년에서도 가능할 것 같다는 생각이 든다. 지금 내가 맡은 1학년에게도 적용해 보아야겠다. 그리고 곧 진행하게 될 1박 2일 밤샘 독서 때 권일한 선생님의 독서토론 진행 방법과 내가 지금까지 해왔던 토론 방법을 접목해 토론을 진행해 보아야겠다.

그러기 위해서는 나 스스로 준비를 철저히 해야겠다. 권일한 선생님의 독서토론 성공 여부는 교사의 능력에 있기 때문이다. 같은 책으로 토론하더라도 교사의 능력과 생각, 가치에 따라 토론의 방향은 다르게 흘러갈 것이다. 토론을 주도할 수 있는 능력을 갖추는 일이 무엇보다 절실하다. 독서토론 연수나 관련 도서가 많았으면 좋겠다. 독서토론은 강의식 연수가 아닌 수업을 통한 연수를 하면 좋겠다는 생각이 든다.

경쟁이 아닌 편안한 분위기에서 아이들의 생각을 끌어내는 것, 그것이 진정한 독서토론이 아닐까 생각한다. 책 속에 있는 숨은 가치를 찾아내고 자기 생각과 다른 사람의 생각을 서로 주고받으며 기꺼이 자신의 생각을 바꿀 수 있는 자세를 갖추는 아이들을 키워 내는 독서토론……. 오늘 또 다른 독서토론의 방법을 접하고 나의 교사 생활에 중요한 한 획을 그었다. 이제 난 독서토론이 무엇인지 독서토론을 어떻게 진행하는지 어설프지만 조금은 알 것 같다. 하지만 아직도 내가 가야 할 길은 멀다. 독서토론을 연구하는 교사 모임이 늘고, 독서토론을 구체적으로 접할 수 있는 책이 하루빨리 나왔으면 한다. – 정귀옥 (당시 삼척 미로초 교사)

행복한 독서토론, 이렇게 준비했어요(60분 토론 분량)

1. 책에 나온 낱말을 번갈아가며 말해보자.

2. 윌버, 샬롯과 관련된 내용을 두 편으로 나눠 말해보자.

3. 키우고 있는 애완동물, 키우고 싶은 애완동물을 소개해보자.

　3-1. 펀은 윌버를 키우게 되었다. 어떻게 만나게 되었을까?

　3-2. 짐승은 사람과 달리 새끼를 오래도록 보호하며 돌봐주지 못한다. 약한 짐
　　　승은 포식자에게 잡혀 죽는 게 이치다. 따라서 아빠가 무녀리 돼지를 죽이
　　　려 한 건 잘한 일이다. (찬성, 반대)

4. 펀은 버스 안에 있는 아이들이 눈에 들어오지 않았다. 자리에 앉아 창밖만
　 내다보며, 세상이 너무 아름답고, (윌버)를 혼자 차지하게 되어 정말 행운이
　 라고 생각했다. 빈칸을 채워보자.

　4-1. 이렇게 생각한 적이 있었는지 소개해보자.

　4-2. 여러분이 정말 소중하게 여기는 것, 그것을 위해서라면 위험한 일이라도
　　　할 마음이 있는 것을 소개해보자.

5. 『샬롯의 거미줄』에 나오는 등장인물에게 무엇이 소중한지 말해보자.
　 (펀에게는 윌버가 소중했다. 템플턴-먹을 것, 윌버-친구 등)

　5-1. 소중한 사람을 위해서는 무언가를 해주고 싶어 한다. 등장인물이 다른 인물
　　　을 위해 무엇을 해준 일을 찾아보자.
　　　(템플턴에게 먹이를 나눠준다. 윌버를 위해 동물들이 회의한다. 샬롯이 글씨를
　　　쓴다. 템플턴이 글씨를 가져다준다. 등)

　5-2. 돼지 윌버는 자신을 대단하거나 근사하다고 생각하지 않았다. 그러나 샬롯

과 친구들이 근사하다고 하자 그렇게 보이게 되었다. 근사하지 않지만 근사하다고 말해주면 정말 근사해질까?

5-3. 반 친구들은 소중한 사람들이다. 여러분과 1년 동안 함께 지내며 살아가는 제2의 가족과 같다. 샬롯이 윌버에게 '대단하다, 근사하다'고 칭찬한 것처럼 친구에게 ○○○한 홍길동이라고 이름을 붙여보자.

6. 일찍 일어나는 사람에게 어떤 행운이 생겼나?

수업 사례 **2** 조별 독서활동 :
재미에서 감동으로 나간다

『수일이와 수일이』
김우경 글, 권사우 그림, 우리교육, 2001

남을 함부로 길들이려고 하면 안 돼. 무턱대고 남한테

길이 들어도 안 되지. (214쪽)

　『샬롯의 거미줄』은 서로 잘 아는 5학년 여덟 명과 토론했다. 토론하면서
아이들 반응에 따라 질문을 바꾸고 흐름을 따라갔다. 『수일이와 수일이』는
세 개 학교 5·6학년 스물세 명과 수업했다. 서로를 잘 모르고, 학년이 달라
서 토론을 깊이 하지 못한다. 책을 읽고 오는 아이가 얼마나 될지도 모른다.
『샬롯의 거미줄』은 토론 흐름에 맡기고 자연스럽게 진행했지만『수일이와 수
일이』는 계획을 세우고 계획대로 따라갔다.

　먼저 아이들이 문제를 내고 맞히는 우리끼리 퀴즈를 했다. 책을 읽지 않는

아이들이 많으리라 예상하고 퀴즈로 내용을 알아보는 시간을 넉넉하게 준비했다. 아이들이 놓치는 핵심을 짚어주기 위해 나도 선생님 퀴즈를 여덟 개 준비했다.* 이어서 모둠별로 의논해서 대답할 만한 질문을 했는데 이를 '두뇌 싸움'이라고 불렀다. 퀴즈는 정답이 정해져 있지만 모둠별 질문에는 정답이 없다. 아이들이 논리와 창의성을 발휘해서 대답을 만들어내야 한다. 모둠에서 의논하고, 다른 모둠의 대답을 들으면서 토론의 효과를 얻기 위해서였다.

『수일이와 수일이』는 아이들과 독서 활동하는 게 목적이었기 때문에『샬롯의 거미줄』사례와 달리 질의와 응답이 없다. 그래서 수업을 도와준 선생님의 후기만 실었다.

퀴즈를 빌미로
논리 싸움을 시켰다

우리끼리 퀴즈를 하면서 얻은 점수를 칠판에 적어놓고 '두뇌 싸움'을 시작했다. "우리끼리 퀴즈는 책에 나온 내용을 대답하면 되었지! 이번에는 머리를 많이 써야 하는 문제를 내겠다. 한 사람의 두뇌로는 감당하기 어려워. 여러 사람의 생각을, 논리에 맞게 대답해야 높은 점수를 받는다. 여러 가지 의견을 낼수록 점수가 높다. 예상하지 못한 논리로 말하면 보너스 점수를 준다. 결과

---

*『수일이와 수일이』독서토론에서 했던 우리끼리 퀴즈의 자세한 방법은 〈3부 2장. 관심 없는 주제를 토론하려면 : 우리끼리 퀴즈로 흥미를 끌자〉에 있다.

에 따라 상품이 달라진다. 모두 두뇌 싸움 할 준비 됐지?" 과자를 앞에 쌓아 놓고 두뇌 싸움을 시작했다. 아이들이 두뇌 싸움이라는 말을 좋아했다.

▌ 책 119쪽에서 수일이가 엄마에게 가짜를 만든 사실을 털어놓을까 말까 고민한 다. 여러분이라면 어떻게 대답할지 근거를 대 말해보자. (질문 1)

근거를 많이 찾거나, 자세히 설명할수록 점수를 많이 주겠다고 했다. 네 팀이 엄마에게 말하겠다고 하고 두 팀이 말하지 않겠다고 한다.

▶엄마에게 말하겠다: ①엄마가 아무리 안 믿는다 해도 말을 해야 마음이 편안해지고 엄마가 믿어주실 가능성이 있기 때문이다. ②콩 심은 데 콩 나고 팥 심은 데 팥 난다는 말이 있다. 뿌린 대로 거둔다는 뜻이다. 잘못한 일에는 큰 벌이 있듯 일이 더 커져서 큰 벌을 받기 전에 말하는 것이 좋다. ③엄마라면 가짜 수일이를 쫓아낼 방법을 알고 있을지도 모른다. ④다른 사람도 아닌 우리 엄마니까. 혼날 수는 있지만 따뜻한 마음으로 이해해줄 것이다. 계속 마음에 품어두면 마음이 무겁기 때문이다.

▶말하지 않겠다: ①엄마가 가짜 수일이를 없애고 학원 가라 하는 게 싫다. ②집에서 쫓겨날까 봐 무섭다. ③자신이 꾸민 일로 다른 사람에게 피해를 주면 안 된다. ④자신이 만든 문제는 자신이 해결해야 하며, 털어놓아도 엄마가 안 믿어줄 수 있기 때문에 털어놓지 않겠다.

▌ 가짜 수일이가 생길 때의 좋은 점과 나쁜 점을 최대한 자세하게 설명해보자. (질문 2)

아이들이 정말 두뇌 싸움으로 받아들인다.

▶좋은 점: ①귀찮은 학원에 안 가고 게임을 마음껏 한다. 친구들과 논다.

자유 시간이 많아진다. ②엄마의 잔소리를 듣지 않아도 되고 학원 잘 간다고 칭찬받는다. 학원 스트레스가 없어진다. ③밥 잘 먹는다고 칭찬받는다. ④가짜에게 심부름을 시키거나 하기 싫은 일을 시킨다. ⑤늦게 자도 되고 늦잠 자도 된다. ⑥이야기 상대가 없을 때 같이 얘기할 수 있다. 친구가 될 수 있다. ⑦학원 때문에 내가 하지 못했던 것을 할 수 있다.

▶나쁜 점: ①학원에 안 가서 배우지 못해 지식이 안 쌓이고 머리가 나빠진다. ②걸릴까 봐 초조하다. 가짜가 활동하는 동안에는 마음 놓고 집에서 활동할 수 없다. ③직접 배우는 게 없는데도 학원비를 낸다. ④가짜 수일이가 이상한 짓을 할 수 있다. ⑤가짜 수일이가 진실을 말할 수도 있다. 들통나면 크게 혼난다. ⑥내가 둘이 되니 찝찝하다. 내가 가짜가 되고, 가짜가 진짜가 될 수도 있다. ⑦자칫하다 진짜 수일이가 집에서 쫓겨나고 가짜가 엄마 아들이 될 수 있다. 가족과 친구를 잃을 수 있다. ⑧엄마가 누가 진짜인지 못 알아본다. ⑨여행하거나 좋은 혜택을 가짜 수일이가 받는다. 내가 독차지한 것을 나누거나 양보해야 한다. ⑩가족과 함께 지내는 시간이 줄어든다. ⑪용돈이 사라진다.

좋은 점을 많이 찾으리라고 예상했지만 나쁜 점을 이렇게 많이 찾을 줄은 몰랐다.

여러분이 수일이라면 가짜를 만들까 말까 물었다. (질문 3)

▶만들겠다(네 팀): ①가짜 수일이를 만들면 공부를 절반이나 줄일 수 있고 노는 건 두 배로 더 생긴다. ②혹시 모를 상황에 대비해서 들고양이를 준비하면 되기 때문이다. ③가짜 수일이가 학교와 학원에서 많은 지식을 쌓

고 진짜 수일이가 그 명예와 직위를 가지게 될 수 있다면 만들어도 된다고 생각한다.

▶만들지 않겠다(두 팀): ①방학 끝나고 학교 갈 때 지식이 부족해서 뒤처지며 집에서 누리던 좋은 혜택을 빼앗기기 때문이다. ②가짜 수일이가 부모님의 관심과 사랑을 독차지한다. ③친구들과 다투면 진짜 수일이가 친구들과 오해가 생기기 때문이다. ④가짜 수일이가 생기면 학원에 안 갈 게 뻔하고 그러면 책임감을 기를 수 없기 때문이다. ⑤학교에 안 가면 친구가 어떻게 지내는지, 어디 다녀왔는지 모르기 때문이다. ⑥친구가 어떤 생활을 하는지 몰라 친구와 통하는 게 없어지고 계속 놀기만 하면 가족과 시간을 보낼 수 없기 때문이다.

수일이가 가짜를 만든 게 잘한 거라고 생각한다. 왜냐하면 수일이가 학업 때문에 스트레스를 받고 있는데 아이들은 공부도 중요하지만 자유롭게 뛰어노는 것도 중요하다고 생각한다. 어느 프로그램에서는 아이들의 스트레스는 어른 스트레스에 비해 더 큰 상처를 낸다고 들었다. 부모님은 이 프로그램을 보고 난 후 나를 대하는 태도가 달라졌다. 이를 비롯해 내 생각은 스트레스를 받는 수일이에게 가짜 수일이를 만드는 것이 옳다고 주장한다. 누구에게나 스트레스는 나쁘고 싫다는 건 누구나 공감한다. 수일이도 그럴 것이다. 수일이가 불쌍하다.

— 이건하 (6학년, 남)

내가 한 세 가지 질문은 정답이 없다. 근거를 잘 들어 말하면 모두 정답이다. 상대를 이기려고 논쟁하는 토론이 아니기 때문에 편안한 마음으로 친구들과 의견을 나눈다. 학생들은 두뇌 싸움이라 생각하지만 나는 논리 싸움을 시키고 있다. 질문 4는 오늘 토론 분위기에 어울리지 않고 질문이 지나친 것 같아서 묻지 않았다. (질문 4. 가짜 수일이를 사람이라 할 수 있을까? 질문 4-1. 만약 유전공학이 발달해서 수일이를 복제했다면 복제 수일이는 사람일까 아닐까?)

적용하는 질문으로
마음을 털어놓게 했다

토론하기 위한 논리를 찾는 과정을 두뇌 싸움으로 받아들여서 독서 활동이 점점 재미있어진다. 이번에는 두뇌 싸움을 핑계 삼아 마음을 표현하는 질문을 했다.

▎ 우리 조에서 한 사람에게 가짜 수일이를 선물하려고 한다. 누구에게 가짜를 만들어줄지 이유를 들어 소개해보자. (질문 5)
5개 조에서 힘들게 사는 친구가 없어서 결정하기 어렵다고 한다. 다른 곳에서 찾아도 된다고 했더니 한 아이가 시골에 전학 오기 전에 날마다 학원 네 군데를 다닌 일을 말한다. 많이 힘들었는지 목소리가 젖었다.

나는 자신감이 없어서 발표를 별로 안 했는데 오늘은 발표를 하였다. 대신 긴장을 조금 하였다. 내가 제일 긴장했을 때는 사연 말할 때이다. 처음 나는 수원에 있었을 때 3시부터 논술학원, 수학학원, 영어학원, 피아노학원을 다녔다. 학원 다 끝나면 9시 30분 넘어서 집에 간다. 숙제는 별로 없지만 보충수업이 많다. 특히 마지막 피아노학원은 보충이 많다. 하기 싫어서 친구와 땡땡이친 적도 있다. 그런 것 때문에 엄마한테 맨날 혼나고 종아리를 맞았다. - ○○○

두 번째 아이는 자기 이야기를 한다. 학원 때문에 힘들다고 말해도 엄마가 들어주지 않는다고 한다. 말하면서 감정이 북받치는 게 느껴진다. 그래서 "소리 지르고 싶지? 학원 그만 다니게 해달라고 확 소리치자." 하니 머뭇거린다. 시원하게 소리 지르면 마음이 풀리는데 선뜻 내뱉지 못한다. 그래서 친구들에게 같이 소리를 질러주라고 했다. "친구를 위해 같이 외치자. 소리 질러!" 했더니 "엄마, 학원 그만 다니게 해주세요."라고 외친다. 속에 담긴 말을 꺼내면서 훌쩍거린다. 재미있게 퀴즈하고, 주어진 문제에 논리를 찾으며 즐거워하다가 갑자기 숙연해진다.

수일이와 수일이 내용으로 조별 두뇌 싸움을 했다. 처음에 두뇌 싸움이 뭘까 생각했다. 나는 학원 가기 싫은 이유로 발표를 했다. 진경이 언니와 짝이 되어 발표를 했다. 내 사연이 너무 길어서 진경이 언니가 처음에 시작을 해주고 나에게 넘겼다. 나는 내 마음에 있는 말을 할 수 있게 되어서 뿌듯했다. 내 얘기는 학교가 끝난 뒤 바로 학원 가는 거다. 기사님이 ○○라고 불러서 스트레스가 쌓인 얘기도 했다. 순간 나는 발표할 때 울먹였다. 내 사연이 너무 많았다. 이 사연을 두레학교 친구들, 언니, 오빠에게 말할 수 있어서 기분이 좋았다. 엄마, 학원 그만 다니는 것보다 학원 개수 좀 줄여줘! - ○○○

세 번째 조에서 서울 아이들을 위해 가짜를 만들어주겠다 한다. 서울 아이들은 피아노, 논술, 수학, 영어, 미술, 태권도 등 많은 학원에 다녀서 힘들기 때문이라 한다. 네 번째 조는 동해시에 사는 친구를 예로 든다. "○○○는 일주일에 학원을 열 개나 다니고 학원 끝나고 집에 오면 10시다. 새벽 4시에 일어나서 5시까지 공부하고 다시 잔다. 다시 8시에 일어나 학교에 간 뒤 이 과정을 반복한다." 내용이 과장되었을 거라 생각한다. 그러나 친구들이 보이는 반응을 보고 입을 다물었다. 장난기 심한 남자아이들까지 동해 사는 친구가 안됐다고 말한다.

초등 5·6학년들이 집단 상담해주는 것 같다. 힘들다고 울먹이는 친구를 토닥인다. 힘들어하는 친구 이야기를 들으며 안타까워한다. 『수일이와 수일이』가 이런 이야기를 끌어낼 줄 몰랐다. 책은 움츠린 어깨를 펴게 한다. 아픈 마음을 어루만지고 약한 마음에 용기를 준다. 이렇게 마음을 드러낼지 몰랐다. 책은 재미와 감동 두 마리 토끼를 모두 잡게 도와준다.

다섯 번째 조는 고인이 되신 안중근 의사께 가짜를 만들어 드리고 싶다고 한다. "안중근 의사가 이토 히로부미를 총으로 쏘고 돌아가셨을 때 그분이 가짜 안중근 의사라면 진짜 안중근 의사는 살아 있고 이토 히로부미는 죽을 것이다. 그래서 안중근 의사께 가짜를 만들어 드리고 싶다." 역시 친구들이 '오~' 하며 멋지게 반응한다. 대한 독립 만세를 외치면 보너스를 준다고 했더니 다른 친구들까지 모두 대한 독립 만세를 외친다. 괜히 가슴이 뭉클했다.

마지막 조는 아프리카에서 돌 깨는 아이를 위해 가짜를 만들어주겠다고 한다. 네팔이나 인도네시아 아이가 돌을 깨며 일하는 영상을 본 모양이다. 힘들어하는 아이를 기억하고 가짜를 만들어주겠다는 아이가 무척 기특하다. 책이 큰 힘을 갖고 있다고 믿는 나도 실제로 이런 일이 벌어지면 놀랄 수밖에 없다. 신기하고 감사할 따름이다.

▌ 수일이가 괜히 죄지은 사람처럼 고개를 돌리고, 엄마를 보면 슬슬 눈치를 살피는 모습이 84~85쪽에 나온다. 또한 수일이는 쥐로 돌아가지 않으려는 가짜의 태도에 어이가 없어서 줄곧 가슴이 뛰고 머릿속이 어리벙벙했다는 내용이 101쪽에 있다. 이처럼 느낀 적이 있나? (질문 6)
앞의 예는 누군가를 속일 때의 불안한 마음을 고백하자는 의도였다. 뒤의 예는 당황스러운 기억을 나누자는 의도였는데 둘 다 잘 기억나지 않는다고 했다. 시간이 충분했다면 멋진 반응을 볼 수 있었을 텐데 시간이 부족해서 아쉽다.

남은 질문은 묻지 못했다. 시간이 남으면 해보려고 어려운 문제를 만들었기 때문에 나누지 않아도 상관없다. 그렇지만 아이들이 진지하게 이야기를 나눴기 때문에 이것까지 나눴으면 어땠을까 하는 아쉬움이 많이 남는다.

독서토론 수업 후기

■ **학생 후기**

우리끼리 퀴즈, 선생님 퀴즈 두 활동이 제일 재미있었다고 생각한다. 우리끼리 퀴즈는 우리가 직접 만들어서 다른 친구들에게 문제를 내서 맞히는 게 재미있었고 선생님 퀴즈에서는 선생님께서 내신 문제를 우리가 머리로 생각을 해서 맞히는 게 정말 재미있었다. – 이규현 (6학년, 남)

■ **교사 후기 1**

"수일이와 수일이 다 읽었니?"

방금 교실에 들어온 건희에게 물었다. 대답은 없이 샐쭉 웃는다.

"그럼, 넌?"

뒷자리에 앉은 민규에게 물었다.

"다는 못 읽고요, 반 정도 읽었어요."

아이 여섯 가운데 200쪽 조금 넘는 책을 다 읽은 아이는 없다. 무려 한 달 가까운 시간 여유가 있었는데도 이 꼴이다. 조금 있으면 장장 네 시간에 걸쳐 독서 수업을 하는데 걱정이 앞섰다. 괜히 부끄러웠다. 뭐라 따질 사람 하나 없는데도.

'그래, 내 탓이다. 아이들에게 책을 읽어준 게 고작 세 번, 겨우 40쪽뿐이니……. 쥐어짜듯 틈을 내었어야 했는데 귀찮다고, 그냥 알아서 하겠거니 생각하고 아이들에게 맡겨버렸으니까.'

두레학교 5·6학년 아이들을 여섯 모둠으로 나눌 때, 빈 종이나 학습지를 나눠줄 때, 그리고 권일한 선생님의 설명을 제대로 알아듣지 못한 아이들에게 내가 다시 설명할 때를 빼곤 보조교사로서 할 일이 없었다.

'우리끼리 퀴즈' 시간이다. 활동의 이름이 재미있다. 모둠 아이들끼리 '누구나 맞힐 수 있는 쉬운 문제'를 내고 또 '아무나 맞힐 수 없는 어려운 문제'를 낸단다. 보너스 점수를 얻는 구체적인 상황까지 이해한 아이들. 가만히 있을 리 없다. 거짓말처럼 모두 책벌레가 되어 책을 씹고 또 씹는다. 0.5점이라도 더 받기 위해 말도 안 되는 답을 적어 낸 녀석들의 재치에는 정서가 메마른 나도 빵 터졌다.

두 번째는 '선생님 퀴즈'다. 권일한 선생님이 따로 마련한 문제를 맞히는 거다. 문제마다 점수가 다르다고 한다. 아이들은 여전히 진지했다. 나 역시 퀴즈를 맞히고 싶어 귀를 기울였다. 저절로 그리되었다. 재미가 꾸준히 이어지는 활동의 배치가 정말 절묘하다.

이제는 모둠 동무들과 깊이 생각해서 답을 쓰는 시간이다. 권일한 선생님은 '두뇌 싸움'이라고 불렀다. 이 이름을 아이들도 반겼다. 물음은 모두 열린 질문이었다. 모둠 아이들끼리 이야기를 충분히 주고받은 뒤에 분명한 근거를 마련하여 답을 말하면 모두 정답으로 인정받는단다.

지난 두 시간 동안 책 내용에 따라 옳고 그름을 따지거나 간단하고 짧은 답을 하던 아이들. 점점 책과 나 사이의 거리가 좁아져서 이제는 자신이 주인공이 되어 질문을 받은 셈이다. 그러하니 답은 바로 아이들 자신의 '삶' 그 자체다. 몰입은 당연하고 나는 아이들 모습에서 눈을 뗄 수가 없었다.

'자세한 까닭을 들어 가짜 수일이를 선물하고 싶은 모둠 동무 한 사람을 고르라'는 물음에 아이들이 대답할 때 난 정말 감탄했다. 어쩔 수 없이 자기 안에 담아두고서 오래도록 풀지 못했던 응어리와 속내를 자연스레 꺼내어 푸는 아이와 이를 귀담아듣는 아이들, 이미 돌아가신 안중근 의사를 살리고 싶다는 아이들 그리고 감당하기 어려운 노동에 힘들어하는 동남아시아의 또래 어린이들을 떠올린 아이들이 참 대견했다. 익히 알고 지내던 아이들인데 이 같은 공감 능력을 발휘할 줄은……

책읽기는 정말 오래전부터 우리 교육에서 지겨울 만큼 강조된 분야이다. 토의, 토론은 물론 도서관을 활용한 교육도 마찬가지. 하지만 책읽기 교육이 '유행'이 아닌, '열심히'도 아닌 '제대로' 또 '잘' 그러면서 '본질'에 맞게 이뤄졌던가?

나는 오늘 '선생'이라는 껍데기를 벗어던지고 책읽기라는 예술을 즐겼고, 참 교육의 감동에 푹 젖었다. 모두 권일한 선생님과 5·6학년 아이들 덕분이다.

　　　　　　　　　　　　　　　　　　　　　　　　－ 이정석 (삼척중앙초 교사)

■ 교사 후기 2

두레학교 수업을 하면서 권일한 선생님의 제안으로 독서토론 수업을 했다. 수업을 위한 책 제목은 '수일이와 수일이'였다.

처음에는 이 아이들이 '책이나 다 읽어 올 수 있을까' 걱정했다. 작은 학교의 특성상 아이들에게 책을 사서 읽어 오라고 하면 분명 제대로 읽어 오는 아이가 없을 것이다. 책을 사는 것조차 부담스러울지 모른다. 학교에서 책을 네 권 구입하여 아이들이 돌아가며 읽을 수 있도록 제공했다. 5·6학년 열두 명이 독서토론 수업까지 겨우 돌려 읽었다.

활동을 네 시간 진행하며 처음에는 모둠별 퀴즈를 내고, 다음에는 선생님이 내는 퀴즈, 조별 독서활동을 했지만 가장 기억에 남은 것은 맨 마지막에 했던 가짜 수일이 만들어주기였다. 우리 반 학생이 두 명이나 나가서 발표했는데, 여학생은 자신이 가는 학원 개수와 엄마와의 소통 문제를 토론했다. 학원 개수라도 줄여달라는 아이의 한 맺힌 목소리에 이 바른 아이가 '해야 하는 것을 알기에 얼마나 더 괴로웠을까' 생각하게 되었다. 남학생은 자기 목소리를 꺼내는 데 힘들어하면서도 용기를 내서 이야기했다. "학원 좀 그만 다니게 해주세요." 외치는 그 눈은 물방울과 함께 반짝였다.

나는 이 수업을 통해 아이들에게 억눌려 있던 스트레스가 무척이나 많았음을 다시 한 번 느꼈다. 그리고 책의 내용에 공감하고 인물의 감정에 몰입하여 자신의 이야기를 꺼내는 아이들을 보며 나 또한 가만히 있을 수는 없었다.

난 학교로 돌아가 학부모 공개 수업에 '학원은 꼭 가야 하는가?'라는 주제로 어머님들을 모시고 토론수업을 했다. 일곱 명 중 여섯 명의 어머님이 참석했고 그중 한 분만 학원 가는 것에 대해 반대편에서 이야기했다. 독서토론 수업 때 울었던 남학생은 이 수업에서도 말을 하며 눈물을 보였다. 다른 엄마들이 다독여줬지만 정작 그 아이의 엄마는 수업이 다 끝난 후에야 오셨다.

이 수업을 한다고 아이들의 학원 개수가 갑자기 줄지는 않을 것이다. 하지만 집에서 엄마와의 1:1 관계의 힘에서 눌려있던 아이들에게 자신의 목소리를 꺼낼 기회를 주고 싶었다. 그리고 객관적으로 꺼내어 함께 이야기함으로 아이들이 나 혼자만 잘못됐고 괴로운 것이 아님을 알고, 어머님들도 아이들의 아픔에 함께 귀 기울여주길 바랐다.

책을 읽는 순간 그 내용은 책 안에 존재하지 않는다. 아이들의 마음속에 녹아서 그 아이 삶의 일부가 된다. 독서토론 수업은 책을 수업에 녹이는 것이고, 그 수업에 학생과 내가 함께 녹아드는 것이다. 권일한 선생님과 함께 했던 독서토론 수업을 통해 책 한 권의, 한 번의 수업을 했을 뿐이지만 아이들을 읽을 수 있었고, 나를 확장할 수 있는 소중한 시간이 되었다. – 나영상 (삼척남초 교사)

행복한 독서토론, 이렇게 준비했어요

우리끼리 퀴즈 (3부 2장 사례 소개에 있다.)

선생님 퀴즈

1. 수일이는 덕실이와 말을 할 수 있다는 사실이 신기해서 "컴퓨터게임하면서 너랑 나랑 (이것)을 너무 많이 받아서 그런가?"라고 말한다. 컴퓨터를 비롯한 전자 제품에서 나오는 것으로 몸에 해로운 이것은 무엇일까? (정답 : 전자파)

2. 엄마의 예전 직업은 무엇일까? (2점) (정답 : 114 안내원)

3. 수일이가 빈집에 함께 가는 대가로 덕실이에게 준 것을 두 가지 써라.

4. 수일이와 덕실이가 서로를 알아보기 위해 만든 암호는?

* 3, 4번은 아이들이 똑같은 문제를 내서 넘어갔다.

5. 수일이가 가짜 수일이를 만든 까닭은? (정답 : 학원 가기 싫어서)

6. 태호네 고양이가 가짜 수일이를 쫓아내지 못한 까닭은 무엇일까?

   (정답 : 길든 고양이라서, 쥐를 잡지 못하는 고양이라서)

7. 가짜 수일이가 진짜 수일이를 대하는 태도가 갑자기 바뀐다. 어떤 일 때문에 바뀌었을까? (정답 : 바다를 여행하고 나서)

8. 가짜 수일이를 만든 뒤에 진짜 수일이가 한 일을 다섯 개 써라. (각 1점)

두뇌 싸움 퀴즈

1. 책 119쪽에서 수일이가 엄마에게 가짜를 만든 사실을 털어놓을까 말까 고민한다. 여러분이라면 어떻게 대답할지 근거를 대 말해보자.

2. 가짜 수일이가 생길 때의 좋은 점과 나쁜 점을 최대한 자세하게 설명해보자.

3. 여러분이 수일이라면 가짜를 만들까 말까 물었다.

4. 가짜 수일이를 사람이라 할 수 있을까?

    4-1. 만약 유전공학이 발달해서 수일이를 복제했다면 복제 수일이는 사람일까 아닐까?

5. 우리 조에서 한 사람에게 가짜 수일이를 선물하려고 한다. 누구에게 가짜를 만들어줄지 이유를 들어 소개해보자.

6. 수일이가 괜히 죄지은 사람처럼 고개를 돌리고, 엄마를 보면 슬슬 눈치를 살피는 모습이 84~85쪽에 나온다. 또한 수일이는 쥐로 돌아가지 않으려는 가짜의 태도에 어이가 없어서 줄곧 가슴이 뛰고 머릿속이 어리벙벙했다는 내용이 101쪽에 있다. 이처럼 느낀 적이 있는가?

7. 가짜를 쫓아내려고 찾아낸 야생 고양이가 수일이에게 자기 마음에 들도록 남을 다듬어 고치는 게 길들이는 거라고 말하며, 남을 함부로 길들이면 안 되고 남한테 길들여서도 안 된다고 말했다.(213~216쪽 내용)

    7-1. 213~216쪽에 나오는 내용을 해주고 싶은 사람을 찾아보자. 누구에게, 왜 이 이야기를 해주고 싶은가?

8. 나용이 아버지가 당한 일을 어떻게 도와줄 수 있을지 자료를 찾아 소개하자.

9. 이 시조에 어울리는 현상을 책 내용에서 찾아 써라.

까마귀 검다고 백로야 웃지마라

겉이 검은들 속조차 검을소냐

겉 희고 속 검은 이 너뿐인가 하노라!

5·6학년 교과서에 나온 책 중 읽으면 좋을 책

* 『수일이와 수일이』 외에도 교과서에는 다양한 책들이 소개된다. 그중 아이들과 함께 읽고 토론하기 좋은 책들을 뽑았다.

5학년 1학기

『날 좀 내버려 둬』 박현경 외 7명 공저, 푸른책들

『갈매기에게 나는 법을 가르쳐준 고양이』 루이스 세뿔베다 글, 이억배 그림, 유왕무 옮김, 바다출판사

『책과 노니는 집』 이영서 글, 김동성 그림, 문학동네어린이 (3학년 이상)

『빨강 연필』 신수현 글, 김성희 그림, 비룡소 (3학년 이상)

5학년 2학기

『마당을 나온 암탉』 황선미 글, 김환영 그림, 사계절 (5학년 이상)

『마지막 왕자』 강숙인 글, 한병호 그림, 푸른책들

『교양 아줌마』 오경임 글, 송진희 그림, 창비

『장님 강아지』 손창섭 글, 송재호 그림, 우리교육

6학년 1학기

『장애를 넘어 인류애에 이른 헬렌 켈러』 권태선 글, 원혜영 그림, 창비

『원숭이 꽃신』 정휘창 글, 박요한 그림, 효리원

『온 산에 참꽃이다!』 이호철 글, 박소정 그림, 고인돌 (1학년 이상)

『간송 선생님이 다시 찾은 우리 문화유산 이야기』 한상남 글, 김동성 그림, 샘터사

6학년 2학기

『마사코의 질문』 손연자 글, 김재홍 그림, 푸른책들 (3학년 이상)

『흑설공주 이야기』 바바라 G. 워커 지음, 박혜란 옮김, 뜨인돌

『열두 사람의 아주 특별한 동화』 강정규 외 글, 한태희·신동욱 그림, 파랑새어린이 (5학년 이상)

『강영우, 세상을 밝힌 한국 최초 맹인 박사』 성지영 글, 이정헌 그림, 스코프

『크리스마스 캐럴』 찰스 디킨스 글, 퀜틴 블레이크 그림, 김난령 옮김, 시공주니어.

마치며

　정신적 풍요를 가치 있게 여기는 사람을 만나는 즐거움이 얼마나 귀한지! 성적을 올리기 위한 문제풀이 시간이나 족집게 강의가 아닌데도 책 읽고 토론하고 글을 쓰러 오는 아이들을 보면 힘이 난다. 아이들이 쓴 글이 참 좋아서 몇 번이고 읽어본다. 세상에 대한 불만을 거칠게 표현하지만 글에 드러난 아이다움에 감탄한다. 지치고 힘들 때면 아이들이 쓴 글을 읽고 힘을 낸다. 글맛이 무척 좋아서 줄거리를 뛰어넘게 하려고 발버둥을 친다. 정답만 찾지 말고 생각을 나누자고 독려한다. 그렇게 해서 맺은 열매는 발버둥을 충분히 보상하고도 남는다.

　내가 아이들을 만나 힘을 얻듯 아이들도 나를 만나 힘을 얻는다. 아니, 책을 만나 힘을 얻는다. 책에 나오는 등장인물에 마음을 쏟으며 자신을 들여다본다. 물론 책을 읽고 토론하고 글을 쓰면서 마음을 털어내기까지 시간이 걸린다. 이런 과정을 힘들어하고 지치기도 한다. 그러나 슬픈 마음을 '슬프다'고 표현하고, 아픈 상처를 꺼내놓고 '아파요' 하는 것만으로도 얼마나 치유가 되는지……. 책이 삶을 이야기하게 하는 순간이 얼마나 귀한지…….

　기계라면 고장 난 곳 찾아 다시 연결하거나 부품을 바꾸면 된다. 그러나 사람은 이렇게 하지 못한다. 사람은 인격이다. 아이가 부족하고 연약해 보여도 인격으로 만나야 한다. 한 인격을 책 앞에 데려가서 책이 일으키는 파도에 부딪치게 해야 한다. 그러면 아이가 책을 타고 세상의 파도를 넘나들며 파도타기를 한다. 그 모습이 어찌나 아름다운지 입이 다물어지지 않는다.

나는 책이 일으키는 파도를 보며 정신을 잃었다. 책의 바다에 빠져 다른 게 눈에 들어오지 않았다. 책벌레로 살면서 읽고 또 읽었다. 온갖 기쁨을 느꼈다. 아이들에게 내가 본 파도를 보여주고 싶었다. 『나의 라임오렌지나무』에서 밍기뉴와 함께 잔잔한 바다를 거닐게 하고 싶었다. 『몽실언니』와 함께 힘든 일을 이겨내게 하고 싶었다. 그래서 독서반을 했고, 처음 만나는 아이들과 토론을 했다.

내가 탄 파도에 아이들을 태우고는 "보여? 멋지지. 나처럼 타봐!" 하고 싶었다. 다행히 아이들은 저마다 자기만의 파도를 타고 "선생님, 보여요! 멋지죠?" 하며 책이 주는 기쁨을 내게 말해주었다. 아이들이 책의 파도를 타고 넘실대는 모습이 아주 멋졌다. 아이들이 파도를 타고 돌아간 뒤에는 어김없이 아이들이 쓴 글이 거대한 파도처럼 몰려와서 마음을 울렸다.

이 책을 읽는 분들도 나와 아이들이 그랬던 것처럼 책의 파도에 올라타면 좋겠다. 그래서 자녀에게, 아이들에게, 이웃에게 파도타기를 권하면 좋겠다.

행복한 독서교육 03

책벌레 선생님의 행복한 독서토론
- 초등학교 독서토론 길잡이

지은이 권일한

초판 1쇄 펴낸 날 2016년 8월 18일
초판 5쇄 펴낸 날 2018년 10월 20일

펴낸이 한상수
책임 편집 문현경
표지 디자인 이든디자인
본문 디자인 강현정
일러스트 이주희

펴낸곳 (사)행복한아침독서
출판등록 2007년 10월 26일
주소 (10881) 경기도 파주시 회동길 455-2, 3층
전화 (031) 955-7567
팩스 (031) 955-7569
누리집 www.morningreading.org
전자우편 contents@morningreading.org
페이스북 www.facebook.com/morningreading
포스트 post.naver.com/10minreading

ISBN 979-11-85352-56-5 04370
      979-11-85352-50-3 (세트)

이 도서의 국립중앙도서관 출판예정도서목록(CIP)은 서지정보유통지원시스템 홈페이지(http://seoji.nl.go.kr)와 국가
자료공동목록시스템(http://www.nl.go.kr/kolisnet)에서 이용하실 수 있습니다.(CIP제어번호 : CIP2016016454)

행복한아침독서 사람들

대표 한상수 | **콘텐츠사업부** 장현주 | **경영지원부** 홍병일 김진선 | **기획홍보부** 손수정 노영혜
도서사업부 이범국 이기 윤영학 권가인 백정수 김성재 조현숙 | **사회공헌부** 홍주열 오빛나 안제헌
편집부 조지연 정현경 김지원 | **행복한책방** 김경리